WENHUA CHANYE TOURONGZI

文化产业投融资

·决策基础篇·

张 铭 编著

知识产权出版社
全国百佳图书出版单位
—北京—

图书在版编目（CIP）数据

文化产业投融资.决策基础篇 / 张铭编著. — 北京:知识产权出版社,2023.3
ISBN 978-7-5130-8687-5

Ⅰ.①文… Ⅱ.①张… Ⅲ.①文化产业—投融资体制—研究—中国 Ⅳ.①G124

中国国家版本馆CIP数据核字(2023)第033540号

内容提要

本书立足于中国文化产业的发展、文化产业管理专业的课程需求，在投资和融资的金融分析框架下，从文化产业九大分类的角度，择取了数十家真实文化产业上市公司的财务案例，对基础的金融与财务问题进行了由浅入深的探索和讨论，使读者自然地建立金融财务直觉，对许多问题进行重新审视，最终作出合理的文化产业投资和融资决策。

本书可供文化产业管理专业的学生和对文化产业投融资感兴趣的读者参考使用。

责任编辑：张　珑　　　　　　　　　　　　责任印制：孙婷婷
执行编辑：苑　菲

文化产业投融资——决策基础篇
WENHUA CHANYE TOURONGZI——JUECE JICHUPIAN

张　铭　编著

出版发行：知识产权出版社 有限责任公司		网　　址：http://www.ipph.cn
电　　话：010－82004826		http://www.laichushu.com
社　　址：北京市海淀区气象路50号院		邮　　编：100081
责编电话：010－82000860转8574		责编邮箱：laichushu@cnipr.com
发行电话：010－82000860转8101		发行传真：010－82000893
印　　刷：北京中献拓方科技发展有限公司		经　　销：新华书店、各大网上书店及相关专业书店
开　　本：720mm×1000mm　1/16		印　　张：16.75
版　　次：2023年3月第1版		印　　次：2023年3月第1次印刷
字　　数：350千字		定　　价：78.00元

ISBN 978－7－5130－8687－5

Preface
『序　言』

　　本书借鉴了哈佛商学院金融学教授米希尔·德赛的著作 *How Finance Works* 的思维框架，总结了自己长期教学实践的精华，尝试深入浅出地解读投融资世界的逻辑与常识，使学生不必深陷复杂的公式与定理，就能够掌握文化产业投融资的核心要义，从而构建财务思维，拥有在文化产业投融资领域基础的财务直觉与分析能力，了解其资本市场的运作规律和深层逻辑，并据此作出合理的投资和融资决策。

　　按照国家统计局制定的《文化及相关产业统计分类（2018）》，将文化产业划分为三个层次、九个大类。三个层次包括"核心层""外围层"和"相关层"，其中"核心层"包括新闻出版，出版发行和版权服务，广播、电视、电影服务，文化艺术服务四个大类，涉及新闻、书报刊、音像制品、电子出版物、广播、电视、电影、文艺表演、文化演出场馆、文物及文化保护、博物馆、图书馆、档案馆、群众文化服务、文化研究、文化社团及其他文化等行业；"外围层"包括网络文化服务、文化休闲娱乐服务及其他文化服务三个大类，涉及互联网、旅行社服务、旅游景点文化服务、室内娱乐、游乐园、休闲健身娱乐、网吧、文化中介代理、文化产品租赁和拍卖、广告、会展服务等行业；"相关层"包括文化用品、设备及相关文化产品的生产和文化用品、设备及相关文化产品的销售两个大类，涉及文具、照相器材、乐器、玩具、游艺器材、纸张、胶片胶卷、磁带、光盘、印刷设备、广播电视设备、电影设备、家用视听设备、工艺品的生产和销售等行业。

　　本书从文化产业九大分类的角度，在中国上市企业中，择取了北京蓝色光标数据科技股份有限公司（以下简称"蓝色光标"）、中文在线数字出版集团股份有限公司（以下简称"中文在线"）、完美世界股份有限公司（以下简称"完美世界"）、上海新华传媒股份有限公司（以下简称"新华传媒"）、西安曲江文化旅游股份有限公司（以下简称"曲江旅游"）等数十家文化企业的真实财务案例，对基础的金融与财务问题进行由浅入深的探索。随着讨论的不断深入，自然地建立起金融财务直觉，对许多问题重新审视，最终作出文化产业投融资决策。经过学习，学生可以利用财务比率和数字讲述一家公司、一个项目、一个投资机会在一段时间内发生变化的故事，也可以利用数据，面对复杂的金融环境，作出合理的金融决策。

清华大学经济管理学院教授肖星把财务思维分成两个层级,第一个层级是明白经济活动与财务数据的关系,第二个层级是能够用财务的逻辑去思考商业问题。本书的目的,便是帮助学生建立财务思维,作出合理的文化产业投融资决策。金融世界的不确定性使得作出金融决策成为重要而艰难的事情,也正是因为其不确定,商业活动才充满风险。为了帮助学生构建这两个层级的财务思维,本书的框架,或者说本书讨论的核心问题是:

(1)文化产业投融资环境和文化金融政策是怎样的?

(2)文化产业实际投融资情况如何?

(3)如何理解文化企业财务报表背后的意义?

(4)财务数字与比率中,哪些才是重要决策的参考依据?

(5)数据与决策的深层逻辑是什么?

(6)文化金融生态系统是怎样运行的?

(7)如何估值?如何进行文化产业投资?

(8)公司管理层如何利用自由现金流进行资本配置?

(9)明确衡量价值的方法,学会如何评估公司、业务与投资项目。

(10)了解资本市场的运作模式及它如何影响着你的业务。

培养出金融直觉、财务思维,使学生有信心在文化产业投融资决策中作出更好的决定。

本书在成书过程中一波三折,受新型冠状病毒影响,企业调研和数据的分析均耗时较久,在此感谢北京印刷学院文化产业管理专业建设经费和北京文化产业发展研究院建设经费的支持。

Contents
『目　录』

第一章 文化产业投融资环境及政策

第一节 经济、金融与文化产业发展

一、经济与金融形势

2019年世界经济持续下滑，我国经济形势变得更加复杂。在政府、企业和社会各界的努力下，我国经济增长速度虽然稳中有降，但整体处于可控可承受的范围，我国仍旧是世界上表现最好的大型经济体。根据国家统计局发布的公报，2019年我国"经济运行总体平稳，发展水平迈上新台阶，发展质量稳步提升"。初步核算，全年国内生产总值990 865亿元，比上年增长6.1％。其中，第一产业增加值70 467亿元，增长3.1；第二产业增加值386 165亿元，增长5.7％；第三产业增加值534 233亿元，增长6.9％。

根据国家统计局发布的数据，2019年，我国全年社会融资规模增量为26万亿元，比上年多3万亿元；年末社会融资规模存量为251万亿元，比上年末增长10.7％，其中对实体经济发放的人民币贷款余额为152万亿元，增长12.5％。全年发行公司信用类债券11万亿元，比上年增加3万亿元。全年保险公司原保险保费收入为42 645亿元，比上年增长12.2％。证券交易所和全国中小企业股转系统市场的股权融资和债券融资稳中有升。

2020年年初，经济形势和金融发展受到前所未有的挑战，新型冠状病毒肺炎疫情使我国经济陷入短期困境，固定资产投资下降，消费和进出口也受到了一定打击，2020年第一季度国内生产总值同比下降达到6.8％。

我国的经济在2020年受到了全面的冲击。根据2021年2月28日国家统计局发布的《中华人民共和国2020年国民经济和社会发展统计公报》，我国经济在2020年第一季度跌入谷底，国内生产总值同比下降6.8％。经过强有力的复工复产努力，我国经济从第二季度开始恢复正增长，第二、第三和第四季度的增长率分别为3.2％、4.9％和6.5％。

总体上，虽然2020年我国是世界主要经济体中表现最好的，但是全年经济增长率跌入了历史低点。2020年，我国国内生产总值为1 015 986亿元，比上年增长2.3％。其中，第一产业增加值77 754亿元，增长3.0％；第二产业增加值384 255亿元，增长2.6％；第三产业增加值553 977亿元，增长2.1％。第一产业增加值占国内生产总值的比重为7.7％，第二产业增加值占国内生产总值的比重为37.8％，第三产业增加值占国内生产总值的比重为54.5%。全年最终消费支出拉动国内生产总值下降0.5个百分点,资本形成总额拉动国内生产总值增长2.2个百分点,货物和服务净出口拉动国内生产总值增长0.7个百分点。

我国金融行业在2020年这个特殊年份承担了维护经济安全和经济稳定的重要使命。国家统计局数据显示,2020年年末广义货币供应量(M2)余额为219万亿元,比上年年末增长10.1%;狭义货币供应量(M1)余额为63万亿元,增长8.6%;流通中货币(M0)余额为8万亿元,增长9.2%。

社会融资规模指标反映了我国投融资水平的整体状况。2020年,我国社会融资规模仍有较大增长,其中对实体经济和普惠金融方面的支持力度都有所加大。国家统计局数据显示,我国2020年全年社会融资规模增量为35万亿元,比上年多9万亿元;年末社会融资规模存量为285万亿元,比上年年末增长13.3%,其中对实体经济发放的人民币贷款余额为172万亿元,增长13.2%。2020年年末全部金融机构本外币各项存款余额为218万亿元(见表1-1),比年初增加20万亿元,其中人民币各项存款余额为213万亿元,增加20万亿元。全部金融机构本外币各项贷款余额为179万亿元,增加20万亿元,其中人民币各项贷款余额为173万亿元,增加20万亿元。人民币普惠金融贷款余额为22万亿元,增加5万亿元。

表1-1　2020年年末全部金融机构本外币存贷款余额及其增长速度

指标	年末数/亿元	比上年末增长率/%
各项存款	2 183 744	10.2
境内住户存款	934 383	13.8
其中:人民币存款	925 986	13.9
境内非金融企业存款	688 218	10.8
各项贷款	1 784 034	12.5
境内短期贷款	492 682	4.3
境内中长期贷款	1 137 504	17.1

数据来源:《中国文化金融发展报告(2021)》。

由于国家加大了支持企业通过发债渡过难关的力度,我国2020年全年发行公司信用类债券14万亿元,比上年增加3万亿元。全年各类主体通过上海证券交易所和深圳证券交易所(以下简称"沪深交易所")发行债券(包括公司债、可转债、可交换债、政策性金融债、地方政府债和企业资产支持证券)筹资84 777亿元,比上年增加12 791亿元。

2020年的股权融资市场有喜有忧。国家统计局数据显示,2020年沪深交易所A股累计筹资15 417亿元,比上年增加1883亿元。首次公开发行上市A股394只,筹资4742亿元,比上年增加2252亿元,其中科创板股票145只,筹资2226亿元。但是,A股再融资(包括公开增发、定向增发、配股、优先股、可转债转股)规模有所减少,为10 674亿元,减少370亿元。截至2020年年末,全国中小企业股份转让系统(以下简称"新三板")挂牌公司数量为8187家,全年挂牌公司累计股票筹资339亿元。在新三板挂牌的公司总量多年来持续下降,2019年年末该指标为8953家。

二、文化金融政策

文化金融政策起到较好的产业推动作用,在十年来出台的各类文化金融政策中,一些被证明有积极意义并有效的政策正逐步以法律法规固化下来。本书付梓之时,《文化产业促进法》正在推动制定并进入送审阶段,这对于文化金融政策的未来走向有积极的意义。

2019年6月28日,文化和旅游部发布《中华人民共和国文化产业促进法(草案征求意见稿)》;过了不到半年,司法部于2019年12月13日发布了《中华人民共和国文化产业促进法(草案送审稿)》。这是一个文化经济政策法定化、法律化的过程,具有划时代的意义。对于文化金融发展来说,这一法律的出台,以法律形式对文化金融发展十年来形成的文化金融政策的成就予以固化并有所升华。

《中华人民共和国文化产业促进法(草案送审稿)》用一章的篇幅在"金融财税扶持"方面作了法律规定,包括金融服务体系、间接融资、直接融资、保险服务、消费金融、用汇保障、财政扶持、文化资本投资、税收扶持九个方面。这表明我国多年来以文化财政、文化税收、文化金融为主的文化经济政策方向是正确的。《中华人民共和国文化产业促进法(草案送审稿)》中关于"国家建立健全多层次、多元化、多渠道的文化产业金融服务体系"的表述,规定了文化金融总体上的国家义务和政府责任,有利于文化金融向体系化、系统化、生态化、产业化的方向发展。

《中华人民共和国文化产业促进法(草案送审稿)》中还有其他一些与文化金融相关的内容,主要有以下三个方面。一是与文化金融基础设施相关的,包括文化市场诚信体系和文化企业无形资产评估、登记、托管、流转体系两个领域,这为构建文化金融基础设施提供了法律保障,有利于推动新时期文化金融的高质量发展。二是与文化中介服务体系相关的。规定"国家鼓励发展文化中介服务,健全文化经纪代理、评估、法律服务、鉴定、公证、投资、保险、担保、拍卖等中介服务机构"。三是文化产品和要素市场。规定"国家培育和发展各类文化产品和要素市场,消除地区分割和行业壁垒,鼓励建设传输便捷、互联互通、城乡贯通、安全可控的文化传播体系,促进文化产品和人才、产权、技术、信息等文化生产要素合理流动"。

文化金融在文化体制改革中继续发挥作用。2018年12月18日,国务院办公厅发布了

《关于印发文化体制改革中经营性文化事业单位转制为企业和进一步支持文化企业发展两个规定的通知》(国办发〔2018〕124号),执行期限为2019年1月1日至2023年12月31日。其中《进一步支持文化企业发展的规定》对投资和融资作了详细的规定。

在2019年国家相关部委发布的一些文化发展或文化经济政策中,文化金融相关内容依旧是其中的重要组成部分。2019年8月23日,国务院办公厅发布的《关于进一步激发文化和旅游消费潜力的意见》(国办发〔2019〕41号)规定:"在依法合规的前提下鼓励发行文化和旅游消费联名银行卡并给予特惠商户折扣、消费分期等用户权益。拓展文化和旅游消费信贷业务,以规范发展为前提创新消费信贷抵质押模式,开发不同首付比例、期限和还款方式的信贷产品。"

新型冠状病毒肺炎疫情之下,文化产业受到的冲击非常大,尤其是影视、演艺、会展、文旅、艺术品等行业。我国各级政府出台了一系列政策。在中央层面,金融支持文化产业纾困解难,支持文化企业复工复产(包括支持文化产业恢复、重新振兴)的相关政策,主要有以下三种类型。

一是党中央、国务院及中央部委的相关综合性文件,如国务院为应对新型冠状病毒感染肺炎疫情联防联控机制印发的《关于切实加强疫情科学防控、有序做好企业复工复产工作的通知》。中央发布文件以后,各省区市相继出台许多防疫政策文件,尤其是支持中小企业纾困解难的政策文件。由于文化产业中小微企业较多,这部分政策直接惠及文化产业。

二是货币当局和金融监管部门发布或联合相关部门发布的金融类政策,如2020年1月31日中国人民银行、财政部、中国银行保险监督管理委员会(以下简称"银保监会")、中国证券监督管理委员会(以下简称"证监会")、国家外汇管理局联合发布的《关于进一步强化金融支持防控新型冠状病毒感染肺炎疫情的通知》(银发〔2020〕29号);2020年2月14日银保监会办公厅发布的《关于进一步做好疫情防控金融服务的通知》(银保监办发〔2020〕15号);2020年3月1日银保监会、中国人民银行、国家发展和改革委员会、工业和信息化部、财政部联合发布的《关于对中小微企业贷款实施临时性延期还本付息的通知》(银保监发〔2020〕6号);等等。

三是文化和旅游部出台的相关政策,如《关于用好货币政策工具做好中小微文化和旅游企业帮扶工作的通知》《关于用好地方政府专项债券的通知》等专门文件,其他一些政策也涉及文化金融。

在地方政府层面,各省区市关于支持文旅产业恢复的政策较多,大多涉及文化金融政策,有重要的相应条款。例如,陕西省发布的《关于坚决打赢疫情防控阻击战支持文化企业平稳健康发展的实施意见》,上海市发布的《全力支持服务本市文化企业疫情防控平稳健康发展的若干政策措施》,等等。除此之外,各省区市还发布了许多关于金融支持文旅发展的专门政策,主要分为以下三类。

一是原本正常制定发布的政策,针对疫情及时作了补充。例如,2020年2月北京市文化改革和发展领导小组办公室发布的《北京市关于加强金融支持文化产业健康发展的若干措施》,发布之前根据疫情进行专门修正,包含加大信贷融资对文化企业的支持力度、加强风险投资对文化企业的支持等六个方面的重要措施。

二是直接针对疫情专门制定的政策。例如,浙江省文化和旅游厅、中国人民银行杭州中心支行联合印发的《关于做好全省文旅企业金融支持工作的通知》,甘肃省文化和旅游厅、中国人民银行兰州中心支行联合印发的《关于进一步做好全省文旅企业融资支持工作的通知》,以及湖南省文化和旅游厅与中国农业银行湖南省分行联合印发的《关于有效应对新型冠状病毒肺炎疫情做好金融支持文化旅游企业稳健发展工作的通知》。另外,河南省、吉林省、湖北省等也有一些专门政策措施出台。

三是一些具体的措施。例如,江西省推出的《江西省中小文化企业贷款风险补偿资金管理暂行办法》、宁波市出台的《关于推进国家文化与金融合作示范区创建强化金融支持文旅企业发展工作的通知》等。一些地区在支持文旅企业的具体举措中将文化金融作为重要的手段,有很详细的措施,如西安市曲江新区为应对疫情、支持文化旅游企业发展的支持措施,包括《曲江新区关于应对疫情支持文化企业健康发展的十五条举措》《曲江新区应对疫情支持旅游企业健康发展的七条措施》《曲江新区支持商贸服务企业应对疫情健康发展的十条措施》等。

总体来看,地方政府的政策内容比较全面,财政、税收、金融政策及其他政策配套,主要集中在短期目标,即"活下来"上,降成本、降费用是主内容,要求金融机构让利。同时,后期的政策也将一些中长期目标考虑在内。这些政策有力地维护了社会经济的稳定,支持了文化产业和文化企业在疫情之下恢复元气,也为"十四五"开局打下了良好的基础。

三、文化产业发展概况(2018—2020年)

2018年国家统计局发布《文化及相关产业分类(2018)》,文化产业统计标准有所变化。根据国家统计局2020年1月发布的数据,经核算,2018年全国文化及相关产业增加值为41 171亿元,占GDP的比重为4.5%,比上年提高0.2个百分点。按行业大类分,2018年文化制造业增加值为11 999亿元,占文化及相关产业增加值的比重为29.1%;文化批发和零售业增加值为4340亿元,占比为10.6%;文化服务业增加值为24 832亿元,占比为60.3%。

自2012年开始,我国经济增速减缓,文化及相关产业增加值的增长率也开始下降,走出早期的不稳定的高增长状态,基本保持在11%~13%,但仍远远高于国内生产总值增长率。这个时期文化及相关产业对规模增长、结构调整、创新驱动均有内在需要,表现出"经济新常态"时期的新特征。2018年较前一年有18.6%的增长,但其中包含经过经济普查及统计标准调整的因素(如图1-1所示)。

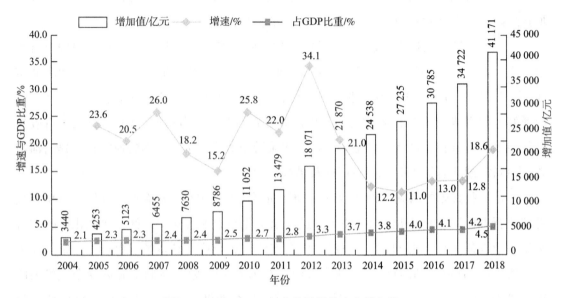

图1-1　2004—2018年文化及相关产业增加值

数据来源:《中国文化金融发展报告(2020)》。

金融风险管控中的一些政策在具体实施中对文化金融发展形成了一定的限制,如资产证券化监管对电影和文化主题公园等行业的影响。2019年4月19日,中国证监会发布《资产证券化监管问答(三)》。其中规定:"对于电影票款、不具有垄断性和排他性的入园凭证等未来经营性收入,不得作为资产证券化产品的基础资产现金流来源。"上市公司再融资业务是金融监管部门重点关注的风险领域,2017年以来连续出台监管政策,再融资规模显著下降。2019年7月5日,中国证监会发布《再融资业务若干问题解答》,对再融资市场提出了更高的要求。其中明确要求:"募集资金应服务于实体经济,符合国家产业政策,主要投向主营业务,原则上不得跨界投资影视或游戏。"这一要求显然是对2015年以来影视行业并购和资产重组过热的强力回应,但影视行业毕竟规模小、抗打击能力弱,这一政策使已经在资本市场捉襟见肘的影视企业更加困难。

2019年,我国文化及相关产业增加值增速自2005年以来首次下行"破10",仅为7.8%。根据国家统计局2021年1月公布的数据,经核算,2019年全国文化及相关产业增加值为44363亿元,比上年增长7.8%(未扣除价格因素),占GDP的比重为4.5%。我国文化及相关产业增加值自2005年以来一直保持中高速增长(如图1-2所示),2019年首次跌至个位数增长率。

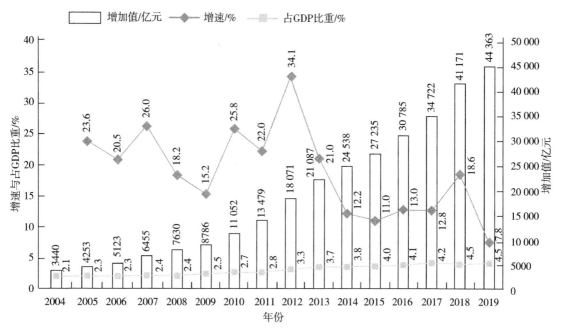

图1-2 2004—2019年文化及相关产业增加值

数据来源:《中国文化金融发展报告(2021)》。

据对全国6万家规模以上文化及相关产业企业的调查(见表1-2),2020年上述企业实现营业收入98 514亿元,按可比口径计算,比上年增长2.2%(前三季度下降0.6%);文化新业态特征较为明显的16个行业小类实现营业收入31 425亿元,增长22.1%。

从行业类别看,在文化及相关产业9个行业中,新闻信息服务营业收入为9382亿元,比上年增长18.0%;创意设计服务15 645亿元,增长11.1%;文化消费终端生产18 808亿元,增长5.1%;内容创作生产23 275亿元,增长4.7%;文化投资运营451亿元,增长2.8%;文化装备生产5893亿元,增长1.1%。由于受到疫情的影响,文化娱乐休闲服务、文化传播渠道、文化辅助生产和中介服务3个行业的营业收入分别下降30.2%、11.8%和6.9%。按产业类型看,文化制造业全年营业收入下降0.9%,文化批发和零售业全年营业收入下降4.5%。根据与前三季度的对比,2020年第四季度文化产业呈现急速反弹,部分领域的增长率是在第四季度转负为正的,这是文化产业复苏的前奏。

表1-2 2020年全国规模以上文化及相关产业企业营业收入情况

类别		绝对额/亿元	比上年增长/%		所占比重/%
			全年	前三季度	
总计		98 514	2.2	-0.6	100.0
行业类别	新闻信息服务	9 382	18.0	17.0	9.5
	内容创作生产	23 275	4.7	4.1	23.6
	创意设计服务	15 645	11.1	9.0	15.9
	文化传播渠道	10 428	-11.8	-16.5	10.6
	文化投资运营	451	2.8	0.2	0.5
	文化娱乐休闲服务	1 115	-30.2	-39.9	1.1
	文化辅助生产和中介服务	13 519	-6.9	-9.5	13.7
	文化装备生产	5 893	1.1	-3.4	6.0
	文化消费终端生产	18 808	5.1	0.8	19.1
产业类型	文化制造业	37 378	-0.9	-3.8	37.9
	文化批发和零售业	15 173	-4.5	-10.0	15.4
	文化服务业	45 964	7.5	6.0	46.7
领域	文化核心领域	60 295	3.8	1.5	61.2
	文化相关领域	38 220	-0.1	-3.8	38.8
区域	东部地区	73 943	2.3	-0.4	75.1
	中部地区	14 656	1.4	-1.5	14.9
	西部地区	90 44	4.1	0.9	9.2
	东北地区	872	-8.6	-15.9	0.9

资料来源:《中国文化金融发展报告(2021)》。

注:表中增速均为未扣除价格因素的名义增速;表中部分数据因四舍五入,存在总计与分项合计不等的情况。

第二节　我国文化产业银行信贷的基本情况

随着国家宏观经济政策和产业结构的战略性调整,文化产业日益受到金融资本的重视和青睐。国家相关部门不断深化文化金融合作,推进建立健全多层次、多渠道、多元化的文化产业投融资体系,致力于解决文化产业"融资难、融资贵、融资慢"的问题。

2010年4月,中共中央宣传部、中国人民银行、财政部、文化部等联合发布《关于金融支持文化产业振兴和发展繁荣的指导意见》(银发〔2010〕94号),提出"积极开发适合文化产业特点的信贷产品,加大有效的信贷投放"。在这一进程中,政府的公共投入与扶持起到了非常关键的作用。从实际情况来看,银行业进行了多元化、多层次信贷产品和服务模式的创新,文化产业银行信贷市场表现出非常活跃的态势。

2014年3月,文化部、中国人民银行、财政部联合发布《关于深入推进文化金融合作的意见》(文产发〔2014〕14号),巩固扩大银发〔2010〕94号文件的实施成果。文件提出加快推动适合文化企业特点的信贷产品和服务方式创新、完善文化企业信贷管理机制等方面的具体举措,进一步鼓励和推动金融资本、社会资本与文化资源相结合。

针对文化企业轻资产、重创意的特点,银行通过开发著作权、商标权等领域的创新信贷产品,设立文化专营机构,加强与外部机构协作等方式,积极使用信用风险缓释工具,使得我国文化产业的间接融资日益活跃,对文化产业发展的推动作用日益显著。截至2017年年底,21家主要银行(政策性银行、国有大型银行和股份制银行)文化产业贷款余额达7260.12亿元(如图1-3所示)。2012—2017年,21家主要银行文化产业贷款余额年均增长率达16.67%,高于同期银行业各项贷款余额增长率。2018年4月2日,国家统计局发布《文化及相关产业分类(2018)》,按照新的文化及相关产业分类,2018年年底,21家主要银行文化产业贷款余额达1.95万亿元。

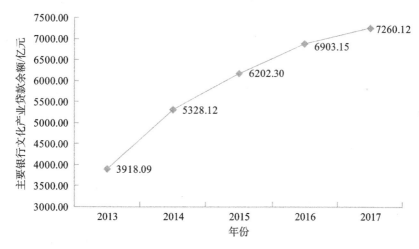

图1-3 2013—2017年21家主要银行文化产业贷款余额

数据来源:《中国文化金融发展报告(2021)》。

2010年以来,在为文化企业提供更优质的一般产品服务的基础上,我国主要银行持续开发和发行了很多文化产业信贷专属产品。但在2018年和2019年,文化产业信贷产品发行数量明显减少,产品创新趋缓。这与2016年以来我国金融环境整体变化有关,也与银行体系内部对文化产业信贷产品的认识变化有较大关系。

一、文化产业银行信贷情况（2019—2020年）

自我国提出"加快推动文化产业成为国民经济支柱型产业"的目标以来,文化产业实现快速发展,在国民经济中的地位逐年提升。尽管受新型冠状病毒肺炎疫情影响,文化产业仍克服困难逆势上扬,2020年全国规模以上文化及相关产业企业实现营业收入98 514亿元,比上年增长2.2%。根据国家统计局最新数据,2019年我国文化产业实现增加值44 363亿元,比2010年增长约4倍;文化产业增加值占GDP的比重,由2010年的2.8%提高到2019年的4.5%,文化产业在国民经济中的占比逐年提升。

2020年年初,面对突如其来的疫情,中国人民银行、银保监会等监管机构先后出台多份文件,为文化企业复工复产提供了一系列政策支持。2020年1月31日,中国人民银行、财政部、银保监会、证监会、国家外汇管理局联合发布《关于进一步强化金融支持防控新型冠状病毒感染肺炎疫情的通知》,要求加强制造业、小微企业、民营企业等重点领域信贷支持,对小微企业不得盲目抽贷、断贷、压贷,要保持贷款增速,切实落实综合融资成本压降要求。

2020年2月14日,银保监会办公厅发布《关于进一步做好疫情防控金融服务的通知》,提出调整还款付息安排、适度降低贷款利率、完善展期续贷衔接、提高小微企业"首贷率"和信用贷款占比等。2020年3月1日,银保监会、中国人民银行、国家发展和改革委员会、工业和信息化部、财政部联合发布《关于对中小微企业贷款实施临时性延期还本付息的通知》,明确银行可根据企业受疫情影响情况和经营状况,给予企业一定期限的延期还本付息安排等。

面对疫情,银行业金融机构积极落实文件精神,创新文化产业信贷产品和服务模式,为文化产业提供了坚实的金融保障。截至2020年年底,30家银行(21家主要银行和9家文化产业发达地区的中小型商业银行)的文化产业贷款余额达16 562亿元。2016—2020年,30家银行文化产业贷款余额年均增长率达17.6%;文化产业贷款余额增长率高于同期银行业金融机构贷款余额增长率、金融机构贷款余额增长率和文化及相关产业增加值增长率(如图1-4所示)。

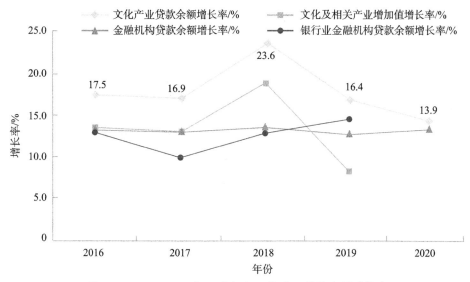

图1-4　2016—2020年30家银行文化产业贷款余额增长率

数据来源:《中国文化金融发展报告(2021)》。

二、30家银行文化产业信贷情况

中国银行业协会选取30家银行进行了一项调研,其中包括21家主要银行和9家文化产业发达地区的中小型商业银行。调研报告分析总结了近年来文化产业银行信贷情况。

(一)文化产业信贷产品发行情况

2010—2019年,30家银行中有23家银行针对文化产业融资特点发行了文化产业信贷产品,占比为76.7%。23家银行共发行47款文化产业信贷产品(如图1-5所示),其中政策性银行(3家)平均每家发行文化产业信贷产品约0.3款,国有大型银行(6家)平均每家发行文化产业信贷产品1.5款,股份制银行(12家)平均每家发行文化产业信贷产品1.5款,中小型商业银行(9家)平均每家发行文化产业信贷产品2.1款。中小商业银行充分发挥规模小、体制灵活的特点,开发的文化产业信贷产品数量最多。

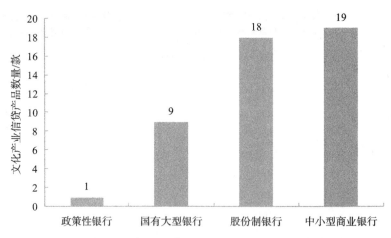

图1-5　2010—2019年不同类型银行发行文化产业信贷产品数量

数据来源:《中国文化金融发展报告(2020)》。

　　银发〔2010〕94号文件发布之后,银行发行文化产业信贷产品数量呈上升趋势,尤其是在文产发〔2014〕14号文件发布后,商业银行积极落实文件精神,加大对文化产业信贷产品的研发投入,文化产业信贷产品发行数量在2015年达到峰值,发行了12款文化产业信贷产品(如图1-6所示)。但在2018年和2019年,文化产业信贷产品发行数量明显减少,仅共有4款产品,主要是因为文化产业信贷产品没有取得预期收益,银行开发动力不足。

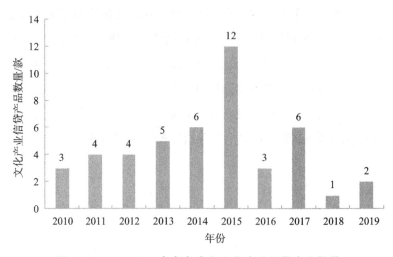

图1-6　2010—2019年每年发行文化产业信贷产品数量

数据来源:《中国文化金融发展报告(2020)》。

2020年,面对突如其来的疫情,银行业金融机构积极落实监管机构文件精神,加大文化信贷产品开发力度,共发行9款产品(如图1-7所示)。

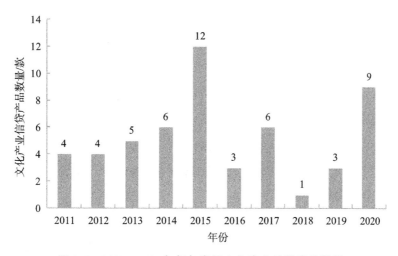

图1-7 2011—2020年每年发行文化产业信贷产品数量

数据来源:《中国文化金融发展报告(2021)》。

2020年,有文化产业信贷产品的银行在30家银行中占比为70%,文化产业信贷产品有39款。其中,开发性金融机构和政策性银行文化产业信贷产品有2款,大型商业银行文化产业信贷产品有11款,股份制商业银行文化产业信贷产品有8款,中小型商业银行文化产业信贷产品有18款。中小型商业银行充分发挥其规模小、机制灵活的特点,开发的文化产业信贷产品数量最多。大型商业银行践行其社会责任,文化产业信贷产品数量居第三。

（二）专属文化产业信贷产品情况

2010—2019年,在30家银行中,有18家银行发行了文化产业信贷专属产品,占比为60.0%。在47款文化产业信贷产品中,有32款为文化产业信贷专属产品,占比为68.1%(各类型银行的占比如图1-8所示)。针对文化企业特点开发的信贷专属产品,在资金价格、审批效率、风控要求等方面进行了全面优化,相比非专属产品具有较大优势,更容易满足文化企业的融资需求。

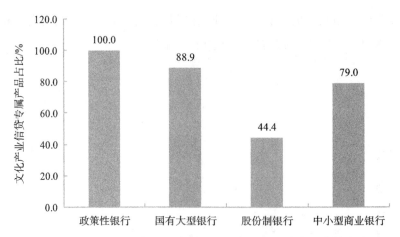

图1-8 2010—2019年不同类型银行文化产业信贷专属产品占比

数据来源:《中国文化金融发展报告(2020)》。

2020年,在30家银行中,19家银行有专属文化产业信贷产品,占比为63.3%。在39款文化产业信贷产品中,28款为专属文化产业信贷产品,占比为71.8%。各类型银行的文化产业信贷产品数量如图1-9所示。针对文化企业特点开发的专属信贷产品,在资金价格、审批效率、风控要求等方面进行了全面优化,相比非专属信贷产品具有较大优势,更容易满足文化企业的融资需求。

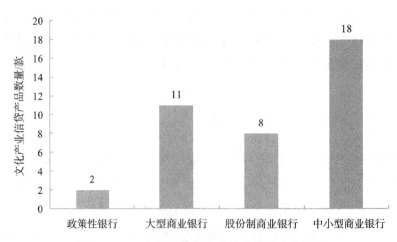

图1-9 2020年不同类型文化产业信贷产品数量

数据来源:《中国文化金融发展报告(2021)》。

（三）文化产业信贷产品主要种类和服务行业

30家银行发行的文化产业信贷产品中,主要包括影视贷、文创贷、知识产权质押、文化贷、股权质押和著作权质押。其中,影视贷和文创贷是银行发行最多的信贷产品(如图1-10所示)。

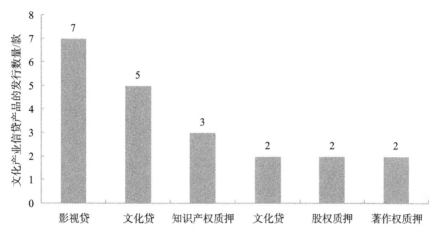

图1-10　2010—2019年不同种类文化产业信贷产品的发行数量

数据来源:《中国文化金融发展报告(2020)》。

文化产业银行信贷产品服务的文化子行业主要包括影视传媒、演艺、工艺美术、文化旅游、动漫游戏、文化娱乐、创意设计和出版发行。影视传媒、演艺和工艺美术是文化产业信贷产品涉及较多的行业(如图1-11所示),相关产品研发投入和资金投放也更大(同一产品覆盖多个文化子行业)。

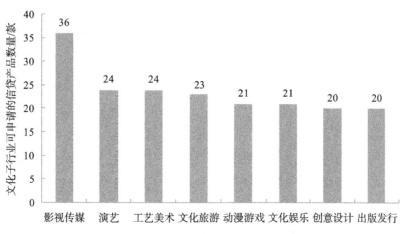

图1-11　2010—2019年文化子行业可申请的信贷产品数量

数据来源:《中国文化金融发展报告(2020)》。

(四)文化产业银行信贷服务模式创新

在30家银行中,有29家银行针对文化企业创新了服务模式,占比为96.7%。创新服务模式中利用较多的方式是与政府机构合作,较少的方式是进行员工绩效激励(如图1-12所示)。

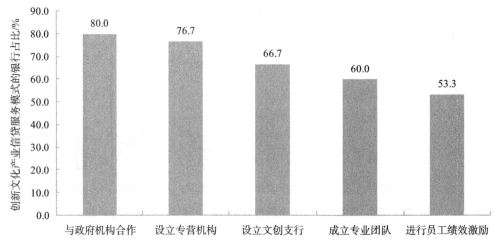

图1-12 2010—2019年创新文化产业信贷服务模式的银行占比

数据来源:《中国文化金融发展报告(2020)》。

从不同类型银行对文化产业信贷服务模式的创新来看,3家政策性银行中,有2家银行针对文化产业创新了信贷服务模式,占比为66.7%,国有大型银行、股份制银行和中小型商业银行全部针对文化产业信贷创新了服务模式。国有大型银行重点对产品配套的服务进行创新,股份制银行侧重于一线营销的服务创新,中小型商业银行的创新服务更多地落实在区域项目的具体开发上,这间接反映了中小型商业银行在文化产业业务领域的客群特征。

2010年以来,银行对文化产业信贷进行了全面的创新,文化产业银行信贷取得了阶段性的成果。值得关注的是,中小型商业银行根植当地,熟悉地方文化企业的实际情况,与地方政府机构联系紧密,在信贷产品发行数量、专属产品占比等方面表现突出。但我们也应看到,近两年文化产业银行信贷市场表现出的突出问题:文化产业银行信贷产品的发行数量呈断崖式下降,多数银行文化产业信贷产品贷款余额持续走低;文创支行的文化产业信贷占比不高,放贷动力不足;银行为弥补文化产业信贷短板,更倾向于同政府文化部门或文化金融中介机构联合为文化企业提供信贷服务。

（五）银行的文化产业信贷情况

1. 中国工商银行加强与文化金融单位合作

中国工商银行将文化金融作为全行重要的支持领域,构建了涵盖文化创意、文化传承、文化消费、文化产业升级等全方位的文化金融创新服务体系。中国工商银行在业内率先推出文化金融产品手册和综合化金融服务方案,目前已形成对文化企业全产品、全过程、全产业链的服务,涵盖旅游景区、有线电视、影视制作、影院经营、艺术品、广告和黄金珠宝等各类文化行业,贯穿文化产品的创意、制作、推广销售、项目建设、产业整合等全链条。2019年,中国工商银行重点与各文化金融单位加强合作,提升融资支持覆盖面,继续加大对文化产业融资的支持力度。

2019年5月15日,中国工商银行广州分行首家文创支行北京路支行正式揭牌,该支行同时作为广州市文化金融服务中心越秀分中心。该中心通过中国工商银行在金融服务、融资渠道等方面的资源优势,开展文化产业信贷产品和服务模式的创新,主要为北京路国家级文化产业示范园区的文化企业提供信贷服务,以提高园区文化项目、文化企业融资的规模和效率。该中心通过整合文创特色银行、融资租赁公司、融资担保公司、小额信贷公司、产权交易所等资源,举办"文化+金融"路演活动,为园区文化企业提供一站式金融服务,可根据文化企业具体需求量身定制金融服务方案。

2019年7月4日,中国工商银行成都分行与成都传媒集团签署战略合作协议。根据协议,中国工商银行成都分行将为成都传媒集团提供400亿元金融服务支持额度。中国工商银行成都分行利用金融牌照优势,整合信贷融资、债券发行、股权交易、融资租赁等资源,为成都传媒集团提供全方位的金融服务。

2019年11月26日,中国工商银行江苏省分行与南京博物院举办战略合作启动仪式。双方将基于文化、科技、金融"三位一体"的理念,在文化宣传、信贷融资、产品创新等领域加强合作。进一步发挥好中国工商银行的资金、平台优势,将南京博物院的文化资源向外拓展,打通文化资源与市场的渠道,打造文化金融市场融合的新生态,实现文化价值与金融价值的双赢局面。

2. 华夏银行开展"老字号行动计划"和知识产权资产证券化

（1）"老字号行动计划"。2019年,华夏银行提高站位,进行顶层设计,启动"老字号行动计划",致力于为"老字号"企业提供融资、融商、融智的综合金融服务方案,针对性地满足"老字号"企业固本强基、文化弘扬、品牌保护、创新发展和改革增效中的金融需求,助力历史文化传承发展。

第一,立足北京,辐射重点区域,"老字号行动计划"成效显著。截至2019年年末,华夏银行聚焦知名餐饮、传统食品、医疗健康、民族服饰、文化传承、出版传媒和匠人传承7个细分市场,与全国40余家"老字号"企业进行了对接。与中国北京同仁堂(集团)有限责任公司、北京市北冰洋食品公司、北京二商王致和食品有限公司等多家"老字号"企业开展授信、银企直连、大额存单、联合党建等合作。为首批12家重点"老字号"企业逐户制定了综合金融服务方案,内容涵盖"商行+投行""表内+表外""本币+外币""公司+普惠""公司+个人和信用卡""基础账务服务+资金保值增值"等综合化全方位金融服务,并将服务延伸至其上下游全产业链。

第二,政策倾斜,为"老字号行动计划"保驾护航。华夏银行北京分行给予"老字号"企业贷款期限、还款方式、资金定价等多方面的政策优惠,同时建立授信审批绿色通道,提高审批效率。工美景泰蓝从首次拜访到授信审批通过,仅历时12个工作日,为中国工艺美术(集团)公司"国礼造办"景泰蓝工艺的推广作出了突出贡献,被客户赞誉为"景泰蓝工艺的金融守护者"。

第三,加强非金融合作,展现华夏银行担当。对于没有金融需求的"老字号"企业,积极开展联合党建、共办公益、品牌共建等活动。目前,已与北京市北冰洋食品公司、北京二商王致和食品有限公司等"老字号"企业联合开展了党建活动。同时,积极发挥资源和信息优势,向"老字号"企业提供咨询服务;借助自身的渠道优势,联合行业优质企业搭建互补和资源共享平台。

(2)知识产权资产证券化。华夏银行创新推出了文创贷、文创融、文创投、文创贸四大产品体系,并不断丰富子产品系列,推出了"文创易贷""轻松续贷""线上易贷"等措施,为文化企业提供综合金融解决方案。其中,2019年,华夏银行专门推出"龙盈·知识产权通"产品,把作品著作权、软件著作权、专利权等文化资产证券化,第一期已在深圳证券交易所发行,涉及10家企业11.7亿元的知识产权资产,融资7.3亿元。

2019年3月28日,第一创业-文科租赁一期资产支持专项计划成功发行,华夏银行是该产品的托管行和主投行。该产品总规模为7.3亿元,华夏银行投资3.0亿元。该产品的底层资产是以专利权、著作权为标的物的"知识产权融资租赁"业务,涉及发明专利、实用新型专利、著作权等知识产权共计51项,覆盖艺术表演、影视制作发行、信息技术、数字出版等文化产业领域的多个细分行业,在无形资产价值评估及处置等重点、难点问题上取得了新突破,探索形成了知识产权融资租赁证券化业务新模式,为我国未来支持文化产业发展开辟了新的路径。

3. 北京银行加码文化产业信贷服务

北京银行自成立以来,紧贴首都发展脉搏,打造文化金融特色品牌,建设"文创企业最佳服务银行",在中国银行业率先探索文化金融,累计为超过7700家文创企业提供贷款支持超过2700亿元。北京银行开创多项第一,自北京有文化金融分类统计以来市场份额始终位居第一,成为中国银行业推出产品最早、小微贷款最多、支持项目最全的文化金融"排头兵"。2019年,北京银行不断加码文化产业信贷服务,截至年末,北京银行文化金融贷款余额640亿元,市场份额始终位居北京市首位。

(1)完善产品服务体系。2019年4月,在第九届北京国际电影节中国影视文创投融资高峰论坛期间,北京银行携手北京国华文科融资担保有限公司,创新推出了"影视贷"产品。同年,北京银行贯彻落实北京市《关于推进文化创意产业创新发展的意见》文件精神,发布《北京银行文化创意设计小微企业贷款操作规程(试行)》,推出"创意设计贷"产品。

(2)强化专营机构驱动。2019年北京银行新增朝外支行、八里庄支行、北辰路支行3家文创特色支行,全行文创特色支行达到21家,形成专营组织架构、专项指标考核、专属业务范围、专职人员配备和单独绩效考核、单独权限设立、单独审批通道、单独额度匹配的"四专四单"配套支持政策。

(3)加强政银合作。2019年7月23日,北京银行与北京市文化和旅游局签署《支持文化和旅游产业高质量发展全面战略合作协议》。该合作协议计划在未来5年内为北京市文化和旅游企业提供200亿元授信额度,构建多元化文化旅游金融服务支撑体系,推动北京文化和旅游产业融合发展,共同开启文化和旅游高质量融合新篇章。签约现场,北京银行发布"文旅贷"金融服务方案,该方案包含三大行动计划和六大行动路线。

(4)专注企业金融服务。在中华人民共和国成立70周年之际,北京银行为博纳影业集团股份有限公司提供贷款以支持中国骄傲三部曲《烈火英雄》《决胜时刻》《中国机长》的制作发行,并在未来三年为博纳影业集团股份有限公司提供10亿元意向性资金支持。

4. 杭州银行聚焦八大文化产业

杭州银行本着"专营、专注、专业、创新"的发展理念,在文化金融板块保持了持续健康增长,已经形成了自己独特的金融产品体系和业务模式,并逐步将文化金融服务聚焦于动漫游戏、现代传媒、休闲旅游、文化会展、设计服务、数字内容、艺术品及教育培训八大产业。截至2019年年末,杭州银行文化金融客户1428户,授信总额110.7亿元(259户),融资余额52.8亿元(228户)。

(1)创新标准产品体系。为更好地契合和满足中小型文化企业不同时期的发展特点和核心需求,杭州银行在2019年推出了"全生命周期"的信贷产品体系,包括七大核心产品。其一,科易贷聚焦人才创业,以人定贷,是针对高端人才创办文化企业的信用贷款,广泛应用于园区创业企业,为初创型企业提供资金支持。其二,科保贷聚焦政策担保,以保定贷,是针对文化企业的政策性担保贷款,通过与政策性担保机构合作,解决企业融资难和融资价格高等问题。其三,成长贷聚焦行业成长,以销定贷,是针对高成长文化中小企业的信用贷款,主要适用于已有一定规模的成长型企业,用于帮助企业扩大经营。其四,诚信贷聚焦资本市场信息披露,以信定贷,针对新三板挂牌企业或拟登陆资本市场的文化企业,为企业提供流动性支持,帮助企业优化债务。其五,银投联贷聚焦创投评价,以投定贷,针对获得专业投资机构投资的文化企业,借鉴投资眼光做债权,为企业延缓股权稀释。其六,伯乐融聚焦投资管理,以费定贷,是针对优质文化投资管理公司的贷款,为投资机构提供流动性支持。其七,选择权配套上述六大产品,享客户成长。该产品是在为客户提供综合服务的基础上,获得一定的选择权,获得分享客户成长收益的权利。

(2)打造特色产品及服务。针对文化产业的轻资产特点和子行业差异大的特性,杭州银行针对重点行业和项目推出了特色金融产品及服务。其一,院线贷是针对浙江时代院线旗下影院的贷款,依据线上票房流水核定授信金额,贷款可用于补充影院日常经营流动资金,置换其他金融机构的贷款或支付分账款。其二,教育直通车从项目融资、现金管理服务和教师金融服务三方面打造教育板块的全方位金融服务。该产品以现金流为核心,以企业无形资产和股权质押等方式,解决教育行业普遍缺失抵押物的问题。例如,以股权质押及股东担保的方式为某民营企业发放了3.5亿元的并购贷款,用于收购北京民营院校股权。此外,杭州银行拟在2020年推出"园丁贷",该产品根据培训机构预付款流水核定授信,用于满足教育培训机构日常经营需求。其三,影视行业夹层贷款是针对影视传媒行业的创新项目贷款。例如,在支持热播电视剧《长安十二时辰》的过程中,杭州银行创新评审方式,根据项目进度设置风控手段,为其提供了3000万元信用贷款支持。其四,艺术品质押融资是杭州银行在艺术品行业融资方面的探索,通过联合专业第三方或拍卖公司推动艺术品融资。各文化细分行业的金融产品陆续推出,逐渐丰富了杭州银行的服务方式,满足了不同行业客户的需求。

第三节 我国文化产业债券市场发展概况(2020年)

2020年,文化产业是受新型冠状病毒肺炎疫情影响最大的产业之一,并呈现出两极分化的态势。数字化文化业态及线上文化市场崛起,传统文化娱乐行业呈现断崖式下降,这直接影响了2020年文化产业债券市场。一方面,2020年文化产业债券市场发行规模较2019年下降25%,电信、广播电视和卫星传输服务业与文化艺术业等文化行业受疫情影响债券发行规模大幅下降,前十大文化产业上市公司总营业收入整体减少;另一方面,以疫情防控专项债为代表的债券市场助力文化企业复工复产。2020年文化产业债券市场发行数量与上年持平,单次平均融资规模显著减小。新闻和出版业、娱乐业等传统文化娱乐行业积极利用债券市场解决现金流短缺问题。2020年文化产业发行了8只疫情防控专项债,疫情防控专项债成为短期内维持企业资金链稳定与预算外投入的重要渠道。结合我国金融市场改革趋势,加大对文化产业债券市场的政策支持力度;以文化产业供应链为抓手,推动文化产业债券市场产品创新;以文化数据资产治理和管理为新起点,建设新型文化金融基础设施。

为了保持统计口径的一致性,本部分结合Wind数据库资源,按照《中国文化金融发展报告(2020)》中的文化产业分类标准,将文化产业分为新闻和出版业,广播电影电视和影视录音制作业,文化艺术业,体育业,娱乐业,造纸和纸制品业,印刷和记录媒介复制业,文教、工美、体育和娱乐用品制造业,电信、广播电视和卫星传输服务业,互联网和相关服务业10个二级行业,以此统计和分析2020年文化产业债券市场发展情况。根据Wind数据库统计的10个二级行业发行债券的数据,大致估算出2020年文化产业债券市场融资规模(如图1-13所示)。

图1-13 2013—2020年文化产业债券发行数量和发行总额

数据来源:《中国文化金融发展报告(2021)》。

根据Wind数据库及课题组整理,2020年各类文化企业共发行119只债券,与2019年持平;发行总额为894.50亿元,较2019年下降了约25%,但是与2018年及之前年份相比,仍然处于较高的水平。此外,文化产业债券市场占整体债券市场的比重有所降低。根据中央结算公司公布的数据,2020年债券市场共发行各类债券37.75万亿元,文化产业债券市场发行总额占债券市场的比重约为0.24%,较2019年略微降低。

发行金额方面,在2020年发行的119只文化产业债券中,最小发行金额为0.16亿元(乐信1B、乐信1次,资产支持证券),最大发行金额为38.00亿元(20印力2A,资产支持证券);平均发行金额为7.54亿元,较2019年的9.96亿元有较大的降低,说明疫情冲击下单次平均融资规模显著减小。

利率方面,在2020年发行的119只文化产业债券中,票面(发行时)最低年化利率为0.1%(20广版EB,可转债),最高年化利率为7.5%(20明诚、20金桂,公司债)。119只债券中有88只采用固定利率的计息方式,占比约为73.9%,其余采用累进利率。

期限方面,在2020年发行的119只文化产业债券中,最短期限为0.05年(20中电信SCP018,短期融资券),最长期限为18.01年(新华优A、新华优B、新华次,资产支持证券)。加权平均期限为3.36年,较2019年有所下降,表明文化市场对短期流动性资金的需求增加。

发行场所方面,在2020年发行的119只文化产业债券中,37只债券在上海证券交易所发行,占比为31.1%;13只债券在深圳证券交易所发行,占比为10.9%;69只债券在银行间市场发行,占比为58.0%。

此外,在2020年发行的119只文化产业债券中,有8只疫情防控专项债,分别是20长江出版(疫情防控债)MTN001、20皖出版(疫情防控债)CP001、20湖北广电(疫情防控债)MTN001、20小米(疫情防控债)PPN001、20优行绿色(疫情防控债)ABN001优先01、20优行绿色(疫情防控债)ABN001优先02、20优行绿色(疫情防控债)ABN001次、20金红叶(疫情防控债)SCP001,它们有力地支持了文化企业的疫情防控和复工复产。

整体来看,2020年我国文化产业受到疫情的负面冲击较大,导致文化产业债券融资规模出现了较大幅度的下降,占债券市场融资规模的比重进一步下降,远远低于文化产业增加值占GDP比重,推动文化产业债券市场发展任重道远。另外,文化产业债券发行数量与2019年持平,并且出现了一些疫情防控专项贷,呈现"短期、小额、分世"的融资特点,债券成为文化企业重要的融资工具之一,对文化企业疫情防控和复工复产发挥了非常重要的作用。

一、2020年各类文化行业债券发行情况

经过统计,2020年各类文化行业债券发行情况如图1-14所示。电信、广播电视和卫星传输服务业依然是发行文化产业债券的主力,其次是新闻和出版业。

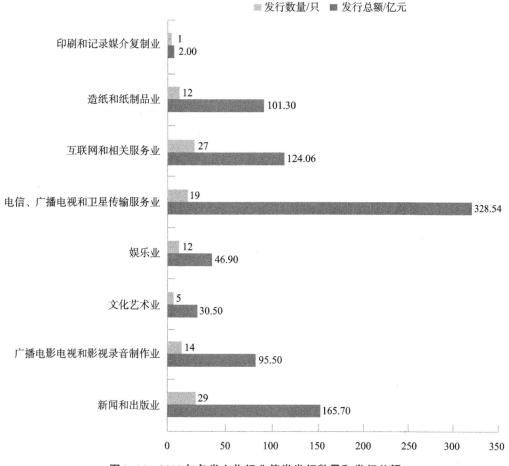

图1-14 2020年各类文化行业债券发行数量和发行总额

数据来源：《中国文化金融发展报告（2021）》。

2020年，电信、广播电视和卫星传输服务业共发行19只债券，发行总额为328.54亿元，比2019年下降了37%，呈现单笔平均发行金额较大的特点。其中，中国电信股份有限公司共发行6只债券，分别为5只短期融资券和1只公司债，发行总额为140.00亿元；华为投资控股有限公司共发行4只债券，全部为中期票据，发行总额为90.00亿元；中国联合网络通信股份有限公司共发行3只债券，全部为短期融资券，发行总额为70.00亿元。三家公司债券发行金额合计300.00亿元，占整个电信、广播电视和卫星传输服务业债券发行规模的91%。

2020年，新闻和出版业共发行29只债券，发行总额为165.70亿元，较2019年增长了77%，是文化产业债券市场发行规模排名第二的子行业。单笔发行规模最大为20.00亿元，为江苏凤凰出版传媒集团有限公司2020年公开发行的公司债券（面向专业投资者，第一期）和江西省出版集团公司2020年公开发行的公司债券（第一期）。

造纸和纸制品业债券发行规模占整个文化产业债券发行规模的比重也较大。2020年,造纸和纸制业共发行12只债券,发行总额为101.30亿元,相较于2019年的319.46亿元,下降了68%,受疫情的负面冲击非常大。但是2020年各家企业债券融资规模较为平均,与2019年金光集团债券发行规模占造纸和纸制品业债券发行规模的71%相比,2020年金光集团仅发行了国金-金光供应链二期资产支持专项计划优先级资产支持证券和次级资产支持证券,共计31.00亿元。

2020年,互联网和相关服务业共发行27只债券,较2019年增加了14只;发行总额为124.06亿元,较2019年下降了14%。单次平均融资规模下降幅度非常明显。其中,中国电子信息产业集团有限公司共发行4只债券,募集资金113.00亿元,占整个互联网和相关服务业债券发行规模的91%。此外,互联网和相关服务业积极进行债券品创新,2020年发行了"远洋-中金-云泰数通一号第1期IDC新型基础设施收益权资产支持专项计划",意味着在互联网数据中心(IDC)新型基础设施资产证券化领域实现了历史性突破。

2020年,文化艺术业共发行5只债券,发行总额为30.50亿元,较2019年下降了31%。5只债券均由北京市文化投资发展集团有限责任公司发行。

传统的文化娱乐产业受疫情影响较大,企业积极利用债券市场解决现金流短缺问题,融资规模较2019年有大幅增加。2020年,娱乐业共发行12只债券,发行总额为46.90亿元,较2019年增加了34%。广播电影电视和影视录音制作业2020年共发行14只债券,发行总额为95.50亿元,较2019年增加了267%,是2020年债券融资规模增速最大的文化行业。

2020年,印刷和记录媒介复制业发行了1只债券,为上海翔港包装科技股份有限公司发行的可转换公司债券(简称翔港转债,代码113566.SH),发行规模为2.00亿元。

体育业与文教、工美、体育和娱乐用品制造业两个行业2020年未发行新的债券。

从行业结构来看,疫情冲击下文化产业债券市场内部出现了分化与反转。新闻和出版业、娱乐业及广播电影电视和影视录音制作业等行业积极利用债券市场,融资规模出现了大幅上涨。而电信、广播电视和卫星传输服务业,造纸和纸制品业,互联网和相关服务业等行业在经历了2019年的大幅增长之后,融资规模出现明显回落。

二、2020年文化企业发行的债券类型

2020年文化企业发行了多种类型的债券,具体数据见表1-3。

表1-3 2020年文化企业发行债券的类型

指标	定向工具	短期融资券	公司债	可交换债	可转债	中期票据	资产支持证券
发行数量/只	4	38	19	3	5	24	26
发行总/亿元	26.00	317.50	173.04	28.00	39.30	206.40	104.26
总额占比/%	2.91	35.49	19.34	3.13	4.39	23.07	11.66
加权平均利率/%	4.45	2.52	4.68	0.81	0.40	3.55	—
加权平均期限/年	2.00	0.41	4.14	3.00	6.00	3.93	9.18

数据来源:《中国文化金融发展报告(2021)》。

根据统计,文化企业2020年发行的期限在1年以下的债券主要是短期融资券,共发行38只,加权平均期限为0.41年,发行总额为317.50亿元,占文化产业债券发行总额的35.49%。2020年,短期融资券的数量大幅增加,一定程度上反映了疫情冲击下文化企业对高流动性、低风险负债的偏好。

其他类型的债券加权平均期限均在1年以上,其中资产支持证券26只,发行总额占文化产业债券发行总额的11.66%,与2019年的22.19%相比下降的幅度较大;中期票据24只,发行总额占文化产业债券发行总额的23.07%,较2019年有所增加;定向工具、可转债、可交换债依然较少,尤其是2020年可转债受到了广泛的关注,但是文化企业发行可转债的比例不高,只发行了5只可转债,文化企业仍然倾向于纯粹的债权融资方式。

债券市场为文化企业提供了低风险、低利率的融资渠道,利用多种类型的债券进行融资依然是2020年文化企业融资的特点。例如,保利文化集团股份有限公司2020年发行了4只债券,包括3只短期融资券(20保利文化SCP005、20保利文化SCP004、20保利文化SCP003)和1只中期票据(20保利文化MTN001),融资总额为13.00亿元;陕西文化产业投资控股(集团)有限公司2020年发行了3只债券,包括2只定向工具(20陕文投PPN001、20陕文投PPN002)和1只短期融资券(20陕文投SCP001),融资总额为11.00亿元。

三、2020年我国前十大文化产业上市公司债权融资情况

本部分采取较窄的文化产业统计口径,聚焦文化传媒产业,主要包括传媒出版、动漫、媒体网站、广告营销、影视音乐、网络视频、文化艺术等领域。根据2020年前三季度报表,按照总营业收入梳理出我国排名前十的文化产业上市公司,分析其债权融资情况,探寻文化产业2020年债权融资市场的总体态势。

（一）前十大文化产业上市公司总体财务情况

从前十大文化产业上市公司的排名可以看出，疫情冲击下的文化产业呈现出两极分化的态势，数字化文化业态及线上文化市场崛起，传统文化娱乐行业出现断崖式下降。2020年前三季度，蓝色光标是文化产业上市公司中总营业收入最多的公司，总营业收入达到288.58亿元，与2019年前三季度的196.88亿元相比，总营业收入增速达到46.58%，主要是由于疫情导致对大数据和社交网络的需求大幅增加。完美世界取代万达电影股份有限公司（以下简称"万达电影"），首次进入文化传媒产业上市公司前十的行列，反映了2020年疫情使得电影经营行业受到重创及游戏产业快速崛起。与2019年相比，科达集团股份有限公司（以下简称"科达股份"）、利欧集团股份有限公司（以下简称"利欧股份"）、分众传媒信息技术股份有限公司（以下简称"分众传媒"）、中文天地出版传媒集团股份有限公司（以下简称"中文传媒"）、江苏凤凰出版传媒股份有限公司（以下简称"凤凰传媒"）、东方明珠新媒体股份有限公司（以下简称"东方明珠"）、广东省广告集团股份有限公司（以下简称"省广集团"）、芒果超媒股份有限公司（以下简称"芒果超媒"）依然位列文化产业上市公司前十，但排名发生了变化。省广集团2020年前三季度净利润为-0.24亿元，是前十大文化产业上市公司中唯一一家净利润为负数的公司。东方明珠2021年1月21日发布《关于会计差错更正的公告》，对2020年前三季度总营业收入进行了调整，从76.28亿元更正为71.53亿元，本部分使用调整后的数据。具体数据见表1-4。

表1-4　2020年前三季度我国前十大文化产业上市公司财务情况

单位：亿元

排序	公司代码及简称	总营业收入	净利润	所有者权益	总负债
1	300058.SZ-蓝色光标	288.58	6.31	92.23	108.97
2	002131.SZ-利欧股份	106.54	30.88	112.94	47.50
3	300413.SZ-芒果超媒	94.71	16.10	102.51	86.77
4	002400.SZ-省广集团	87.77	-0.24	55.40	30.47
5	002624.SZ-完美世界	80.62	17.79	117.92	45.24
6	601928.SH-凤凰传媒	80.18	11.07	148.90	106.16
7	002027.SZ-分众传媒	78.75	21.98	153.97	49.64
8	600373.SH-中文传媒	73.02	12.85	148.50	113.97
9	600637.SH-东方明珠	71.53	12.32	346.88	108.26
10	600986.SH-科达股份	68.93	1.09	37.53	37.98

数据来源：《中国文化金融发展报告（2021）》。

截至2020年第三季度末,前十大文化产业上市公司总负债较年初增加28.44亿元,其中,流动负债增加37.53亿元,非流动负债减少9.13亿元(由表1-5数据算得)。这表明虽然文化产业总负债规模小幅增长,但是负债结构发生了较大调整。在当前经济环境下,文化产业上市公司更偏向短期的流动负债,大大减少了非流动负债。此外,虽然前十大文化产业上市公司中有6家实现了总负债小幅增长,但考虑到中小文化企业的数量占文化类企业总数的80%以上,文化产业仍然面临着较大的融资收缩压力。

表1-5　2020年第三季度末我国前十大文化产业上市公司负债情况

单位:亿元

公司简称	总负债		流动负债		非流动负债	
	2020年第三季度末	2020年年初	2020年第三季度末	2020年年初	2020年第三季度末	2020年年初
蓝色光标	108.97	102.24	98.92	90.02	10.04	12.22
利欧股份	47.50	51.87	33.84	47.16	13.66	4.72
芒果超媒	86.77	82.58	86.17	79.36	0.59	3.23
省广集团	30.47	31.46	29.09	29.53	1.39	1.93
完美世界	45.24	65.01	43.09	48.00	2.15	17.01
凤凰传媒	106.16	92.67	94.59	81.78	11.56	10.89
分众传媒	49.64	46.81	39.58	36.71	10.06	10.10
中文传媒	113.97	85.76	94.54	66.27	19.43	19.49
东方明珠	108.26	101.79	96.33	91.57	11.93	10.22
科达股份	37.98	46.33	35.85	44.07	2.13	2.26

数据来源:《中国文化金融发展报告(2021)》。

(二)前十大文化产业上市公司债权融资情况

1．蓝色光标

截至2020年第三季度末,蓝色光标总负债较年初增加6.73亿元,达到108.97亿元,其中,非流动负债减少2.18亿元,而流动负债增加8.90亿元。在流动负债中,短期借款为17.28亿元,较年初增加2.81亿元;应收账款为70.87亿元,较年初增加10.22亿元。在非流动负债中,长期借款和长期应付款均减少(见表1-6)。蓝色光标整体负债与上年同期相比略微增加,长期借款和长期应付款等长期负债减少,短期负债继续增加,以流动负债为主的债务结构明显。

表1-6 2020年第三季度末我国前十大文化产业上市公司债权类融资情况

单位:亿元

公司简称	短期借款		应付账款		长期借款		应付债券		长期应付款	
	金额	较年初	金额	较年初	金额	较年初	金额	较年初	金额	较年初
蓝色光标	17.28	2.81	70.87	10.22	4.04	-0.47	0	0	1.09	-0.32
利欧股份	7.68	-4.44	17.96	-0.29	1.17	1.17	0	-1.08	0	-0.01
芒果超媒	0.38	-3.12	50.09	-0.39	0	0	0	0	0	0
省广集团	1.17	-4.85	17.59	1.98	0	0	0	0	0	0
完美世界	9.60	-1.79	5.73	0.87	1.12	-1.13	0	0	0.01	0
凤凰传媒	0.00	-0.14	52.61	6.02	0.61	0	0	0	6.24	-0.07
分众传媒	1.49	0.98	6.28	0.57	7.93	-0.09	0	0	0	0
中文传媒	13.69	3.99	18.63	4.75	0	0	10	0	0	0
东方明珠	0.65	-1.45	30.63	-6.17	5.44	1.77	0	0	1.36	0.03
科达股份	4.18	-0.31	23.87	-4.79	1.65	-0.10	0	0	0	0

数据来源:《中国文化金融发展报告(2021)》。

2. 利欧股份

截至2020年第三季度末,利欧股份总负债较年初减少4.37亿元,达到47.50亿元。其中,流动负债较年初减少28%,达到33.84亿元,主要是由于短期借款从12.12亿元减少到7.68亿元,且短期借款近两年一直处于减少趋势。非流动负债较年初增加189%,达到13.66亿元,主要是由于递延收益和递延所得税负债的大幅增加,而应付债券和长期应付款有所下降。总的来看,利欧股份融资需求较弱,总负债减少。

3. 芒果超媒

截至2020年第三季度末,芒果超媒总负债较年初增加4.19亿元,达到86.77亿元。其中,流动负债较年初增加9%,达到86.17亿元,主要是因为存货增加,而短期借款和应付账款出现下降。非流动负债较年初下降82%,为0.59亿元,主要是由于递延收益-非流动负债从年初的3.08亿元减少到0.56亿元。总的来看,芒果超媒融资需求较大,尤其是短期负债增加的幅度较大。

4. 省广集团

截至2020年第三季度末,省广集团总负债较年初减少0.99亿元,达到30.47亿元。其中,流动负债较年初减少1%,为29.09亿元,主要是由于短期借款从年初的6.02亿元减少到1.17亿元。非流动负债较年初减少28%,为1.39亿元,主要是由于预计负债的减少。总的来看,省广集团融资需求略微减少,但是长期负债减少的幅度较大。

5．完美世界

截至 2020 年第三季度末,完美世界总负债较年初减少 19.77 亿元,达到 45.24 亿元。其中,流动负债较年初减少 10%,为 43.09 亿元,主要是由于短期借款从 11.39 亿元减少到 9.60 亿元。非流动负债减少 87%,为 2.15 亿元,主要是由于其他非流动负债的大幅减少。总的来看,完美世界融资需求出现明显的下降,且流动负债和非流动负债都在减少。

6．凤凰传媒

截至 2020 年第三季度末,凤凰传媒总负债较年初增加 13.49 亿元,达到 106.16 亿元。其中,流动负债较年初增加 16%,为 94.59 亿元,主要是由于合同负债的大量增加,应付账款也从年初的 46.59 亿元增加到 52.61 亿元。非流动负债较年初增加 6%,为 11.56 亿元。总的来看,凤凰传媒融资需求较大,短期负债和长期负债均有所增加,但是短期负债增加的幅度更大。

7．分众传媒

截至 2020 年第三季度末,分众传媒总负债较年初增加 2.83 亿元,达到 49.64 亿元。其中,流动负债较年初增加 8%,为 39.58 亿元,短期借款、应付账款、合同负债等项目均有所增加。非流动负债较年初减少 0.4% 至 10.06 亿元,变化不大。总的来看,分众传媒融资需求依然较强。

8．中文传媒

截至 2020 年第三季度末,中文传媒总负债较年初增加 28.21 亿元,达到 113.97 亿元。其中,流动负债较年初增加 43%,为 94.54 亿元,主要是由于短期借款和应付账款均有所增加。非流动负债略微下降,为 19.43 亿元,变化不大。总的来看,中文传媒融资需求较大,主要是短期融资需求。

9．东方明珠

截至 2020 年第三季度末,东方明珠总负债较年初增加 6.47 亿元,达到 108.26 亿元。其中,流动负债较年初增加 5%,为 96.33 亿元,主要是由于合同负债的增加,短期借款和应付账款都有所减少。非流动负债较年初增加 17%,为 11.93 亿元,主要是由于长期借款较年初增加 1.77 亿元。总的来看,东方明珠融资需求增加,短期负债和长期负债均有所增加,且长期负债增加的幅度更大。

10．科达股份

截至 2020 年第三季度末,科达股份总负债较年初减少 8.35 亿元,达到 37.98 亿元。其中,流动负债较年初减少 19%,为 35.85 亿元,主要是由于应付账款由年初的 28.66 亿元减少到 23.87 亿元。非流动负债较年初减少 6%,为 2.13 亿元,主要是由于长期借款从 1.75 亿元减少到 1.65 亿元。总的来看,科达股份融资需求下降,短期负债和长期负债都出现了下降。

第四节 我国文化产业股权市场发展概况（2020）

一、2020年文化产业上市公司发展环境分析

（一）政策环境分析

自2020年以来，监管层先后推出注册制细则、再融资新规等一系列政策文件，不断优化上市文化企业股权融资环境，推动上市文化企业高质量发展。

1. 创业板注册制细则正式落地，注册制全面推行将提高IPO上市审核效率

自2019年科创板注册制试点这一重大改革举措正式落地以来，国家先后出台了一系列政策，不断推行注册制。2020年4月27日，中央全面深化改革委员会第十三次会议审议通过了《创业板改革并试点注册制总体实施方案》并指出，推进创业板改革并试点注册制，是深化资本市场改革、完善资本市场基础制度、提升资本市场功能的重要安排。2020年6月12日，证监会发布《创业板首次公开发行股票注册管理办法（试行）》《创业板上市公司证券发行注册管理办法（试行）》《创业板上市公司持续监管办法（试行）》和《证券发行上市保荐业务管理办法》，深圳证券交易所、中国证券登记结算有限责任公司、中国结算证券业协会等同步推出相关配套规则，创业板注册制细则正式落地。

2. 再融资新规落地，上市文化企业再融资环境有所改善

2020年2月14日，证监会正式发布《关于修改〈上市公司证券发行管理办法〉的决定》《关于修改〈创业板上市公司证券发行管理暂行办法〉的决定》《关于修改〈上市公司非公开发行股票实施细则〉的决定》（以上统称为"再融资新规"），通过精简发行条件、降低发行门槛、增加非公开发行对象、缩短锁定期、放宽定价机制、提高融资规模上限、延长批文有效期等方式，进一步放宽对上市公司再融资要求。例如，取消创业板公开发行证券最近一期末资产负债率高于45%的条件要求，取消创业板非公开发行股票连续2年盈利的条件等。这一系列政策的推出，将进一步改善上市文化企业的再融资环境。

3. 国务院明确六大方面17项重点举措，推动上市文化企业高质量发展

2020年9月23日，国务院总理李克强主持召开国务院常务会议，从完善上市公司治理制度规则、推动上市公司做优做强、发挥部门合力加强监管三个方面部署了进一步提高上市公司质量的具体举措，明确了下一阶段提高上市公司质量的方向。10月9日，国务院发布《关于进一步提高上市公司质量的意见》，提出提高上市公司治理水平、推动上市公司做优做强、健全上市公司退出机制、解决上市公司突出问题、提高上市公司及相关主体违法违规成本、形成提高上市公司质量的工作合力六个方面十七项重点举措，如加强资本

市场融资端和投资端的协调平衡,引导上市公司兼顾发展需要和市场状况优化融资安排;完善上市公司再融资发行条件,研究推出更加便捷的融资方式;等等。这一系列举措的推出,将为上市文化公司高质量发展营造良好的环境氛围,有利于推动资本市场健康快速发展。

(二)产业环境分析

从产业角度来看,随着疫情防控逐步常态化,我国遭受重创的文化产业正在逐步恢复健康发展,线上文化消费需求快速增长,互联网文化新兴业态逆势上行。

1.规模以上文化企业营收增速由负转正,文化产业逐步恢复健康发展

2020年年初,新型冠状病毒肺炎疫情突袭而至,我国文化产业遭受重创。但是随着疫情防控逐步常态化,文化产业逐季稳步恢复,规模以上文化及相关产业企业营业收入增速由负转正。国家统计局数据显示,2020年,全国规模以上文化及相关产业企业营业收入为98 514亿元,按可比口径计算,比上年增长2.2%。第一季度、上半年、前三季度分别下降13.9%、6.2%、0.6%。

2.九大行业发展走势明显分化,新闻信息服务、创意设计服务保持高速增长

从细分行业来看,2020年,我国文化及相关产业九大行业发展走势明显分化。其中,新闻信息服务、创意设计服务两个行业发展较快,全年营业收入增速均超过10%,分别为18.0%、11.1%。文化消费终端生产、内容创作生产、文化投资运营、文化装备生产四个行业整体保持平稳增长,全年营业收入同比增速分别为5.1%、4.7%、2.8%、1.1%。文化娱乐休闲服务、文化传播渠道、文化辅助生产和中介服务三个行业全年营业收入出现下滑,分别同比下降30.2%、11.8%和6.9%。

3."互联网+文化"保持快速增长,文化新业态逆势上行

受疫情影响衍生出的新技术、新渠道和新消费习惯给文化产业带来了新的机遇,网络游戏、网络视频、直播等线上消费需求快速增长,"互联网+文化"保持快速增长,文化新业态逆势上行。国家统计局数据显示,2020年,文化新业态特征较为明显的16个行业小类实现营业收入31 425亿元,比上年增长22.1%;占规模以上文化及相关产业企业营业收入的比重为31.9%,比上年提高9个百分点。

二、2020年文化产业上市公司股权融资情况

(一)IPO首发融资情况

2020年,我国IPO上市文化企业数量及首发融资规模双双实现增长,市场整体发展态

势良好。其中,赴港上市文化企业数量加速增长,文化企业再掀赴港上市热潮。北京上市文化企业数量领跑全国,领先优势明显。

1. 文化企业IPO上市发展态势良好,创意设计服务企业表现活跃

2020年,我国IPO上市文化企业共计38家,首发融资规模达511亿元,分别较上年增长5.6%、98.5%,文化企业IPO上市发展态势良好。从细分领域来看IPO上市首发融资情况如图1-15所示。

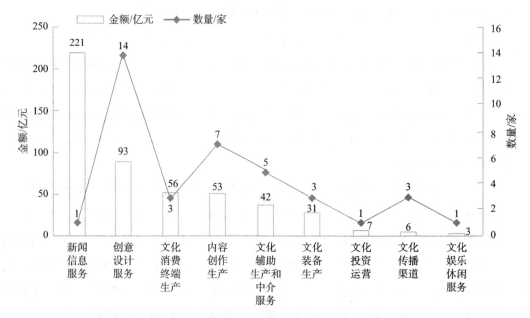

图1-15　2020年中国文化产业各细分领域IPO上市首发融资情况

数据来源:《中国文化金融发展报告(2021)》。

我国创意设计服务业新增IPO上市文化企业最多,共计14家,占全年新增IPO上市文化企业总数的36.8%。而新闻信息服务业企业网易公司成功在香港二次上市并募资超200亿元,导致该领域首发融资规模遥遥领先,在全年文化企业上市首发融资规模中的比重高达43.2%。

2. 赴港上市文化企业数量加速增长,文化企业再掀赴港上市热潮

自2018年香港联合交易所有限公司发布新订上市规则以来,更加宽松的上市条件、接纳双重股权制公司上市等政策红利促使越来越多的内地文化企业赴港上市。据新元文智-文化产业投融资大数据系统(以下简称"文融通")统计,2020年,赴港上市的文化企业数量高达18家,占全年IPO上市文化企业总数的比重高达47.4%(如图1-16所示),数量较上年增长了50.0%(2019年同比增幅为20.0%),文化企业赴港上市热情明显上升。融资方面,2020年,赴港上市文化企业首发融资规模为361亿元,占全年文化企业IPO上市首发融资规模的70.6%。

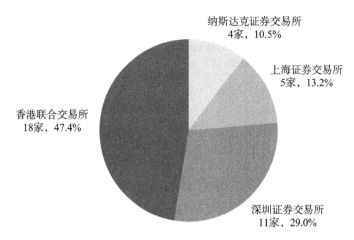

图1-16 2020年中国IPO上市文化企业上市地点分布

数据来源:《中国文化金融发展报告(2021)》。

3. 北京、上海、广东新增IPO上市文化企业数量领跑全国,北京领先优势明显

文化产业是我国经济增长的重要动力源,一个地区上市文化企业数量的多少,往往可以在一定程度上反映出该地区整体的经济活力和文化产业发展水平。近年来,北京、上海、广东始终是我国上市文化企业最集中的几个地区。其中,北京作为全国文化中心、政治中心,上市文化企业数量始终居于全国前列。据文融通统计,2020年,北京IPO上市文化企业数量高达14家,首发融资规模为373亿元(见表1-7),分别占全国的36.8%、72.9%,领先优势明显。

表1-7 2020年中国部分省区市文化企业IPO上市首发融资情况

地区	数量/家	金额/亿元	金额占比/%
北京	14	373	72.9
广东	11	50	9.8
上海	4	48	9.3
陕西	1	11	2.1
浙江	2	10	1.9
湖北	1	8	1.5
安徽	1	4	0.8
河北	1	3	0.7

地区	数量/家	金额/亿元	金额占比/%
新疆	1	3	0.6
广西	1	1	0.3
江苏	1	1	0.3

数据来源:《中国文化金融发展报告(2021)》。

(二)上市后再融资情况

疫情发生以来,我国上市文化企业再融资市场持续降温,而新兴文化业态逆势增长,备受资本关注。

1. 疫情冲击下上市文化企业再融资规模继续下滑,市场持续降温

自2017年再融资政策收紧以来,在监管日益趋严、市场资金短缺的大环境下,我国上市文化企业再融资规模不断下滑。尽管2020年2月出台的再融资新规放宽了上市文化企业非公开发行的要求,但是在新型冠状病毒肺炎疫情的冲击下,2020年我国上市文化企业再融资规模未出现增长态势,共计发生融资事件74起,融资规模为1172亿元,分别同比下降9.8%、1.2%(如图1-17所示),市场整体表现一般。

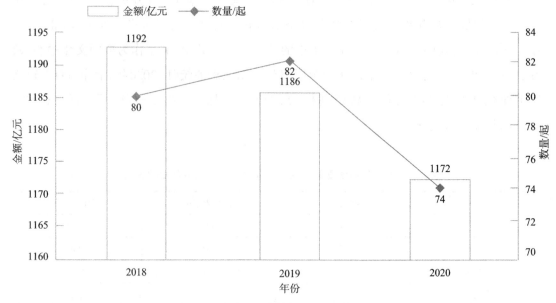

图1-17 2018—2020年中国上市文化企业再融资情况

数据来源:《中国文化金融发展报告(2021)》。

2．新兴文化业态备受资本关注,内容创作生产领域融资能力遥遥领先

从行业分布来看,2020年,我国上市文化企业再融资主要集中在内容创作生产领域,20起融资案例获得融资557亿元,分别占各领域再融资事件总数及总规模的27.0%、47.5%。这主要是由于2020年疫情发生以来,以互联网游戏等为代表的新兴文化消费大幅上升,使得内容创作生产领域受到越来越多资本的关注。文化传播渠道领域位居其后,共计发生再融资事件17起,再融资规模为258亿元,占比均在20%以上。文化消费终端生产领域再融资规模为102亿元,居于各细分领域第三位(如图1-18所示)。其他领域上市文化企业再融资规模均不足百亿元,企业融资能力有待提升。

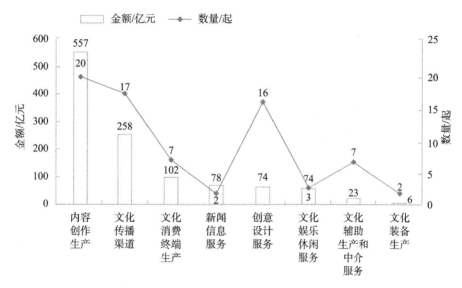

图1-18 2020年中国上市文化企业再融资行业分布情况

数据来源:《中国文化金融发展报告(2021)》。

3．广东上市文化企业再融资能力居全国首位,北京上市文化企业融资活跃

2020年,我国上市文化企业再融资依旧集中在广东、上海、北京三地,融资规模合计占比超80%(见表1-8)。其中,广东无论是上市文化企业再融资频率还是融资能力,均遥遥领先于其他地区,全国占比分别高达27.0%、49.4%。上海以275亿元的成绩居全国第二位。北京上市文化企业表现也较为活跃,再融资事件数量仅次于广东,16起案例占全国案例总数的21.6%,但由于单起融资规模较小,再融资规模的全国占比仅为8.3%。

表1-8 2020年中国各省区市上市文化企业再融资情况(Top10)

序号	地区	数量/起	金额/亿元	金额占比/%
1	广东	20	579	49.4
2	上海	11	275	23.4
3	北京	16	98	8.3
4	浙江	5	75	6.4
5	山东	2	43	3.7
6	江西	5	35	3.0
7	广西	1	21	1.8
8	江苏	5	17	1.4
9	湖南	3	13	1.1
10	湖北	1	10	0.9

数据来源:《中国文化金融发展报告(2021)》。

三、2020年文化产业上市公司股权融资案例解析

（一）锋尚文化成为首批创业板注册制上会企业

1. 事件介绍

2020年8月24日,北京锋尚世纪文化传媒股份有限公司(以下简称"锋尚文化")(股票代码:300860)成功IPO上市并募资24.9亿元,成为首批创业板注册制上会企业。

2. 企业简介

锋尚文化成立于2002年7月30日。作为创新型文化科技演艺产业集群,锋尚文化主营业务涵盖大型文化演艺活动、文化旅游演艺、景观艺术照明及演绎三大领域,致力于实现从项目投资、规划、设计、制作到运营的全链式经营模式。目前,公司成功打造了北京第29届奥运会开闭幕式灯光设计及制作、韩国平昌第23届冬奥会闭幕式交接仪式"北京8分钟"文艺表演总制作等一系列具有广泛影响力的项目。

3. 经营情况

公司以创意设计为核心,收入主要来源于大型文化演艺活动、文化旅游演艺、景观艺术照明及演绎等领域。2019年,总营收达90 779万元,同比增长59.7%。

4. 融资分析

近年来,随着文化创意产业的蓬勃发展,其市场空间持续扩大,尤其是对高端文化创意产品和服务的需求持续上升。凭借优秀的创意设计能力、丰富的重大项目运作经验、良好的市场声誉、强大的品牌影响力和全流程服务的经营模式,锋尚文化的业务规模不断扩

大、业务链条不断延伸。但不容忽视的是,锋尚文化的融资渠道较为单一,面临着融资难和融资成本较高的问题,这些未来可能会制约公司对高端创意设计人才的引进及公司规模的扩张。并且,承接大型创意设计项目需要垫付一定的资金,公司对资金的需求量将逐步增大。而通过IPO上市对接资本市场,有助于锋尚文化开辟新的融资渠道,优化企业资本结构,缓解企业资金周转压力,进而提高公司在高端文化创意市场的竞争力。

(二)万达电影非公开发行募资

1. 事件介绍

2020年11月10日,万达电影发布《非公开发行A股股票发行情况报告书暨上市公告书》。该报告书显示,此次非公开发行募集资金总额为29亿元,发行对象包括上海高毅资产管理合伙企业(有限合伙)、中信证券股份有限公司等8家投资者。

2. 企业简介

万达电影是一家主要从事影院投资建设及运营管理的电影院线公司,主营业务包括影院投资建设,电影投资制作、发行、放映及相关衍生业务,电视剧制作及发行,游戏发行等。

3. 融资分析

该次融资将进一步优化公司财务结构,为万达电影新建影院项目、拓展电影产业链等提供资金支持,有利于提升公司的影院票房收入及卖品、衍生品销量,进一步扩大会员规模。万达电影可利用全面覆盖电影全产业链的优势,充分发挥既有的庞大院线终端、会员体系的显著优势和娱乐生态圈内的协同效应,增强电影、电视剧的投资、制作和发行业务,持续打造泛娱乐平台型公司。整体来看,该次融资将提升公司的综合资金实力、抗风险能力及可持续发展能力,为公司的后续经营发展提供保障。

四、新型冠状病毒肺炎疫情影响下文化产业上市公司股权融资的特点

2020年,新型冠状病毒肺炎疫情的发生导致我国上市文化企业市值短期缩水,但随着疫情防控逐步常态化,资本市场整体回暖走势逐步显现。融资方面,再融资新规进一步放宽对上市企业非公开发行的要求,未来上市文化企业再融资市场有望回暖。此外,退市新规正式落地,A股退市常态化可期,上市文化企业优胜劣汰进程或将加速。

(一)上市文化企业市值短期缩水,但资本市场整体回暖走势已现

作为国民经济发展的风向标,上市文化企业的市值表现一定程度上代表着行业的投

资信心,进而能透露出新型冠状病毒肺炎疫情对文化产业资本市场的影响。文融通数据显示,2020年第一季度末,我国A股上市文化企业的总市值较2019年年末下降了7.1%。其中,当代东方、长城影视等部分传媒企业的市值跌幅甚至超过了30%,疫情的发生对我国第一季度的上市文化企业发展产生了较大冲击。随着疫情防控逐步常态化,疫情对资本市场的影响逐步减弱,2020年年末我国A股上市文化企业的总市值较第一季度末增长了21.5%,较2019年年末增长了12.9%。整体来看,疫情短期内对我国A股上市文化企业的发展造成了一定冲击,导致许多企业第一季度市值大幅缩水,但对全年业绩影响有限,我国文化产业资本市场回暖走势已经显现。

(二)A股退市常态化可期,上市文化企业优胜劣汰进程或将加速

文融通数据显示,截至2020年12月月底,我国A股市场ST股数量增至213只,其中文化旅游类ST股共计24只,约占全行业ST股数量的11.3%,多家上市文化企业面临退市风险。2020年9月23日,国务院总理李克强主持召开国务院常务会议并提出,要健全上市公司多元化退出机制,严厉打击规避退市行为。12月,沪深交易所正式发布退市新规,在对原有退市制度进一步细化明确的基础上,增加了多条涉及退市的制度标准,同时严格退市执行,压缩规避空间。退市新规的实施,简化了退市流程,有利于提高退市效率、加快退市节奏。未来,随着退市监管日益趋严及退市新规的逐步实施,财务不达标、信息披露或者规范运作等方面存在重大缺陷的上市企业将更容易触及退市红线,被强制退市的僵尸股、垃圾股数量将有所增加,A股退市常态化可期,我国上市文化企业优胜劣汰进程将进一步加快。

(三)再融资要求进一步放宽,上市文化企业再融资市场有望回暖

2020年2月14日,证监会发布"再融资新规",通过精简发行条件、缩短锁定期等方式进一步放宽对上市公司再融资要求。例如,将股份锁定期由36个月和12个月分别缩短至18个月和6个月;非公开发行股票发行对象数量由分别不超过10名和5名,统一调整为不超过35名;等等。再融资新规将激发投资者对上市文化企业非公开发行股票的投资热情,进一步改善上市文化企业股权融资环境。尽管近几年在严监管、资本寒冬及新型冠状病毒肺炎疫情等多重因素的影响下,我国上市文化企业再融资规模持续下跌,但随着再融资新规的逐步落地实施,未来我国上市文化企业再融资市场有望回暖。

第二章　资产项目与投融资决策

章首案例

表 2-1　中文在线 2020 年年报的资产负债表

单位：%

资产		负债和所有者权益	
流动资产：		流动负债：	
货币资金	22	短期借款	6
交易性金融资产	24	应付账款	6
应收账款	9	预收账款(包括合同负债)	8
预付款项	4	其他流动负债	5
其他应收款	1	流动负债合计	25
存货	0	非流动负债：	
其他流动资产	5	长期借款	0
流动资产合计	65	应付债券	0
非流动资产：		长期应付款	0
长期股权投资	8	其他非流动负债	1
固定资产	2	非流动负债合计	1
在建工程	0	负债合计	26
无形资产	11	所有者权益(或股东权益)	
商誉	1	实收资本(或股本)	37
其他非流动资产	13	资本公积	125
非流动资产合计	35	盈余公积	2
		未分配利润	−89
		其他权益	−1
		所有者权益合计	74
总资产	100	负债和所有者权益总计	100

数据来源：中文在线 2020 年年报。

注：总数已四舍五入为 100%；数据按百分比列示。

表2-1是中文在线2020年年报的资产负债表,从这个资产负债表中你是否可以看出该企业融资的渠道呢?从表中的数据又是否能够感知到企业的财务状况?如果给你该企业10年的资产负债数据,你又是否可以看出数字背后的秘密,真正体会到数字如何描述企业的兴衰起伏?

本章将围绕以会计数据为基础的财务比率来构建财务思维。通过使用财务比率,用同样的方式对比不同的数据,逐渐加深理解并建立起对公司业绩来源的初步印象。

> **思考**
>
> 　　对于一家上市文化企业而言,1亿元的利润总额究竟是好还是坏?

第一节　资产负债表概述

资产负债(balance sheet)是基本财务报表之一,是以"资产=负债+所有者权益"为平衡关系,反映企业财务状况的静态报表,它揭示企业在某一特定日期所拥有或控制的经济资源、所承担的现时义务和所有者享有的剩余权益。

表2-2为通用的资产负债表。在表2-2中,资产负债表左半部分的"资产"列出了企业所拥有的资产,而右半部分的"负债和所有者权益"则给出了获取左端资产所需要的资金的来源。在你个人的资产负债表中,衣服、洗衣机、电视、手机、房屋等都是你的资产。你背负的任何债务都可能是一项负债,两者的差额就是你的所有者权益,或者股东权益。

表2-2　资产负债表(简化版)

资产:一家公司拥有的财产	负债和所有者权益:购买资产的融资方式
流动资产:	流动负债:
货币资金	短期借款
应收票据	应付票据
应收账款	应付账款
预付款项	预收账款
存货	其他流动负债
其他应收款	流动负债合计
其他流动资产	非流动负债:
流动资产合计	长期借款
非流动资产:	应付债券
长期股权投资	长期应付款

续表

资产：一家公司拥有的财产	负债和所有者权益：购买资产的融资方式
固定资产	其他负债
在建工程	非流动负债合计
无形资产	负债合计
商誉	所有者权益（或股东权益）：
非流动资产合计	实收资本（或股本）
	资本公积
	盈余公积
	未分配利润
	其他权益
	所有者权益合计
总资产	负债和所有者权益总计

一、资产负债表的基本结构

资产负债表的结构一般是指资产负债表的组成内容及各项目在表内的排列顺序。就组成内容而言,资产负债表包括表头、基本内容和补充资料等。

(1)表头提供了编报企业的名称、报表的名称、报表所反映的日期、金额单位及币种等内容。

(2)基本内容部分列示了资产、负债及所有者权益等内容。

(3)补充资料列示或反映了一些在基本内容中未能提供的重要信息或未能充分说明的信息。这部分资料主要在报表附注中列示。

我国企业资产负债表的排列及各项目的含义受企业会计准则的制约。资产负债表的基本结构和主要项目见表2-2。

可以看出,在资产方,按照资产变现能力由强到弱的顺序排列为流动资产和非流动资产;在负债和所有者权益方,依据负债需要偿还的先后顺序将负债分为流动负债和非流动负债,所有者权益列示在负债的下方。此种格式与"资产=负债+所有者权益"的会计等式是完全吻合的。由于这种排列呈左右水平对称式,故又称水平式或账户式。

为了便于分析者比较不同时点资产负债表的数据,资产负债表还将各项目再分为"期初余额"和"期末余额"两栏分别填列。在实务中,还可能出现一些项目排列上的变化,但基本内容不会变。

二、资产负债表的作用

(一)有助于分析和评价企业的偿债能力

通过将流动资产(即一年内可以或准备转化为现金的资产)、速动资产(即流动资产中变现能力较强的资产)与流动负债(即一年内需要清偿的债务)进行对比分析,可以评价企业的短期偿债能力;通过将企业的资产规模、负债规模及所有者权益规模进行对比分析,可以评价企业的长期偿债能力及举债潜力。在资产负债表中,将资产和负债分别按照流动性分为流动和非流动两个部分列示,主要目的就是便于进行企业偿债能力的分析与评价。

(二)有助于分析和评价企业的运营能力和盈利能力

在资产负债表中,资产是企业开展经济活动的物质媒介,所有者权益是企业开展经济活动的"本钱";在利润表中,收入反映企业开展经济活动所实现的规模,利润则体现企业开展经济活动所取得的成果。通过对资产负债表与利润表的有关项目进行比较,如计算存货周转率、债权周转率、资产报酬率、权益报酬率等财务指标,有助于对企业各种资源的利用效率(即运营能力)及企业的盈利能力作出分析和评价。

(三)有助于解释、评价和预测企业的财务状况质量和未来发展趋势

财务状况是指企业从事筹资、投资和经营等各种经济活动所产生的财务后果。资产负债表通过对资产各个项目的列示,揭示了企业拥有或控制的能用货币计量的经济资源(即资产)的总体规模及具体分布状况;通过对负债和所有者权益各个项目的列示,揭示了企业从不同渠道所获得资本的总体规模及具体分布状况。传统的财务报表分析框架基本上是利用常规的财务指标,通过对偿债能力、盈利能力、运营能力和发展能力等方面的分析来评价企业的财务状况。而本书在此基础上通过资产质量、资本结构质量及利润质量等一系列质量维度的分析,并遵循"资产创造利润,利润带来现金流量"这一基本逻辑关系,将资产负债表与利润表、现金流量表进一步联系起来,从总体上对企业的财务状况质量作出评价。这些信息将有助于预测企业财务状况的未来发展趋势。

(四)有助于了解和判断企业有关方面战略的制定与实施情况,透视企业的管理质量

对企业资产分别从项目个别质量、资产结构质量及资产总体质量等不同的层次进行质量分析与评价,有助于分析者判断企业在资源利用战略方面的制定与实施情况。由于

不同的负债和所有者权益项目往往会给企业的经营活动带来不同的成本和风险,同时企业的资本结构(即负债和所有者权益之间的比例关系及所有者权益内部的比例关系)又在很大程度上决定企业的控制权归属、治理模式及未来的发展方向,具有较强的战略导向,因而对企业的负债和所有者权益各项目从资本结构质量层面进行分析与评价,有助于分析者了解企业利用何种资本来实现自身的未来发展,判断企业在资本引入战略方面的制定与实施情况。根据企业在资源利用战略和资本引入战略等方面的制定和实施情况,还可以进一步透视企业的管理质量。

第二节 资产质量分析理论

一、资产的概念

公司为了完成特定目标而投资资产,因此对资产建立直观的理解很重要。在某种意义上,资产就是公司本身。从表2-3中可以看出,总资产按照可变现能力的顺序自上而下进行排列;容易转换成现金的资产被称为流动资产,它们排列在最上面几栏。在表2-3中,哪些数字是让你特别感兴趣的呢?

表2-3 中文在线2020年年报的资产负债表

单位:%

资产		负债和所有者权益	
流动资产:		流动负债:	
货币资金	22	短期借款	6
交易性金融资产	24	应付账款	6
应收账款	9	预收账款(包括合同负债)	8
预付款项	4	其他流动负债	5
其他应收款	1	流动负债合计	25
存货	0	非流动负债:	
其他流动资产	5	长期借款	0
流动资产合计	65	应付债券	0
非流动资产:		长期应付款	0
长期股权投资	8	其他非流动负债	1
固定资产	2	非流动负债合计	1
在建工程	0	负债合计	26
无形资产	11	所有者权益(或股东权益):	

续表

资产		负债和所有者权益	
商誉	1	实收资本(或股本)	37
其他非流动资产	13	资本公积	125
非流动资产合计	35	盈余公积	2
		未分配利润	−89
		其他权益	−1
		所有者权益合计	74
总资产	100	负债和所有者权益总计	100

注:总数已四舍五入为100%;数据按百分比列示。

资产是企业因过去的交易或事项而形成,并由企业拥有或控制,预期会给企业带来未来经济利益的资源,包括财产、债权和其他权利。资产具有如下基本特征。

(1)资产是由过去的交易取得的。企业所能利用的经济资源能否列为资产,标志之一就是是否由已发生的交易引起。资产的取得途径通常有内部形成(对于存货来说称为自制,对于固定资产来说称为自建,对于无形资产来说称为自创)和外部购入两种方式。

(2)资产应能为企业实际拥有或控制,在这里,"拥有"是指企业拥有资产的所有权;"控制"则是指企业虽然没有某些资产的所有权,但实际上可以对其自由支配和使用,如融资租入的固定资产。而对于物流企业来说,那些存放于企业仓库中的代运物品并不是企业实际"拥有或控制"的,因此不能将其作为企业的资产反映在账面上。

(3)资产必须能以货币计量。也就是说,会计报表上列示的资产并不是企业拥有或控制的所有资源,而只是那些能用货币计量的资源。这样就会导致企业的某些资源甚至是非常重要的资源,如人力资源、客户资源和大数据资源等,由于无法用货币计量而不能作为企业的资产被列示在报表中。

(4)资产应能为企业带来未来经济利益。在这里,"未来经济利益"是指直接或间接地为未来的现金净流入作出贡献的能力。这种贡献可以是直接增加未来的现金流入,也可以是因耗用(如材料存货)或提供经济效用(如对各种非流动资产的使用)而节约的未来的现金流出。资产的这一特征通常被用来作为判断资产质量的一个重要方面,那些无法为企业带来未来经济利益的资产往往被贴上"不良资产"的标签。一般而言,资产按其变现能力(即流动性)的大小分为流动资产和非流动资产两大类。

长期以来,我国部分上市公司屡屡出现一个看似很不正常的现象,即在连续几年收入和利润持续稳定增长的情况下,却突然陷入严重的财务危机。这一现象涉及很多方面的问题,其中有企业业绩评价体系本身存在的问题,有会计法规、政策规定不合理的问题,也有市场体系不完整的问题,等等。但从财务报表分析的角度来看,有一点不容忽视,那就是企业在追求良好的财务业绩的同时,也在制造大量的不良资产,致使资产质量日益恶化,最终陷入财务困境而无法自拔。

现行会计准则的首要特点体现在会计观念的变化上,强化资产负债表观念,淡化利润表观念,追求企业高质量资产与恰当负债条件下的净资产的增加,体现全面收益观念,更加关注企业资产的质量,更加强调对企业资产负债表日的财务状况进行恰当、公允的反映,更加重视企业的盈利模式和资产的运营效率,不再仅仅关注运营效果。因此,研究资产质量问题关乎企业的生存与发展,成为财务报表分析领域的一个重要内容。资产质量分析具有重要的理论研究价值,对企业来说也具有重大的现实意义。

二、资产质量的内涵

按照质量大师克劳士比的话说,质量就是符合要求。那么对资产的要求就是通过对其进行安排与使用,使其预期效用能够最大限度地发挥。因此,资产的质量就是指资产在特定的经济组织中实际发挥的效用与其预期效用之间的吻合程度。不同项目资产的属性各不相同,企业预先对其设定的效用也就各不相同。此外,不同的企业或同一企业在不同时期、不同环境下,对同一项资产的预期效用也会有所差异,因此,对资产质量的分析要结合企业特定的经济环境,不能一概而论,要强调资产的相对有用性。

企业在资产的安排和使用程度上的差异,即资产质量的好坏,将直接导致企业实现利润、创造价值水平方面的差异,因此不断优化资产质量,促进资产的新陈代谢,保持资产的良性循环,是企业长久地保持竞争优势的源泉。

三、资产质量的属性

(一)资产质量的相对性

从财务分析的角度看,资产质量主要关注的并不是资产的物理质量。资产的物理质量主要通过资产的质地、结构、性能、耐用性、新旧程度等表现出来。资产的物理质量对企业财务状况的影响是明显的,在比较一项具体资产的质量时,资产的物理质量更为重要。资产的物理质量是资产质量的基础,达不到资产的物理质量要求也就意味着资产质量的恶化,但是达到了资产的物理质量要求也不能确定资产质量的好坏,因为物理质量只强调了资产本身的质量,而忽视了其在系统中的角色,即在企业的经营活动中能否发挥其应有的作用。因此,资产质量应更多地强调在生产经营中为企业带来的未来收益的质量。

资产质量会因服务的企业背景不同而有所不同,包括宏观经济环境、企业所处的行业、企业的生命周期、企业的不同发展战略等。企业的某项闲置资产对于其他企业来讲有可能是优质资产,为企业进行资产重组、改善资产质量及整个社会的资源再配置创造条件。

在移动互联网时代,商业模式创新日新月异,同样的资产项目,按照不同的商业模式加以运用,创造的价值会迥然不同,所表现出来的资产质量也就大相径庭。此外,基于物联网的工业4.0将颠覆传统的制造模式。具有个性化定制、脱媒化营销、网络化协作等特点的智能制造,更加注重生产厂商、材料供应商、技术开发商、品牌代理商和产品经销商之间的协同效应,强调分工协作、优势互补。因此,在"资源整合定成败"的移动互联网时代,企业的资产质量还将取决于商业模式、整合效应等更多因素,因此其相对性特征将更加明显。

例如,从IBM所经营的业务来看,IBM的服务业收入金额和占比在1994—2004年间呈上升趋势,软件业务占总收入的比例维持在15%~18%,且利润贡献率达33%,但PC业务在2001年至2004年上半年累计亏损9.65亿美元。PC业务严重拖累IBM的整体业绩。联想集团收购IBM的PC部门后,无论是在国际市场上的影响力还是在欧美市场上的后勤保障能力和供应链效率都将大大提升。联想集团进入世界顶级PC厂商行列,跻身全球500强企业,跃居成为当时全球第三大PC制造商。

(二)资产质量的时效性

技术变革、消费者偏好的改变、竞争环境的变化等因素均会对企业的资产质量造成影响。例如,去年某项无形资产会给企业带来超额利润,但今年出现了新的技术专利,企业的无形资产相对贬值。这就要求企业必须不断地投入研发费用,持续保持技术领先。在有形资产方面,设备可能会因企业的产业结构或产品结构变化而闲置,从优质资产变成不良资产;存货有可能因消费者偏好发生变化而卖不出去;信誉优良的赊销客户有可能面临破产危机而导致应收账款回笼困难;等等。因此,企业的资产质量会随着时间的推移不断发生变化,研究资产质量,应强调其所处的特定历史时期和宏观经济背景。

(三)资产质量的层次性

一个经济效益好、资产质量总体上优良的企业,也可能有个别资产项目质量很差。而一个面临倒闭、资产质量总体上很差的企业,也可能会有个别资产项目质量较好。因此,研究企业的资产质量,一定要分层次进行,不但要从企业资产总体上把握,确定企业资产整体质量的好坏,还要分项目展开分析,根据各项资产的具体特征和预期效用,逐一确定各个资产项目的质量。此外,从企业战略层面进行考察,还应关注资产的结构质量。

本书对企业资产质量的分析就是分层次进行的,在对企业各项资产逐一进行项目质量分析的基础上,通过资产结构质量分析考察企业经营战略的制定和实施情况,透视企业的管理质量,再从总体上判断企业的资产质量(即创造利润、带来现金流量的能力),从而为评价企业的财务质量状况提供重要依据。

四、资产项目的质量特征

资产项目的质量特征是指企业针对不同的资产项目,根据自身的属性和功能所设定的预期效用。由于流动资产、对外投资、固定资产在企业经营中所发挥的作用不同,企业对各类资产预期效用的设定也就各不相同,因而资产的不同项目具有各自的质量特征。但总的来说,研究各个资产项目的质量特征,可以从资产的盈利性、周转性和保值性三个方面进行分析。

(一)资产的盈利性

资产的盈利性,是指资产在使用中为企业带来经济效益的能力,它强调的是资产能够为企业创造价值这一效用。资产是指由企业过去的交易或事项引起,为企业拥有或控制,能够给企业带来未来经济效益的经济资源。因此,对资产有盈利性的要求是毋庸置疑的,它是资产的内在属性,是其存在的基础。资产质量好的公司盈利性一般较高,而通过保持稳定的盈利能力就能够确保企业的资产升值,因此,资产的盈利性是资产运作结果最综合的表现,也是提升资产质量的关键条件。

(二)资产的周转性

资产的周转性,是指资产在企业经营运作中的利用效率和周转速度,它强调的是资产作为企业生产经营的物质基础而被利用的效用。资产只有在企业的日常经营运作中被利用,它为企业创造价值的效用才得以体现。将同行业企业相比较发现,在相同资产的条件下,周转速度越快,说明该项资产与企业经营战略的吻合性越高,对该资产的利用越充分,资产为企业赚取收益的能力越强。因此,资产的利用越频繁,也就越有效,说明其质量越高。如果资产闲置,资产的周转性必然会受到损害,质量就较差。马克思认为资产的周转性非常重要,他在《资本论》中提出,提高资本周转速度对实现剩余价值或资本增值至关重要。

(三)资产的保值性

资产的保值性,是指企业的非现金资产在未来不发生减值的可能性。在实务中,当企业的资产账面净值低于其可回收金额(即公允价值)时,通常要对其进行减值处理。资产发生减值,一方面会给企业带来减值损失,影响企业的当期业绩;另一方面会使债权人在受偿时蒙受损失(如抵押贷款),影响企业的未来信用。对于应收账款、存货等流动资产项目来说,发生减值后,随着债务人财务状况好转、市场经济状况回暖等,价值回升的可能性依然存在。但对于固定资产、无形资产及长期股权投资等非流动资产来说,发生减值往往都是由于技术落后、被投资企业失去盈利能力等一些永久性因素,日后几乎不再有价值回升的可能。因此对于非流动资产来说,分析其保值性的意义在于预测这些资产项目在未来进一步发生减值的可能性,为债权人等相关信息使用者提供有价值的资产信息。

第三节　流动资产项目分析

一、流动资产的含义及构成

流动资产(current assets)一般是指企业可以或准备在一年内或者超过一年的一个营业周期内转化为货币、被销售或被耗用的资产。在我国的资产负债表上,按照各流动资产变现能力的强弱排序,依次为货币资金、交易性金融资产、应收票据、应收账款、预付款项、其他应收款、存货、一年内到期的非流动资产和其他流动资产等。

关于流动资产的含义,有下列三点需要说明。

(一)营业周期

一般来说,营业周期是指企业从支付货币购买商品或劳务开始,到这些商品或劳务重新转化为企业的货币为止的时间。大多数企业,如商业企业、批量生产的工业企业、服务企业等,其营业周期通常不到一年。但有一些行业的企业,其营业周期通常长于一年,如房地产企业、造船企业等。流动资产与非流动资产通常按资产在一年内能否或是否准备变现或消耗来划分。但在企业营业周期长于一年的条件下,应以营业周期为标准来划分流动资产和非流动资产。

(二)流动资产与特定资产的物理特性

特定资产的物理特性,指的是有关资产的最终可利用性能:有的资产可多次反复被最终消费者使用(如冰箱、房屋等),有的资产则可能被最终消费者一次性消耗掉(如一些日常办公用品等)。这里需要强调的是,对企业而言,一项特定资产是否被列为流动资产,不取决于特定资产的物理特性,而仅仅取决于企业持有该项资产的目的:如果持有目的是一年内或一次性消耗(表现为售出或一次性使用完毕),则应列为流动资产;反之,则应列为非流动资产。例如,对于生产汽车的企业,如果它生产出来的汽车是用于销售,有关汽车应作为该企业的流动资产;但如果它生产的汽车有一部分用于本企业的运输活动,长期参加企业的经营周转,这部分汽车就应作为固定资产处理。

（三）流动资产的实际构成与管理要求

在实务中,流动资产的构成可能与我们前面所谈的概念有一定差异:某些资产的耗用期在一年或一个营业周期以上,但其单价较低,为了在管理上抓住主要矛盾,大部分企业把这类资产作为流动资产管理,如对低值易耗品的处理。

二、货币资金

我们从表2-3中可以看出,中文在线的现金及交易性金融资产的价值占比接近资产总额的一半。这可能会令你感到奇怪:什么样的公司会持有如此高比例的现金呢? 这在财务领域是个值得深究的问题,虽然如今公司普遍持有越来越多的现金,但通常来说,持有大量现金可以被理解为:①在不确定的经济环境下的避险行为;②为未来的兼并收购准备好现金"弹药";③缺乏投资机会的表现。

考虑到被舍弃的利息收益,对于公司来说,持有现金是不明智的选择,因此它们将大部分现金投资于可以快速变现的政府债券——所谓的有价证券。有价证券可以在市场交易中快速转换为现金。

货币资金（monetary fund）是指企业可以立即投入流通,用以购买商品或劳务,或用以偿还债务的交换媒介,是以货币形态表现的资金。在流动资产中,货币资金的流动性最强,并且是唯一能够直接转化为其他任何资产形态的流动性资产,也是最能够代表企业现时购买力水平的资产。为了确保生产经营活动的正常进行,企业必须拥有一定数量的货币资金,以便购买材料、缴纳税金、发放工资、支付利息及股利或进行投资等。企业所拥有的货币资金量是分析和判断企业偿债能力与支付能力的重要指标。

货币资金一般包括企业存于银行或其他金融机构的存款,以及本票和汇票存款等可以立即支付使用的资金。凡是不能立即支付使用的(如银行冻结存款等),一般不能被视为货币资金。就其具体内容来看,货币资金一般包括库存现金、银行存款和其他货币资金。其中,库存现金是指存放于企业财会部门并由出纳人员保管,用于零星开支的现钞,它是流动性最大的货币资金;银行存款是指企业存放在当地开户银行或其他金融机构的存款账户上的货币资金;外埠存款是指企业到外地进行临时或零星采购时,汇往采购地银行开立采购账户的存款;银行汇票存款和银行本票存款是指企业为取得银行汇票或银行本票按规定存入银行的款项;信用证存款是指企业采用信用证结算方式向国外付款,委托银行开出信用证时存入银行信用证保证金专户的款项;信用卡存款是指企业为了便于开展经营业务,将现金交存银行后办理的各种信用卡中的存款;在途资金是指企业同所属单位之间和上下级之间的汇、解款项中,在月终时未到达的汇入款项。

货币资金质量主要涉及货币资金的运用质量、货币资金的构成质量及货币资金的生成质量。因此,对企业货币资金质量的分析主要从以下三个方面进行。

(一)货币资金规模的恰当性——分析货币资金的运用质量

为维持企业经营活动的正常运转,企业必须保有一定的货币资金余额。从财务管理的角度看,过低的货币资金保有量将严重影响企业正常的经营活动,制约企业发展,进而影响企业的商业信誉。尤其是在经济不景气时期,留有足够的货币资金才能够保证企业安然度过"寒冬",幸运地存活下去。但这并不是说企业的货币资金存量越多越好,过多的货币资金存量不但会造成投资机会的浪费,还会增加企业的筹资成本。因此,判断企业日常货币资金规模是否恰当,就成为分析企业货币资金运用质量的一个重要方面。那么,企业货币资金的规模(余额)应为多少才合适?由于企业之间的情况千差万别,货币资金的最佳规模并没有一个标准的尺度,需要企业根据自己的实际情况来调整,但总的原则是既要满足生产经营和投资的需求,又不能造成大额现金的闲置。一般而言,企业货币资金的恰当规模主要由下列因素决定。

(1)企业的资产规模(即企业总盘子)和业务收支规模(即交易量)。企业资产总额越大,相应的货币资金规模也就应当越大;业务收支频繁且绝对额大的企业,处于货币资金形态的资产也会较多。

(2)企业的行业特点。企业的行业特点制约着货币资金规模,银行、保险公司与不同类型的工业企业在相同的资产规模条件下不可能保持相近规模的货币资金。

(3)企业对货币资金的运用能力。货币资金如果仅停留在货币形态,则只能被用于支付,对企业资产增值的直接贡献将会很小。如果企业管理人员善于利用货币资金从事其他经营或投资活动,企业的获利水平就有可能提高,货币资金规模也会随之有所降低。这就是说,在剔除政策等因素后,过大的货币资金规模可能意味着企业正在丧失潜在的投资机会,也可能表明企业尚未找到合适的投资项目,管理人员"生财无道"。

(4)企业的外部筹资能力。如果企业具有良好的信誉和融洽的外部融资关系,能保证企业的融资渠道畅通,一般没有必要持有大量的货币资金,因为当企业需要动用大量货币资金时,可以适时从外部筹集资金,这样可以减少货币资金闲置,降低资金成本。

此外,需要考虑的因素还有:企业近期偿债的资金需求;企业的盈利状况和自身创造现金的能力;宏观经济环境变化对企业融资环境的影响;等等。

(二)货币资金的币种构成及其自由度——分析货币资金的构成质量

企业资产负债表上的货币资金金额代表了资产负债表日企业的货币资金拥有量。由于其形态的特殊性,在会计上,货币资金一般不存在估价问题,其价值永远等于各时点上的货币一般购买力。但由于物价波动、技术发展等方面的原因,相同数量金额的货币资金在不同时点的购买力并不必然相同。在企业的经济业务涉及多种货币、企业的货币资金有多种货币的条件下,不同货币币值的不同未来走向决定了相应货币的"质量"。此时,对企业保有的各种货币进行汇率趋势分析,就可以确定企业持有的货币资金的未来质量。

此外,有些货币资金项目由于某些原因被指定了特殊用途,这些货币资金因不能随意支用而不能充当企业真正的支付手段。在分析中,可通过计算这些货币资金占该项目总额的比例来考察货币资金的"自由度",这有助于揭示企业实际的支付能力。

例如,某上市文化企业年报中对其他货币资金进行附注说明如下:①其他货币资金期末余额主要为银行承兑汇票保证金、保函保证金、信用证保证金存款等,共计3 608 319 521.92元;②公司存放中央银行款项中法定存款准备金为3 045 424 177.23元。加上现金流量表中"支付其他与投资活动有关的现金"项目中所列示的定期存款净增加额(今年约115亿元,去年约508亿元,前年约155亿元)共计约778亿元,因此被限定用途的货币资金共计约844亿元,这正是造成该企业货币资金期末余额1131亿元与现金流量表中期末现金及现金等价物余额288亿元之间差异的主要原因。

(三)货币资金规模的持续性——分析货币资金的生成质量

货币资金(主要指现金部分)通常被誉为企业的"血液",因而财务分析者非常关注企业货币资金规模的持续性。企业的货币资金规模发生变化,主要基于以下三个原因。

(1)企业经营活动引起货币资金规模变化。企业在经营活动中创造货币资金的能力通常被视为企业自身的"造血"功能。在经营战略和经营规模没有明显调整的情况下,一个自身造血功能正常的企业,其货币资金规模通常会呈现出不断上升的趋势。我们一般认为,如果一个企业自身的造血功能比较好,货币资金规模的增加主要来自经营活动,那么企业货币资金的生成质量就会比较高。

通常情况下,企业经营活动中有以下两个主要方面会影响企业的造血功能。第一,销售规模及信用政策的变化。随着宏观经济环境、企业所处行业及企业在行业中的竞争优势发生变化,企业的销售规模会相应发生变化,而销售回款是企业自身创造现金的最主要渠道;信用政策的变化也会在一定程度上影响企业销售所收到的货币资金量。第二,企业采购规模及议价能力的变化。企业的采购行为往往需要企业动用货币资金存量,而由企业在行业中的竞争地位决定的面对上游供应商的议价能力,又会在一定程度上影响当期货币资金支付的相对水平。

（2）企业投资活动引起货币资金规模变化。一般情况下，企业不管是出于扩大再生产的战略需要而大量购入固定资产等长期资产，还是出于对外扩张的战略需要而大举对外投资，都需要动用大量的货币资金，从而引起企业货币资金规模不同程度的下降。相反，如果企业处置固定资产等长期资产或者收回投资，往往会引起货币资金规模的上升。值得注意的是，无论是投资还是收回投资，所引起的货币资金规模的变化往往是"一次性"的，主要受各年度企业战略规划与实施情况的影响，通常会呈现出一定的波动性。

（3）企业筹资活动引起货币资金规模变化。企业往往会由于经营活动的资金捉襟见肘、近期有重大投资安排、准备大量派发现金股利、偿还即将到期的银行贷款、改善自身的资本结构、引进战略投资者等各种原因，通过举债或者增发股票等方式进行筹资。这些筹集到的资金在使用前会引起企业货币资金规模上升，但其规模随后会由于资金的使用而有所下降，因此，这种货币资金规模的变化通常不具有持续性。

在分析中，我们可以依据企业提供的现金流量表展开相应的货币资金质量分析，考察企业货币资金的生成质量，判断企业货币资金规模的持续性及合理性，为预测企业未来的货币资金规模走势提供更加科学的依据。

三、交易性金融资产

交易性金融资产是指企业打算通过积极管理和交易以获取利润的债权证券和权益证券。企业通常会频繁买卖这类证券，以期在短期价格变化中获取利润。"交易性金融资产"科目核算企业为交易目的所持有的债券投资、股票投资、基金投资等交易性金融资产的公允价值。

根据《企业会计准则第22号——金融工具确认与计量》的规定，金融资产或金融负债满足下列条件之一的，应当划为交易性金融资产或金融负债。

（1）取得该金融资产的目的，主要是为了近期内出售或回购，如购入的拟短期持有的股票，可被作为交易性金融资产。

（2）属于进行集中管理的可辨认金融工具组合的一部分，且有客观证据表明企业近期采用短期获利方式对该组合进行管理，如基金公司购入的一批股票，目的是短期获利，该组合股票应作为交易性金融资产。

（3）属于衍生工具，即一般情况下，购入的期货等衍生工具，应作为交易性金融资产，因为衍生工具的目的就是交易。但是，被指定且为有效套期工具的衍生工具、属于财务担保合同的衍生工具、与在活跃市场中没有报价且其公允价值不能可靠计量的权益工具投资挂钩并须通过交付该权益工具结算的衍生工具除外，因为它们不能随时交易。

　　金融资产是一切可以在有组织的金融市场上进行交易、具有现时价格和未来估价的金融工具的总称。金融资产的形成是企业运用金融工具（签订合同）的结果，这一运用会形成一个企业的资产，同时形成另一个企业的负债或权益。金融资产的主要特征包括期限性、收益性、流通性和风险性。其中，流通性是指金融工具可以在金融市场上进行转让，转换成现金，且其价值不会遭受损失这一特性。最典型的体现就是股票在二级市场上的交易。流通性是金融资产区别于其他资产的一个重要特性，也是各种衍生金融工具不断涌现的重要原因。近年来，随着投资者和筹资者的需求不断变化，金融产品的种类日益增多，其交易日趋多样化和复杂化，会计核算难度也不断增大。与传统资产相比，金融资产的流通性大大提高，公允价值计量在会计核算中得到广泛应用。

　　我国原来的会计准则要求企业在初始确认金融资产（不包括货币资金和长期股权投资）时，结合自身业务特点、投资策略和风险管理要求，将其划分为下列四类：以公允价值计量且其变动计入当期损益的金融资产、持有至到期投资、贷款和应收款项及可供出售的金融资产。2017年3月31日，财政部修订发布了《企业会计准则第22号——金融工具确认和计量》《企业会计准则第23号——金融资产转移》《企业会计准则第24号——套期会计》三项金融工具相关会计准则。这是财政部贯彻落实中央经济工作会议，防控金融风险、促进经济稳中求进的重要举措，有利于企业加强金融资产和负债管理，夯实资产质量，切实保护投资者和债权人利益。新修订的《企业会计准则第22号——金融工具确认和计量》规定，以企业持有金融资产的"业务模式"和"金融资产合同现金流量特征"作为金融资产分类的依据，将金融资产分为以摊余成本计量的金融资产、以公允价值计量且其变动计入其他综合收益的金融资产及以公允价值计量且其变动计入当期损益的金融资产三类，减少了金融资产类别，提高了分类的客观性和会计处理的一致性。

　　以公允价值计量且其变动计入当期损益的金融资产（financial assets measured atfair value through profit or loss）是指企业为了近期出售而持有的金融资产，主要是企业以赚取差价为目的从二级市场购入的各种有价证券，包括股票、债券、基金等。企业进行以公允价值计量且其变动计入当期损益的金融资产投资，就是为了将一部分闲置的货币资金转换为有价证券，获取高于同期银行存款利率的超额收益；同时，又可以保持高度的流动性，在企业急需货币资金时将其及时出售变现。一般而言，以公允价值计量且其变动计入当期损益的金融资产具有金额波动、盈亏不定、交易频繁等特点。

　　鉴于我国A股上市公司、非上市公司等的情况和要求有所不同，新金融工具相关会计准则自2018年1月1日起在境内外同时上市的企业，以及在境外上市并采用国际财务报告准则或企业会计准则编制财务报告的企业中施行，自2019年1月1日起在其他境内上市企业中施行，自2021年1月1日起在执行企业会计准则的非上市企业中施行，鼓励企业提前施行。考虑到读者分析案例的实际需要及年报披露时间上的滞后性（即新准则的内容最早要到2019年才能体现），本书对新金融工具相关会计准则内容并未过多涉及，仍沿用原准则的做法和报表中的项目名称（如可供出售金融资产）。

以公允价值计量且其变动计入当期损益的金融资产的计量以公允价值为基本计量属性，无论是在其取得时的初始计量还是在资产负债表日的后续计量。企业在持有以公允价值计量且其变动计入当期损益的金融资产期间，其公允价值变动在利润表上均以"公允价值变动损益"计入当期损益；出售以公允价值计量且其变动计入当期损益的金融资产时，不仅要确认出售损益，还要将原计入公允价值变动损益的金额转入"投资收益"。

分析以公允价值计量且其变动计入当期损益的金融资产的质量特征时，应关注其公允价值这一计量属性，着重分析该项目的盈利性。具体来说，应从以下两方面进行分析。

（1）分析以公允价值计量且其变动计入当期损益的金融资产的持有损益。通过分析同期利润表中的"公允价值变动损益"及会计报表附注中对该项目的详细说明，根据其金额的大小及正负情况来判断该项资产的盈利能力。

（2）分析以公允价值计量且其变动计入当期损益的金融资产的处置损益。通过分析同期利润表中的"投资收益"及会计报表附注中对该项目的详细说明，根据其金额的大小及正负情况来判断该项资产的盈利能力。

值得注意的是，企业因持有以公允价值计量且其变动计入当期损益的金融资产而在利润表中形成的"公允价值变动损益"项目，从性质上说是一种持有损益，或者说是一种未实现损益，是在报表中显示出来的浮盈或者浮亏，并不真正引起任何资源流入。因此，如果金额过大，或者在企业利润总额中所占比例过大，一定要在分析该企业真实的盈利能力时将该项目剔除，只有这样才能作出更加客观的评价。

我们之所以对以公允价值计量且其变动计入当期损益的金融资产所带来的公允价值变动损益保持警惕，主要是由于：第一，公允价值变动损益具有极大的波动性和不可持续性；第二，公允价值变动损益所对应的资产增加，不是货币资金而是"以公允价值计量且其变动计入当期损益的金融资产"自身的数据变化。这种"利润"尚未实现，因此会让人感觉"太虚"，如果占比过大，有可能影响分析者对企业真实业绩的判断。

执行新金融工具相关会计准则的企业，通过"交易性金融资产"项目来反映资产负债表日企业分类为以公允价值计量且其变动计入当期损益的金融资产，以及企业持有的指定为以公允价值计量且其变动计入当期损益的金融资产的期末账面价值。该项目应根据"交易性金融资产"科目的相关明细科目的期末余额分析填列。自资产负债表日起超过一年到期且预期持有超过一年的以公允价值计量且其变动计入当期损益的非流动金融资产的期末账面价值，在"其他非流动金融资产"项目中加以反映。

四、应收票据

在我国,应收票据(notes receivable)是指企业因赊销产品、提供劳务等在采用商业汇票结算方式时收到的商业汇票(目前主要是银行承兑汇票)而形成的债权。

应收票据在确认时,由于依据的是赊销业务中债权人或债务人签发的表明债务人在约定时日应偿付约定金额的书面文件,并具有法律效力,因而受到法律的保护,具有较强的变现性。商业汇票是商品经济高度发达的产物,其实质是一种商业信用行为,其本身是一种有价证券。在到期之前,企业如果需要资金,可将持有的商业汇票背书后向银行或其他金融机构办理贴现,取得现金,从另一个方面保证其具有较强的变现性。

在分析应收票据的质量特征时,在强调其具有较强的变现性的同时,必须关注其可能给企业的财务状况造成的负面影响。《中华人民共和国票据法》规定,票据贴现具有追索权,即如果票据承兑人到期不能兑付,背书人负有连带付款责任。这样,对企业而言,已贴现的商业汇票就是一种或有负债,若已贴现的应收票据金额过大,可能给企业的财务状况带来较大影响。因此,在分析该项目时,应结合会计报表附注中的相关披露,了解企业是否存在已贴现的商业汇票,据以判断其是否会影响企业未来的偿债能力。

另外,对于到期的应收票据,因付款人无力支付或其他原因而发生拒付时,企业要按应收票据的账面余额将其转入"应收账款"账户,从而将企业的商业债权由"有期"转为"无期"加以核算,这样一来,会在一定程度上影响该项目的变现性和周转性。

五、应收账款

应收账款代表一家公司在未来可以从客户那里收回的现金金额。在公司与其客户的合作过程中,双方逐步建立信任,公司会允许客户延后付款。很多公司准许信用交易,他们为客户(通常是企业客户)提供30天、60天或90天不等的账期。如果一家公司的主要资产就是应收账款,你认为原因是什么? 如果一家公司的应收账款金额很小,你认为原因是什么?

> **思考**
>
> 　根据下面的资料,分析一下这三家公司:完美世界(游戏文化娱乐产业集团)、中文在线(数字出版和数字阅读)和新华传媒(图书发行和报刊经营)。相对于各自的收入,哪一家公司的应收账款比例最高?

根据2021年上半年财务报表,完美世界应收账款(含应收票据)金额约为14.9亿元人民币,营业收入约为42.1亿元人民币,应收账款占营业收入的35%;中文在线有1.5亿元人民币的应收账款,营业收入约为5.3亿元人民币,应收账款达到了营业收入的28%;新华传媒有应收账款0.8亿元人民币,营业收入约为6.8亿元人民币,应收账款达到了营业收入的12%。

根据经验判断,在一般以企业客户为主要销售对象的公司中,企业之间的交易需要一定的账期,应收账款占收入比例相对较高。而主要面向个人消费者的公司,应收账款占收入的比例会较低。上面的数据显示,完美世界和中文在线的应收账款的比例较高,约占营业收入的30%。新华传媒应收账款的比例较低,这和新华传媒的主营业务内容和客户类型有很大的关系。

通过数据可以判断应收账款比例较高的上述企业的销售对象既包括企业客户,又包括个人消费者,并且部分企业以企业客户的交易为主。表2-4列示的是截至2021年6月30日完美世界关联方(一方控制、共同控制另一方或对另一方施加重大影响,以及两方或两方以上受同一控制、共同控制的,构成关联方)应收账款的明细,共计2.9亿元。

表2-4 完美世界关联方应收款项(2021年6月30日)

单位:元

项目名称	关联方	期末余额		期初余额	
		账面余额	坏账准备	账面余额	坏账准备
应收账款	淮安祖龙科技有限公司	9,014,555.23		7,593,342.73	
应收账款	祖龙(天津)科技股份有限公司	1,260,675.00			
应收账款	FAMOUS HEART LIMITED	107,874.29		107,874.29	
应收账款	Unknown Worlds Entertainment, Inc.			117,448.20	
应收账款	天津卡乐互动科技有限公司	1,283.67		1,614.83	
应收账款	喀什飞宝文化传媒有限公司	91,922,470.65		30,740,400.00	

续表

项目名称	关联方	期末余额		期初余额	
		账面余额	坏账准备	账面余额	坏账准备
应收账款	嘉行星光(重庆)影视传媒有限公司	141,738,850.00		9,416,000.00	
应收账款	成都幻想美人鱼科技有限公司	19,470,184.67		13,180,770.65	
应收账款	完美世界控股集团有限公司	4,771.02		2,057,154.00	
应收账款	北京幻想纵横网络技术有限公司			75,752.58	
应收账款	天津阅龙智娱文化科技有限公司	22,170,443.18			
应收账款	北京新片场传媒股份有限公司	477,188.19			

对于许多企业来说,自身产品或劳务不外乎采用预收款(常见于广告企业)、赊销或者现销三种方式进行结算,债权规模一般的情况下应与企业经营方式和所处行业有直接关系。过多采用赊销方式,会形成大量的商业债权。绝大多数应收账款都会以货币资金的形式收回,个别情况下有可能以非现金资产或者劳务的形式收回,收不回来的应收账款最终会形成坏账。企业在急需资金时还可以采用应收账款抵借、应收账款出售等方式进行融资。目前,应收账款证券化方兴未艾,这是一种既能充分发挥应收账款的促销作用,又能控制和降低应收账款成本的管理办法。应收账款作为一种金融资产证券化的实质,是将未来现金流量收益权转让给投资方,其本身的所有权可以转让也可以不转让。在国际上,证券化的应收账款已经覆盖汽车应收款、信用卡应收款、租赁应收款、航空应收款、高速公路收费等极为广泛的领域。

企业赊销产品,就是向购买方提供商业信用。因此,企业的信用政策对其商业债权规模有直接的影响,例如,放宽信用政策,将会刺激销售,扩大债权规模;紧缩信用政策,则会制约销售,缩小债权规模。然而,企业应收账款规模越大,发生坏账(不可回收的债权)的可能性也越大,可以进一步断定,企业放宽信用政策达到一定程度之后,销售规模的进一步扩大并不一定能带来企业盈利的增加。因此,合理制定信用政策,在刺激销售和减少坏账间寻找赊销政策的最佳点,是企业在制定营销策略时应该考虑的问题。

对于应收账款项目来说,分析周转性和保值性是对其质量进行分析的关键,具体可从以下三个方面进行。

(一)应收账款规模的真实性和合理性分析

前已述及,应收账款规模一般情况下与企业经营方式、所处行业和采用的信用政策有直接联系。因此,在将应收账款规模与企业资产规模和营业收入规模进行对比计算出相应比例之后,与同行业对标企业、行业平均水平及自身前期水平进行比较,便可以大致判断规模的合理性。

当应收账款的相对规模水平出现急剧上升(即应收账款增长率大大高于企业资产增长率或者营业收入增长率)时,要格外关注。这种情况发生的原因一般是行业竞争加剧,或者该企业在行业中的竞争地位明显下降,或者发生了客户陷入财务困境等意外事项。如果用常理解释不了,就要警惕该企业是否存在虚构交易的情况,通过将虚假的收入在应收账款中挂账,达到粉饰当期业绩的目的。这种虚假的应收账款不可能长期挂账,因此,该企业往往会在来年通过销售退回方式撤销这些虚构交易,或者在日后某一年份通过核销坏账的方式对其进行消化,这样势必导致日后业绩"跳水"。

(二)应收账款的周转性分析

1. 应收账款的账龄分析

对债权的账龄进行分析,是最传统的一种方法。这种方法通过对债权的形成时间进行分析,进而对不同账龄的债权分别判断质量。对现有债权,按欠账期长短(即账龄)进行分类分析。一般而言,未过信用期或已过信用期但拖欠期较短的债权出现坏账的可能性比已过信用期较长时间的债权发生坏账的可能性小。

这种分析对确定企业的坏账情况、制定或调整企业的信用政策十分有益。值得注意的是,对应收账款账龄本身不可完全相信。实务中,很多企业会想尽各种办法(如设法向债务企业提供资金,待其偿还欠款后再进行赊账)将应收账款的账龄缩短,从而在整体上提高应收账款的质量。

表2-5列出了芒果超媒2020年应收账款的账龄及计提坏账情况。

表2-5　芒果超媒2020年应收账款的账龄及计提坏账情况

账龄	期末数		
	账面余额/元	坏账准备/元	计提比例/%
1年以内	1,506,542,196.23	48,513,510.47	3.22
1~2年	619,437,957.15	39,614,172.99	6.4
2~3年	51,088,622.86	5,699,607.53	11.16
3~4年	1,811,809.75	696,092.24	38.42
4~5年	1,641,771.91	1,427,827.38	86.97
5年以上	1,631,391.22	1,631,391.22	100
小计	2,182,153,749.12	97,582,601.83	4.47

数据来源：芒果超媒2020年财务报表。

从表2-5可以看出，应收账款期末账面余额中，1年以内的应收账款占总额的69%，按照3.22%计提坏账，说明该企业69%的应收账款基本上在1年以内都能及时收回，发生坏账的可能性一般，周转性一般。

2. 债务人的构成分析

在很多情况下，企业债权的质量不仅与债权的账龄有关，更与债务人的构成有关。因此，在有条件的情况下，可以通过分析债务人的构成来分析债权的质量。对债务人的构成进行分析，可从以下五个方面入手。

第一，从债务人的行业构成入手来分析。不同行业的成长性差异可能很大，处于同一行业的企业往往在财务质量方面有较大的相似性，因此，对债务人的行业构成进行分析至关重要。

第二，从债务人的区域构成入手来分析。从债务人的区域构成来看，不同地区的债务人由于经济发展水平、法治建设条件及特定的经济环境等方面的差异，在企业自身债务的偿还心态及偿还能力方面有相当大的差异，如经济发展水平较高、法治建设条件较好及特定的经济环境较好地区的债务人，一般具有较好的债务清偿能力，企业对这些地区的债权的可回收性较强；经济发展水平较落后、法治建设条件较弱及特定的经济环境较差（如正面临战争）地区的债务人，还款能力较差。

第三，从债务人的所有权性质入手来分析。从债务人的所有权性质来看，不同所有制的企业在自身债务的偿还心态及偿还能力方面也有较大的差异。许多企业的实践已经证明了这一点。

第四，从债权企业与债务人的关联程度入手来分析。从债权企业与债务人的关联来看，可以把债务人分为关联方债务人与非关联方债务人。由于关联方彼此之间在债权债务方面的操纵色彩较强,因此,对关联方债务人的偿还状况应给予足够重视。

第五,从债务人的稳定程度入手来分析。稳定的债务人的偿债能力一般较好把握,但同时也要关注其近期是否出现财务困难。一般地,稳定的债务人过多,通常意味着企业的经营没有太大起色。而临时性或不稳定的债务人虽然有可能是企业扩展经营业务的结果,但其偿债能力一般较难把握。

3. 应收账款的周转情况分析

应收账款的周转情况可借助应收账款周转率、应收账款平均收账期等指标进行分析(具体指标的计算可参见后面章节)。在一定的赊账政策条件下,企业应收账款周转率越低,平均收账期越长,债权周转速度越慢,债权的周转性也就越差。

然而在实务中,应收账款周转率并非越高越好,过严的赊销政策虽然会保证应收账款快速回收,但同时可能会制约存货的周转,导致企业市场占有率下降,存货周转率降低。应收账款周转率与存货周转率之间往往存在此消彼长的关系,我们需要在保证存货顺畅周转的前提下考察应收账款的质量。

当然,应收账款周转率和存货周转率之间的关系会受到企业所处的市场环境和采取的营销策略的影响。若应收账款周转率与存货周转率同步上升,一般表明企业的市场环境日渐明朗,前景看好;若应收账款周转率上升,而存货周转率下降,可能表明企业因预期市场看好而扩大产销规模或收紧信用政策,或两者兼而有之;若存货周转率上升,而应收账款周转率下降,可能表明企业放宽了信用政策,扩大了赊销规模,这种情况可能隐含着企业对市场前景的不乐观预期,应予以警觉。

(三)应收账款的保值性分析——对坏账准备计提情况及计提政策的恰当性进行分析

由于资产负债表上列示的是应收账款净额,因此,在分析应收账款的质量时要特别关注应收账款的保值性,即对坏账准备计提情况及计提政策的恰当性进行分析。现行准则强调,应收账款作为一项金融资产,应当在资产负债表日进行减值检查,将其账面价值与预计未来现金流量现值之间的差额确认为减值损失,计入当期损益。

金融资产发生减值的客观证据包括下列各项:

(1)发行方或债务人发生严重的财务困难;

(2)债务人违反合同条款,如偿付利息或本金发生违约或逾期等;

(3)债权人出于经济或法律等方面的考虑,对发生财务困难的债务人作出让步;

(4)债务人很可能倒闭或进行其他财务重组;

(5)因发行方发生重大财务困难,该金融资产无法在活跃市场继续交易。

由此看来,企业的应收账款是否发生减值及减值程度的大小取决于该项目预计未来现金流量的现值,而不再过分强调所采用的坏账准备计提方法。当然在实务中,企业仍可使用账龄分析等方法对坏账准备加以估计,而变更坏账准备的计提方法和比例往往存在"不可告人"的目的,阅读会计报表的相关附注,结合当年的实际业绩及行业惯例,有助于判断其变更的合理性,从而在一定程度上判断该项目的保值质量。

执行新金融工具相关会计准则的企业在资产负债表中要增加"应收款项融资"项目,反映资产负债表日以公允价值计量且其变动计入其他综合收益的应收票据和应收账款等。

六、存货

存货(inventory)是指企业在正常生产经营过程中持有以备出售的产品或商品,或者为了出售仍然处在生产过程中的产品,或者将在生产过程或提供劳务过程中被耗用的材料、物料用品等。企业的资产是否作为存货处理,不取决于资产的物理特性,而是取决于其持有目的:如果持有目的是短期周转、销售或快速消耗,则应作为存货处理。这样的持有目的使得存货明显区别于固定资产。

存货的构成在不同企业中是有差别的。在工业企业中,存货包括库存、加工中和在途的各种原材料、燃料、包装物、低值易耗品、在产品、外购商品、自制半成品、产成品及分期收款发出商品等。商品流通企业的存货则包括在途商品、库存商品、加工商品、出租商品、分期收款发出商品、材料物资、包装物、低值易耗品及企业委托代销的商品等。需要指出的是,为建造固定资产等各项工程而储备的各种材料,虽然同属材料,但是由于用于建造固定资产等各项工程,其价值分次转移,最终目的并非出售,因此不能作为企业的存货进行核算。企业的特种储备及按照国家指令专项储备的资产不符合存货的定义,因此也不属于存货。

企业通过持有和使用存货,希望达到保障正常的生产经营周转、顺利实现销售获取盈利、降低宏观环境变化带来的波动风险(起到安全、缓冲和储备的作用)等预期效用。存货虽然是企业(尤其是工商业企业)盈利的主要物质媒介,是企业一项重要的流动资产,但它通常要占用企业大量的资金,会给企业带来持有成本(机会成本、仓储成本等)和持有风险(过期风险、降价风险等)。因此,如何提升存货的市场竞争力,加速存货周转,降低存货持有量并保持存货价值,既是存货管理的关键因素,也是评价存货质量的主要方面。

对存货进行质量分析,应该结合该项目本身的物理属性和预期效用,从盈利性、周转性及保值性三个维度入手。作为系统分析,应该以分析存货的构成、规模恰当性、物理质量和时效状况为基础。下面对存货项目的质量进行分析。

(一)存货的构成及规模恰当性分析

对于传统的工商业企业来说,存货项目可能规模庞大、占用资金较多,同时内部构成极其繁杂,甚至有可能数不胜数。因此,对企业的存货项目展开分析,不能仅仅依据资产负债表上的存货余额就下结论,更不能简单地使用存货周转率这一指标来反映存货的质量,而是要结合报表附注中有关存货的披露内容,对存货的构成情况进行深入的分析。这就需要了解企业存货各具体项目之间的构成比例,还要分析其规模的恰当性、规模变动的合理性及对企业未来盈利能力所产生的影响。

一般地,对于工业企业而言,如果原材料和产成品项目之间的相对比例大体保持不变,总体规模随着企业营业规模的增减而适量扩张或缩小,往往是企业以销定产的具体体现;如果原材料的相对规模有所增大,很有可能是企业预见原材料市场价格的上涨趋势而作出的一种管理安排,囤积适量原材料以降低未来的产品成本;但如果原材料的相对规模有所减小,产成品的相对规模却有所增大,就有产品因滞销而减产的嫌疑,当然也有可能是企业通过"低转成本"而人为粉饰当期业绩,或是其他原因。总之,存货是企业一大类具有相同或相似特征的流动资产的总称,其构成繁简不一,各种存货在规模上的变化可以相互抵消,只考察存货总规模很可能会掩盖诸多具体情况和问题,因此在分析时应关注存货具体的构成情况及其规模变动背后潜藏的管理信息。表2-6列出了格力电器存货各项目的变化情况。

表2-6　格力电器存货各项目的变化情况

项目	2018年期末余额(原值)/元	2017年期末余额(原值)/元	变化幅度/%
原材料	8,790,176,373.99	4,364,017,515.47	101.40
在产品	1,833,419,414.90	2,839,619,387.26	−35.40
产成品	9,668,991,016.29	9,578,220,085.36	0.95
合计	20,292,586,805.18	16,781,856,988.09	20.90

资料来源:根据格力电器2018年年报中的存货附注信息整理。

格力电器2018年业绩顺利实现提升,但存货周转率由2017年的7.66次降到2018年的7.46次(按照存货的原值计算),简单从指标分析结果来看,存货的周转性发生一定程度的下降。但若研究一下存货构成中各具体项目的余额变化情况,我们不难发现,其中原材料的规模大幅增加,在产品的规模有所下降,产成品的规模有所增加,由此看来,造成2018年企业存货周转率下降的根本原因是原材料储备大幅增加,相对于2017年来说,产成品发生进一步积压的迹象并不十分明显。

在企业生产和销售多种产品的条件下,不同品种产品在盈利能力、技术状态、市场发展前景及抗变能力等方面可能存在较大的差异。过分依赖一种或几种产品的企业,极有可能因产品出现问题而受到重创。但是,多品种策略也有可能让企业失去焦点、迷失方向而陷入发展困境。因此,应当对企业存货中产成品的品种构成进一步分析,并关注不同品种产品的市场规模、盈利能力、技术状态、市场潜力及抗变能力等。

(二)存货的物理质量和时效状况分析

在这里,存货的物理质量指的是存货的自然质量,即存货的自然状态,如商业企业的待售商品是否完好无损、制造企业的产成品的质量是否符合相应的等级要求等。对存货的物理质量进行分析,可以初步确定企业存货目前所处的状态,为分析存货的盈利性、周转性和保值性奠定基础。

存货的物理质量离不开存货的时效状况,对于那些时效性较强的存货项目来说更是如此。按照时效性可将企业存货分为以下三种。

(1)与保质期相联系的存货。例如,食品保质期限较长的,时效性相对较弱;保质期限较短及即将过期的,时效性较强,尤其需要关注。

(2)与内容相联系的存货。例如,出版物内容较为稳定、可利用期限较长的(如数学书籍等),时效性相对较弱;内容变化较快、可利用期限较短的(如报纸、杂志等),时效性相对较强。

(3)与技术相联系的存货。这里的技术,除了我们熟悉的科学技术,还包括配方、诀窍等无形资产。同样是与技术相联系,有的存货的支持技术进步较快(如计算机技术),有的存货的支持技术则进步较慢(如传统中药配方、药品配方、食品配方等)。支持技术进步较快的存货,时效性较强;支持技术进步较慢的存货,时效性则相对较弱。

(三)存货的盈利性分析——考察毛利率水平及走势

对于传统行业的企业而言,毛利率在很大程度上反映企业在日常经营活动中的初始获利空间,也可以体现存货项目的盈利性。在充分竞争的行业,毛利率水平往往趋于平均化,企业的毛利率可以稍高于或者稍低于行业平均值,这恰恰是该企业在行业中的竞争地位的体现,但如果大大高于(或者低于)平均值,尤其是在年度间(企业的产品结构没有显著调整的情况下)出现巨幅波动,往往是企业试图通过人为调整存货余额和低转(或高转)成本、改变存货计价和盘存方式等手段来操纵业绩的一个显性证据。正常情况下,在同行业中,如果企业的相对毛利率水平不断下降,要么意味着企业的产品在市场上的竞争力下降,要么意味着企业的产品生命周期出现了转折,要么意味着企业生产的产品面临激烈的竞争。在对存货进行项目质量分析时,应尽量剔除诸多主观人为操纵因素的影响。

(四)存货的周转性分析——考察存货周转率

存货周转率是一个动态的内部管理指标,反映一定时期内存货流转的速度。从公式来看,它是营业成本和平均存货水平的比值,通常越大越好。尽管存货周转率是个数值,但它同样是运营状况的动态反映,因为营业成本取决于公司的采购成本、转换成本、其他成本和成本计算方法等,而平均存货水平是企业持续运营管理的综合结果。企业关注的焦点在于减少存货和加速流转。减少存货可以有效减少资金占用、降低经营风险、改善公司的财务状况和提高抵御风险的能力。加速流转可以有效提高公司的盈利能力,从而创造更多的价值。在周转一次产生的毛利水平相对不变的情况下,当其他条件相同时,企业存货周转速度越快,一定时期的盈利水平也就越高。

当然,在分析应收账款质量时我们已经提及,实务中企业的存货周转率并非越高越好,相对于行业平均水平来说,过高的存货周转率有可能是企业执行了过于宽松的信用政策的结果,很可能会导致企业出现大量坏账。企业商业债权(应收账款与应收票据)的回收速度与存货周转率之间往往存在此消彼长的关系,因此,企业需要在保证商业债权回款的前提下考察存货的周转性。

分析中需要注意的是,在考察存货的项目质量时,其盈利性与周转性也往往存在此消彼长的关系。有的企业借助产品在市场中拥有一定的定价自主权,通过较高的毛利率来保证企业的盈利能力;有的企业则通过薄利多销的手段,用产品较高的周转率来保证企业的盈利能力。这与企业所制定的经营战略直接相关:在差异化战略下,企业通过保持产品的领先性、优质性和独特性来占领市场;在成本领先战略下,企业则利用各种管理手段控制成本、压低售价,通过提供价廉物美的产品来完胜对手。不管采取何种经营战略,保持存货在盈利性或者周转性方面的高质量是企业在竞争中取胜的关键因素之一。

(五)存货的保值性分析——考察存货的期末计价和计提存货跌价准备的合理性

企业会计准则规定,存货的期末计价采用成本与可变现净值孰低法,对于可变现净值低于成本的部分,应当计提存货跌价准备。存货跌价准备在质量方面的含义是:它反映了企业对其存货贬值程度的认识水平和企业可接受的贬值水平。

可变现净值是指企业在正常经营过程中,以预计售价减去预计完工成本及销售所必需的预计费用后的价值。这就涉及对预计售价、预计完工成本及销售所必需的预计费用等因素的估计。在很多情况下,上述因素的估计难以避免人为主观因素的影响。

因此,在通过对计提存货跌价准备的分析来考察存货的保值性时,应首先对计提的合理性进行判别。一方面,要特别关注企业是否存在利用存货项目进行潜亏挂账的问题。一些企业利用存货项目种类繁杂、金额庞大、重置频繁、计价方法多样、审计难度大等特点,采用各种非法手段,将冷背呆滞商品、积压产品、残品等已经失去保值性的存货及违规开支(如不符合财务制度的费用开支)在存货项目中长期挂账,以掩盖潜在的亏损局面。另一方面,还要注意考察企业是否通过计提存货跌价准备来进行巨额摊销,为来年的"扭亏为盈"提供机会。

此外,还要关注报表附注有关存货担保、抵押方面的说明。如果企业存在上述情况,这部分存货的保值性就会受到影响。

七、其他流动资产

(一)预付款项

预付款项(prepayments)是企业按照购货合同的规定,预先支付给供货单位的货款而形成的债权。在会计上,预付款项按实际支付的金额入账。企业在计算坏账准备时,在债权中不包括预付款项。

一般情况下,企业的预付款项不会构成流动资产的主体部分,在供货商较为稳定的条件下,预付款项应该按照合同约定转化为存货,因此,正常的预付款项质量较高。如果企业的预付款项较高,则可能与企业所处行业的经营特点和付款方式相关,也可能是由于企业自身以往的商业信用不高;但如果是向关联方(如其子公司、兄弟公司或者母公司等)打预付款,这种令人费解的做法往往潜藏着利益输送的不良动机。

预付款项的质量分析可包括以下两点:①如果预付款项的规模变化随着企业业务量或者信用程度的变化呈现出一定的规律性和合理性,那么可以初步判定其质量基本正常;②如果企业某一期预付款项的规模相对于同行业的正常水平或者前期历史水平出现巨幅异动情况,则要警惕企业是不是在通过此项目向关联方输送资金,该项目日后很可能沦为不良资产。

(二)其他应收款

其他应收款(other receivables)是指企业除应收票据、应收账款和预付款项以外的各种应收、暂付款项。其他应收款包括没设置"备用金"科目的企业拨出的备用金、应收的各种赔款、各种罚款、存出的保证金、应收出租包装物的租金、应向职工个人收取的各种垫付款项、预付款项转入、应收利息和应收股利等。

其中,应收股利(dividend receivable)反映公司因股权投资而应收取的现金股利及应收取的其他单位的利润;应收利息(interestreceivable)反映公司因债权投资而应收取的利息,公司购入到期还本付息债券应收的利息并不包括在此项内。由于应收股利、应收利息的可回收性强,且能够在短期内回收,因而一般都有较好的质量。

其他应收款既为"其他",就应该不属于企业主要的债权项目,数额及所占比例不应过大。如果其数额过高,即为不正常现象,容易产生不明原因的占用。为此,要借助报表附注仔细分析其具体构成项目的内容和发生时间,特别是金额较大、时间较长、来自关联方的其他应收款。要警惕企业利用该项目粉饰利润、大股东抽逃或无偿占用资金及转移销售收入偷逃税款等行为。在这些情况下,其他应收款中的主要内容就成了无直接效益的资源占用,无论是从盈利性还是从保值性及周转性来看,其质量均较低。在"银广夏事件"和郑百文虚构销售记录被发现之后,财务造假者倾向于更安全的造假手段,"爱上了"其他应收款账户。在应收销货款以外形成的其他应收款,查证时因户数多但金额小需要花费较多时间,除非派出专业人士进行详细调查,否则很难找到确凿证据。早在2001年,中国上市公司就开始大规模清理欠款,大部分欠款都是大股东挪用资金的结果,而且以"其他应收款"的名义进入会计账目。虽然大股东挪用上市公司资金早已被视为股市顽症,监管部门三令五申进行清查,但仍没有根治。在目前的公司治理模式下,大股东挪用企业资金是中国资本市场最大的毒瘤,一定要特别关注"其他应收款"这一"小项目"中潜伏的"大危机"。

但是应该看到,在集团资金"集权式"管理模式(即集团中的母公司统一对外融资后,再根据需要将资金提供给各子公司使用)下,尤其是母公司自身较少从事实体经营活动的情况下,母公司报表中较大规模的其他应收款实际上代表了母公司向子公司提供的经营资金。一般而言,资金"集权式"管理模式具有资金使用效率高、使用成本低、便于内控等优势。在分析时,比较一下母公司报表与合并报表中"其他应收款"的相关金额,如果合并报表数字远远小于母公司报表数字,则其差额基本上代表了母公司向各子公司提供的资金规模。此时,其他应收款的质量将取决于各子公司的盈利能力和资产质量。但如果合并报表中的其他应收款金额依然较大,远远超过了其占总资产的正常比例,则很有可能意味着超出部分的资金流向了控股股东或兄弟公司等关联方。具体情况可以结合此项目的附注披露信息作进一步的分析和判断。

(三)合同资产

《企业会计准则第14号——收入》对原收入准则作了重大修订,其中新增了"合同资产"和"合同负债"的概念。合同资产（contract assets）是指企业已向客户转让商品而有权收取对价的权利，且该权利取决于时间流逝之外的其他因素，如企业向客户销售两项可明确区分的商品，企业因已交付其中一项商品而有权收取款项，但收取该款项还取决于企业交付的另一项商品，企业应当将该收款权利作为合同资产。企业拥有的、无条件（即仅取决于时间流逝）向客户收取对价的权利应当作为应收款项单独列示。两者的区别在于，应收款项代表的是无条件收取合同对价的权利，即企业随着时间的流逝即可收款，而合同资产并不是一项无条件收款权，该权利除了时间流逝之外，还取决于其他条件（如履行合同中的其他履约义务）才能收取相应的合同对价。因此，与合同资产和应收款项相关的风险是不同的，应收款项仅承担信用风险，而合同资产除信用风险之外，还可能承担其他风险，如履约风险等。合同资产的减值的计量、列报和披露应当符合相关金融工具会计准则的要求。

由于合同履行是一个动态的过程，债权方在确认合同资产时，合同中所涉及的交易尚未最终完成（如企业还需交付另一项商品），合同双方是否能够按照合同约定或相关法律规定，全面、适当地履行合同义务，成为决定合同资产质量的一个关键因素。

（四）持有待售资产

持有待售资产（assets held for sale）项目，反映资产负债表日划分为持有待售类别的非流动资产及划分为持有待售类别的处置组中的流动资产和非流动资产的期末账面价值。该项目应根据"持有待售资产"科目的期末余额，减去"持有待售资产减值准备"科目的期末余额后的金额填列。

在正常情况下，由于持有待售资产短期内即将被出售变现，因此如果其规模较大，可能会给企业经营规模、资产在各个领域的分布（或布局）甚至企业的经营战略带来不可忽视的影响。

（五）一年内到期的非流动资产

一年内到期的非流动资产（non-current assets due within one year）主要反映企业非流动资产（主要指持有至到期日投资）中一年内到期的部分，由于其有明确的到期日，因而一般来说质量较好。

第四节　主要非流动资产项目分析

非流动资产（non-current assets）是指企业资产中变现时间在一年或超过一年的一个营业周期以上的那部分资产，其预期效用主要是满足企业正常的生产经营需要，保持企业适当的规模和竞争力,获取充分的盈利。

下面从各类非流动资产的不同特性来分析非流动资产的质量。

一、长期股权投资分析

长期股权投资(long-term equity investment)是指投资方对被投资单位实施控制、重大影响的权益性投资,以及对其合营企业的权益性投资,而不涉及不具有控制、共同控制和重大影响,且在活跃市场中没有报价、公允价值不能可靠计量的权益性投资。长期股权投资通常包括三种权益性投资:对子公司的投资(单独控制或实质性控制)、对合营企业的投资(共同控制)及对联营企业的投资(重大影响)。

对于企业来说,进行长期股权投资意味着企业相应数额的资金在相当长的时间内无法自行支配使用,对企业的财务状况影响较大。如果企业自身的运营资金并不充裕,或者缺乏足够的融资和调度资金的能力,那么长期股权投资将可能使企业长期处于资金紧张状态,甚至最终陷入财务困境。另外,由于长期股权投资数额大、期限长,其间不确定因素较多,因此投资风险相对于持有至到期投资而言更大,一旦投资失败,将会给企业带来重大的、长期的损失和负担,甚至是致命的打击。当然,风险和收益是伴生的,当长期股权投资能够带来很高的收益时,就会成为企业收益与现金流量的重要源泉,成为企业的"救命稻草",是企业新的利润增长点。在分析企业的长期股权投资项目的质量时,应从盈利性和保值性两个维度着手。

(一)盈利性分析

长期股权投资项目的盈利性往往呈现出较大的波动性,具体要依据投资目的和方向、年度内所发生的重大变化、投资所运用的资产种类、投资收益确认方法等诸多因素来分析判断。

1. 长期股权投资目的和方向对盈利性的影响

企业进行长期股权投资的目的是多种多样的:有的是建立和维持与被投资企业之间稳定的业务关系,理顺上下游供销渠道;有的是实现横向联合,提高市场占有率和行业内的竞争力;有的是增强企业多元化经营的能力,从而提高企业抗风险的能力或创造新的利润源泉;有的则单纯是进行资本运作,获取高额收益。无论采用哪种方式、出于什么目的,对于大部分企业来说,进行长期股权投资的最终目的都是将其作为自身经营活动的有力补充,从而提升企业业绩的总体水平。

在投资方在某个行业有核心竞争力的条件下,如果对外投资与自身的核心竞争力一致,则除了对被投资方有财务贡献以外,投资方会在技术、管理、市场等方面对被投资方有实质性贡献。在业绩方面,投资方与被投资方所在行业极有可能一致,因此,双方的业绩经常呈现出同方向变化。反之,如果对外投资与自身的核心竞争力不一致,则可能是投资方在努力通过对外投资实现其多元化战略,寻求行业外的新发展契机。此时,投资方和被投资方在某些时期的业绩上极有可能出现互补的态势。

2. 长期股权投资年度内所发生的重大变化对盈利性的影响

长期股权投资年度内所发生的重大变化有以下三种情况:第一,收回或者转让某些长期股权投资导致长期股权投资减少;第二,增加新的长期股权投资导致长期股权投资增加;第三,因权益法确认投资收益导致长期股权投资增加。

在第一种情况下,收回或者转让某些长期股权投资导致长期股权投资减少,可能是企业试图优化自身的投资结构而进行的投资结构调整,也可能是企业为了变现而进行的股权投资的出售活动,还有可能是企业按照某些约定收回投资。在第二种情况下,增加新的长期股权投资导致长期股权投资增加,可能是企业为保持其对外扩张的态势而进行的扩张努力,也可能是为了实现业绩的增长而进行的投资组合调整,还有可能是为了利用表内表外的非货币资源而进行的资产重组活动。在第三种情况下,因权益法确认投资收益导致长期股权投资增加,一般认为是一种"泡沫"资产的增加,对企业难以产生实质性的正面贡献。

3. 长期股权投资所运用的资产种类对盈利性的影响

就长期股权投资所运用的资产种类而言,企业既可以以货币资金对外投资、以表内的非货币资源对外投资,还可以以表外的无形资产对外投资。

在企业以货币资金对外投资的条件下,由于货币资金具有投资方向不受限制的特点,企业的对外投资在方向上应该具有选择性大的特点,因而此类投资可以对投资方向的多元化形成直接贡献;在企业以表内的非货币资源对外投资的条件下,企业有可能是在实施资产重组等战略,但其投资方向受原有资产结构和质量的影响较大,在投资结构上可能与企业的原有经营活动联系较为紧密;在企业以表外的无形资产对外投资的条件下,这种投资的安排应该被认为是企业表外资源价值实现的一种方式。

4. 长期股权投资收益确认方法对盈利性的影响

长期股权投资收益的确认,因具有一定的特殊性而对企业长期股权投资的盈利性分析有着重要影响。

投资方能够对被投资单位实施控制的长期股权投资(即对子公司的长期股权投资),应当采用成本法核算。在成本法核算下,企业的长期股权投资项目通常仅反映投资的初始作价(历史成本)。追加或收回投资应当调整长期股权投资的成本。只有在投资发生重大持久性不可逆转的贬值时,才对长期股权投资项目做减值处理,并确认投资损失。当收到被投资单位分发的股利(或被投资单位宣布发放现金股利)时,在会计上确认投资收益。这就是说,成本法核算下的投资收益确认与货币资金的流入有直接关系,即成本法核算下的投资收益能够带来实实在在的现金流入,而不会引起利润(投资收益)和长期股权投资的"泡沫"(这里的"泡沫"是指不能用于支付或者分配的资产和利润)成分。

投资方对联营企业和合营企业的长期股权投资,应当采用权益法核算。在权益法下,被投资方被投资以后产生利润时,无论被投资方是否分配现金股利,投资方均按照被投资方的新增净利润的持股份额确认投资收益,同时确认长期股权投资金额的增加。在被投资方分配现金股利时,相应冲减长期投资的金额。一般情况下,被投资方不可能将其实现的净利润全部作为现金股利分配掉。因此,采用权益法确认投资收益会不可避免地出现投资收益和长期股权投资的"泡沫"成分。"泡沫"的大小取决于被投资方分派现金股利的程度。

(二)保值性分析

对长期股权投资而言,在被投资企业为有限责任公司的情况下,投资方的股权投资一般不能从被投资方撤出。投资方如果期望将手中持有的股权投资收回,就只能转让其股权。而转让投资不仅取决于转出方的意志,还取决于转入方(购买转出方的投资的企业)的心理预期。也就是说,企业的长期股权投资要么不能收回,要么以不确定的价格转让。这就使得投资方在股权转让中的损益难以预料。因此,该项目的账面金额与其可收回的金额之间有可能出现一定的差距,这使得长期股权投资的保值性有可能出现一定程度的不确定性。

此外,通过分析长期股权投资减值准备计提的情况,也可了解该项目的保值性。

长期股权投资减值准备是针对长期股权投资账面价值而言的,在期末时按账面价值与可收回金额孰低的原则来计量,对可收回金额低于账面价值的差额计提长期股权投资减值准备。而可收回金额一般是依据核算日前后的相关信息确定的。相对而言,长期股权投资减值的估算是事后的。客观地讲,不同时间计提的减值准备金额确实具有一定的不确定性,因此,减值准备在什么时间计提、计提多少等均存在主观人为因素,为企业利润操纵提供了很大空间。

一般情况下,在被投资企业出现下列五种情况之一时,投资方应当对长期股权投资计提减值准备:①市价持续2年低于账面价值;②该项投资暂停交易1年或1年以上;③被投资企业当年发生严重亏损;④被投资企业持续2年发生亏损;⑤被投资企业进行清理整顿、清算或出现其他不能持续经营的迹象。对于无市价的长期投资是否应当计提减值准备,可以根据下列四种情形进行判断:①影响被投资企业经营的政治或法律环境的变化,例如,税收、贸易等法规的颁布或修订可能导致被投资企业出现巨额亏损;②被投资企业所供应的产品或提供的劳务因过时或消费者偏好改变面临市场需求变化,导致被投资企业财务状况严重恶化;③被投资企业所在行业的生产技术等发生重大变化,导致被投资企业失去竞争力,财务状况严重恶化,如进行清理整顿、清算等;④有证据表明该项投资实质上已经不能再给企业带来经济利益的其他情形。

由以上计提减值准备的标准和条件可知,无论是哪种情形,都意味着投资方的长期股权投资要么无法按照预期收益水平带来收益,要么无法按照账面价值收回投资成本。总之,计提了减值准备的长期股权投资项目的保值性堪忧,是否会继续发生减值,需要对被投资企业的持续经营能力和盈利能力作进一步的分析与判断。

值得注意的是,对该项目的会计处理充分体现了谨慎性原则,即便今后被投资企业的市价翻几番,也不得再转回减值准备。其目的就是防止企业调节利润,即防止企业在利润高时计提减值准备,在没有利润时再冲回减值准备以增加利润。

二、固定资产分析

固定资产(fixed assets)是指为生产产品、提供劳务或经营管理而持有的、使用寿命超过一个会计年度的有形资产。其中,使用寿命是指企业使用固定资产的预计期间,或者该固定资产所能生产产品或提供劳务的数量。固定资产是企业获取盈利的主要物质基础,在企业的生产经营过程中发挥着重要的作用,对于实体经济中的传统行业来说尤为如此。

一般来说,企业的固定资产的财务效应呈现出以下四个特点:①长期拥有并在生产经营中持续发挥作用;②投资数额大,经营风险也相对较大;③其规模和结构反映企业生产工艺的特点和技术装备水平;④固定资产折旧及减值准备计提等会计处理对企业的盈利能力和财务状况影响巨大。

固定资产在资产总额中所占比重往往带有较浓厚的行业色彩,在实务中通常据此将行业分为重资产行业和轻资产行业。一个企业拥有的固定资产的规模和先进程度可以在一定程度上揭示企业的生产能力和生产工艺,也可以反映该企业在行业中相对的竞争实力和竞争地位。就某个具体的固定资产项目来说,其利用效率和利用效果的大小,与企业所处的不同历史时期、不同发展阶段及不同的客观经济环境有着直接联系,因此,从财务角度来说,固定资产质量具有极大的相对性。

在对固定资产的质量进行分析时,也可以从盈利性、周转性和保值性三个维度着手,但同时还要关注有可能对固定资产质量产生影响的其他方面,如固定资产的取得方式、规模与变化、分布与配置等。对这些方面的分析有助于读者了解企业的商业模式,透视企业在固定资产投资方面的战略实施等情况。

（一）固定资产的取得方式与财务状况的外在表现

固定资产的取得，既可以采用外购方式，又可以采用自建方式，还可以采用接受所有者入资、融资租赁等方式。不同方式下财务状况的外在表现各不相同。

1. 用流动资产和流动负债购置、建造固定资产

用流动资产和流动负债购置、建造固定资产，就是用货币资金、存货及短期赊购等方式购买、建造固定资产。显然，这是一种最直接的取得固定资产的方式。这种取得方式的最大特点是取得成本往往通过市场公平交易确定，成本具有可验证性。

但是，由于这种取得固定资产的方式要么减少流动资产，要么增加流动负债，因而财务状况的外在表现是导致企业营运资本（即流动资产减流动负债）大幅下降。

2. 接受所有者的固定资产入资

这种方式往往在创建有限责任公司、合伙制企业及中外合资企业时被采用。它对财务状况的显著影响是：第一，增加企业所有者权益（资本）的"厚实"程度，改善企业的资本结构，为企业进一步举债奠定基础；第二，成本的确定具有主观性，接受固定资产入资的成本，按双方协议约定或按资产评估机构评估确认的价值来确定，无论价值如何，均有可能并非市场的公平交易价格。

3. 用融资租赁方式取得

融资租入的固定资产类似于分期付款购入的固定资产。按照融资租赁的一般做法，融资租入方将租入的固定资产视同自己的固定资产处理，将租金的现值及有关附加成本计入融资租入固定资产的成本，并向租出方支付定金，分期付清其余款项。在租赁期内，融资租入的固定资产的法定所有权（legal title）属于租出方。这样，对承租方来讲，融资租入的固定资产的财务影响是：第一，减少流动资产（货币），增加流动负债（1年内支付部分）和长期负债（1年以上支付部分），加大企业负债对所有者权益的比率，降低企业进一步举债的能力；第二，承租方将融资租入的固定资产视同自己的固定资产管理，计提折旧，并按税法要求抵减所得税。

在经营性租入固定资产的条件下，承租企业仅支付租金，并将租金计入当期费用。经营租赁条件下的租金一般高于同类资产的折旧，因此，利润表中的租金费用表现为较高的金额，具有更好的抵税效应。虽然租入的固定资产并不作为承租方的固定资产列示（即经营性租入取得的固定资产并不出现在承租方的资产负债表中），但是对租赁资产的使用可以给企业带来更多收益，对承租人的资产负债率、各种收益率指标都能够起到一定的优化作用，因此，经营租赁常被作为表外融资（off-balance-sheet financing）的一种有效方式。

(二)固定资产规模的恰当性及其年内的变动情况分析

固定资产的投资规模必须与企业整体的生产经营水平、发展战略及所处行业特点相适应,同时应与企业的流动资产规模保持一定的比例关系。如果企业盲目购置新设备,进而盲目扩大生产规模,就有可能造成资源的低效利用甚至是浪费;而过小的固定资产规模或过于陈旧的设备又难以保证企业生产的产品满足市场需求,也会影响企业整体的获利水平。因此,企业应根据战略发展的需要,适时地制订生产经营计划,准确地把握对固定资产的需求,科学地进行固定资产的采购与处置决策,把固定资产规模控制在最恰当的水平。

固定资产原值在年内的变化可以在一定程度上折射出企业固定资产整体质量发生变化的情况,也能反映出企业战略实施与调整方面的信息,还可以进一步上升到管理质量层面。各类固定资产在某会计期间的原值变化,不外乎增加和减少(投资转出、清理、转移类别等)两种情况。由于企业生产经营状况的特点不同,企业对各类固定资产的结构有不同的要求。在各个会计期间内,企业固定资产原值的变化应该朝着优化企业内部固定资产结构、改善企业固定资产的质量、提高企业固定资产利用效果的方向发展。因此,通过分析企业年度内固定资产规模、结构的变化与企业生产经营特点之间的吻合程度,以及与企业发展战略的吻合程度,便可以透视其背后所隐藏的企业管理质量方面的信息。由于在资产负债表中只披露固定资产账面价值一个数字,固定资产原值的变化情况只能进一步借助固定资产附注中所披露的信息来加以分析。

(三)固定资产分布和配置的合理性分析

制造企业各类固定资产中,生产用固定资产(特别是厂房、生产设备)同企业生产经营直接相关,在全部资产中占较大的比重;而非生产用固定资产主要指办公大楼、职工宿舍、食堂等非生产单位使用的房屋和设备,用于为企业的生产经营活动提供各类辅助性服务。

固定资产分布合理,是指企业生产用和非生产用固定资产应保持一个恰当的比例,即生产用固定资产应全部投入使用,能满负荷运转,并能完全满足生产经营的需要,非生产用固定资产能担负起服务的职责。此外,还需要考察生产用固定资产的分布情况及其合理性,这有助于了解企业的生产工艺特点、商业模式、资源配置战略实施情况等方面的信息。

固定资产配置的合理性主要体现在以下三个方面:①固定资产技术装备的先进程度要与企业的行业选择和行业定位相适应;②固定资产的生产能力要与企业存货的市场份额所需要的生产能力相匹配;③固定资产的生产工艺水平要达到能够使产品满足市场需

求的相应程度。

对于固定资产分布和配置的合理性,应根据企业报表相关附注的说明,结合企业的生产经营特点、技术水平和发展战略等因素综合分析。固定资产分布与配置合理与否,会在很大程度上决定其利用的效率和效益,即质量的高低。

(四)固定资产的盈利性分析

前已述及,固定资产是企业生存发展的物质基础,反映企业的技术装备水平和竞争实力,因此,固定资产的盈利性会在很大程度上决定企业整体的盈利能力。对于传统的工商企业而言,由于固定资产是企业用于生产、加工(或储存)存货的"劳动工具",而存货又是固定资产为企业创造价值、获取盈利的媒介,因此,固定资产的盈利性与存货的盈利性及企业整体的盈利性通常是密不可分的。营业收入是产品价值的外部实现,可以在一定程度上反映固定资产的总体质量与市场需求之间的吻合程度;营业成本是产品生产的内部耗用,可以反映固定资产的总体质量所决定的生产费用开支水平;两者之差即企业赚取的毛利润,反映了企业的市场竞争力,进而决定企业整体的盈利水平。

在分析企业的固定资产质量对企业整体盈利能力的影响时,我们建议遵循这样的分析思路:固定资产生产出存货,存货销售获取营业收入,营业收入创造核心利润,核心利润最终带来经营活动产生的现金净流量。这样便可以通过存货的生产规模和销售规模考察固定资产的生产能力(即产能利用情况);通过营业成本和存货规模的比较(即存货周转率)考察(固定资产所生产出来的)产品的市场开拓能力;通过营业成本和营业收入的比较(即毛利率),考察产品的初始获利能力;通过营业收入与核心利润的比较,考察产品的最终获利能力;通过核心利润与经营活动产生的现金净流量的比较(即核心利润的含金量),考察产品当期对企业的实际贡献,如果不考虑行业结算差异,也可以在一定程度上了解产品的市场开拓能力。

(五)固定资产的周转性分析

固定资产的周转性衡量的是企业一定规模的固定资产推动其营业收入的能力与效率。因此,现有的固定资产周转率可以有效衡量企业固定资产的周转性。需要注意的是,应采用固定资产原值(或公允价值)来衡量固定资产的规模。计算公式为

$$固定资产周转率 = \frac{营业收入}{固定资产(原值)的平均余额} \tag{2.1}$$

(六)固定资产的保值性分析

除去一小部分流动资产外,企业的固定资产将成为长期债务的直接物质保障。固定

资产的数量、结构、完整性和先进性都直接制约着企业的长期偿债能力。因此,固定资产的保值程度将直接决定企业长期偿债能力的大小。为便于对企业偿债能力进行分析,可以将固定资产分为具有增值潜力的固定资产和无增值潜力(贬值)的固定资产两类。分类时,应综合考虑特定固定资产的技术状况、市场状况和企业对特定固定资产的使用目的等因素。

(1)具有增值潜力的固定资产,是指那些市场价值趋于增加的固定资产。这种增值,或是由特定资产的稀缺性(如西方国家的土地)引起,或是由特定资产较强的增值特性(如房屋、建筑物等)引起,或是由于会计处理导致账面上虽无净值但对企业而言仍可进一步利用(如已经提足折旧,企业仍可在一定时间内使用的固定资产)。

(2)无增值潜力(贬值)的固定资产,是指对特定企业而言,其价值在未来不可能增加的固定资产。这种不能增值状况的出现,既可能是由于与特定资产相联系的技术进步较快,原有资产因技术落后而相对贬值(如计算机等),也可能是由于特定资产本身价值状况较好,但在特定企业不能得到充分利用(如不需要用到的固定资产)有关。

另外,由于当固定资产的可收回金额低于其账面价值时,企业可以按照可收回金额低于其账面价值的差额计提资产减值准备,因此在对企业固定资产的保值性进行分析时,还可以根据企业固定资产减值准备的计提情况,对企业固定资产整体的保值性作出初步判断。在此基础上,再结合会计报表附注中有关项目构成的说明及各项目的具体特点展开进一步的分析。

(七)固定资产与其他资产组合的增值性

固定资产与其他资产组合的增值性,强调的是固定资产通过与其他资产适当组合,在使用中产生协同效应的能力。由于相同物理质量的资产在不同企业之间,在同一企业的不同时期之间,甚至是在同一企业同一时期的不同用途之间,都有可能表现出不同的贡献能力,因此,在对固定资产进行质量分析时,应关注固定资产与其他资产组合的增值能力,强调其相对有用性。

(八)企业固定资产会计政策恰当性分析

企业在固定资产的初始入账、折旧及减值等一系列环节所选择的会计政策的恰当性,都会直接影响固定资产的质量分析结果。为此,我们有必要在分析固定资产的质量时关注一下固定资产会计政策选择方面的披露内容。

1. 分析借款费用资本化处理的恰当性对固定资产原值的影响

无论是外购还是自建,固定资产原值(即取得成本)都应该遵循历史成本原则,其取得成本包括取得该项固定资产并使其达到预计可使用状态之前所付出的全部必要的、合理的开支。为取得固定资产所发生的利息支出是否应计入固定资产原值(即借款利息费用资本化问题),既涉及企业会计准则的规定,也涉及企业在进行会计处理时的选择。由于其判断标准在一定程度上存在主观性,因此可能存在一些企业利用利息费用的资本化来粉饰业绩的情况。

按照会计准则的规定,在取得固定资产并使其达到预计可使用状态之前所发生的利息费用可以资本化,即将其计入固定资产原值;而在该项固定资产投入使用后所发生的利息费用不得再资本化,而是计入当期费用。某些上市公司可能以固定资产还处于试生产阶段或安装调试阶段为借口,将理应计入当期费用的利息费用资本化为该项固定资产的成本,从而达到虚增资产和当期利润的目的。类似的,某些上市公司还可能以固定资产尚处于试生产阶段或安装调试阶段为借口,推迟固定资产的完工入账时间,最终达到推迟计提折旧、虚增利润的目的。这些行为都将直接影响固定资产原值的规模,给固定资产质量分析带来一定的影响。

2. 分析折旧政策选择的恰当性对固定资产净值的影响

固定资产作为一项非流动资产,会在多个会计期间内参与企业的生产经营活动。在会计处理上,固定资产原值(即实际取得成本)需要在使用寿命期内分期摊销为费用,与每期的折旧金额会受到诸多因素的影响,如预计使用寿命长短、预计净残值大小及所选择的折旧方法等。企业选择折旧方法应以企业的实际情况和行业惯例为基础,一经确定不得随意变更。但实务中,常有企业利用折旧方法的可选择性和估计使用寿命存在的主观性,找出各种理由来对其进行变更,以达到操纵利润的目的。这些行为将直接影响固定资产的净值水平,也会给固定资产质量分析带来一定的影响。

3. 分析减值政策选择的恰当性对固定资产账面价值的影响

当固定资产的可收回金额低于其账面价值时,企业可以按照可收回金额低于其账面价值的差额计提资产减值准备,但由于固定资产的可收回金额是建立在一定的估计和判断的基础上,因此在何时计提减值、计提多少等问题上存在一定的主观性。在实务中,一些企业往往利用固定资产减值政策选择的弹性,对因技术进步而陈旧过时不能使用的固定资产,不提或少提减值准备,从而虚夸固定资产、虚增利润。固定资产净值减去固定资产减值准备即固定资产账面价值,因此这些行为将直接影响固定资产的账面价值,从而给固定资产质量分析带来一定的影响。

三、在建工程分析

在建工程(construction-in-process)是企业进行的与固定资产有关的各项工程,包括固定资产新建工程、改扩建工程、大修理工程等。在中国,企业资产负债表中的在建工程项目,反映企业期末各项未完工程的实际支出和尚未使用的工程物资的实际成本,反映企业固定资产新建、改扩建、更新改造、大修理等情况和规模。资产负债表的"在建工程"金额包括交付安装的设备价值,未完建筑安装工程已经耗用的材料、工资和费用支出,预付出包工程的价款,已经建筑安装完毕但尚未交付使用的建筑安装工程成本,尚未使用的工程物资的实际成本等。

在建工程本质上是正在形成中的固定资产,它是企业固定资产的一种特殊表现形式。在建工程占用的资金属于长期资金,但是投入前属于流动资金。如果工程管理出现问题,会使大量的流动资金沉淀,甚至造成企业流动资金周转困难。因此,在分析该项目时,应深入了解工程的工期长短,有无长期挂账、项目搁浅现象,以便及时发现潜在的不良资产区域。

对在建工程项目的质量分析应强调以下两点。

(1)在建工程项目基本上可以反映出企业未来的利润增长点。一般来说,上市公司要在其年报附注中披露在建工程中所包括的项目的名称、预计投资金额、已投入金额及完工进度等信息。我们对这些信息进行分析后,结合投资项目的行业特点和市场前景,可以初步判断在建工程的未来盈利潜力,也可以洞察企业在资源配置战略方面所采取的举措和作出的调整。一般来说,如果在建工程能够顺利完工并投入运营,通常都会给企业带来增量收入和增量利润。然而有些上市公司会在募集资金到位后变更用途,如转变为委托理财进行短期投资炒作,因此在分析在建工程时尤其要关注其是不是按照募集资金之初设定的用途来安排使用的。

(2)一般情况下,已经达到预定的可使用状态但还没有办理竣工决算的在建工程,应当估价入账,转为固定资产,并及时按照规定开始计提折旧。但在实务中有很多企业的在建工程早已投入使用,却迟迟不办理竣工决算而长期在在建工程项目中挂账。这样做有很多好处:①可以将借款费用继续资本化,计入工程的建造成本,而不影响当期利润;②可以推迟对工程项目计提折旧,从而粉饰当期业绩;③有机会将本该属于当期费用的一些项目"鱼目混珠"计入在建工程的成本,从而虚增当期利润。

在分析中,尤其要关注在建工程的建造时长,如果期限过长,要给出合理可靠的解释,否则信息使用者就要考虑企业是否故意延迟工程竣工办理决算的时间,以达到某种不可告人的目的。

四、无形资产与商誉分析

无形资产(intangible assets)是指企业拥有或者控制的没有实物形态的可辨认非货币

性资产,包括专利权、非专利技术、商标权、著作权、土地使用权、特许经营权等。由于商誉属于不可辨认资产,因此不属于无形资产,只能算作无形项目。一般地,无形资产具有如下特征:不具有实物形态;属于非货币性长期资产;为企业使用而非出售的资产;在创造经济利益方面存在较大的不确定性。正是由于无形资产在创造经济利益方面存在较大的不确定性,因此一般要求在对无形资产进行核算和披露时持更谨慎的态度。在对无形资产进行质量分析时,应结合该项目的上述特征,着重从盈利性和保值性等维度入手。

(一)无形资产会计披露的特点

资产负债表中作为"无形资产"列示的项目基本上都是通过外购方式取得的。无形资产是现代企业资产特别是知识经济条件下企业资产的重要组成部分,从取得途径来看通常有自创和外购两种。自创无形资产是企业自行研制创造的,如自创专利权、商标权、专有技术等。由于企业在自行研制创造的过程中往往要经过长期的探索、积累和试验,自创无形资产能够带来的未来收益存在很大的不确定性,因此,在会计上通常将其间发生的支出全部予以费用化。而在自创取得成功形成无形资产后,一般没有必要将其余开支予以资本化,这样就导致了自创无形资产通常不入账而"游离"在资产负债表之外。因此,在报表上作为"无形资产"列示的项目基本上都是通过外购方式取得的,入账价值包括在取得无形资产过程中所发生的包括买价在内的实际开支。表2-7、表2-8显示的芒果超媒2020年年报中的无形资产附注信息与开发支出明细附注。

表2-7　芒果超媒2020年年报中的无形资产附注信息

单位:元

项目	影视版权	软件	商标及域名	土地使用权	专利许可费及节目改编特许权	游戏版权
账面原值						
期初数	12,128,370,818.55	161,081,841.49	2,884,994.29	33,157,507.40	29,245,283.01	5,934,212.57
本期增加金额	5,354,703,210.18	40,852,398.75	283,018.87		11,415,094.34	2,661,202.72
购置	5,354,703,210.18	24,880,173.56	283,018.87		11,415,094.34	2,661,202.72
内部研发		15,972,225.19				
本期减少金额	534,855,398.24					1,405,910.68
处置	534,855,398.24					1,405,910.68

续表

项目	影视版权	软件	商标及域名	土地使用权	专利许可费及节目改编特许权	游戏版权
期末数	16,948,218,630.49	201,934,240.24	3,168,013.16	33,157,507.40	40,660,377.35	7,189,504.61

数据来源：2020年芒果超媒年报。

注：期末通过公司内部研发形成的无形资产占无形资产余额的比例为0.13%。

表2-8　芒果超媒2020年年报中的无形资产开发支出明细附注

单位：元

项目	期初数	本期增加		本期减少		期末数
		内部开发支出	其他	确认为无形资产	转入当期损益	
芒哩系统	12,899,556.92	3,072,668.27		15,972,225.19		
云平台建设项目	25,439,326.92	125,750,660.43				15,189,987.35
智能信贷系统		6,074,244.50				6,074,244.50
合计	38,338,883.84	134,897,573.20		15,972,225.19		157,264,231.85

数据来源：2020年芒果超媒年报。

芒哩系统为湖南快乐通宝小额贷款有限公司开发的项目，该项目旨在为解决底层数据安全、系统兼容、迭代扩展等问题，夯实金融科技能力，使系统的业务支撑能力显著提升。芒哩系统在2018年10月开始市场调研，于2018年12月立项，2019年1月起符合资本化条件计入开发支出，与项目相关的符合资本化条件的支出计入开发支出，前期调研阶段的费用直接计入当期损益。

芒果TV云存储及多屏播出平台建设项目（以下简称"云平台建设项目"）为湖南快乐阳光互动传媒公司（以下简称"快乐阳光"）募投资金配套项目，该项目旨在为企业内容生产传播提供强大的平台技术支撑，提升用户体验和用户满意度，降低平台运营成本，提升平台数据的安全可靠性。云平台建设项目在2017年规划，2019年7月30日经过快乐阳光董事会会议批复整体立项。2019年9月1日起，与项目相关的符合资本化条件的支出计入开发支出，前期调研阶段的费用直接计入当期损益。

智能信贷系统旨在打造多样化信贷产品，快速适配市场不同客群，并实现贷后的智能监控,智能客户管理。自2020年5月起,与该项目相关的符合资本化条件的支出计入开发支出,前期调研阶段的费用直接计入当期损益。

绝大多数企业,特别是工业企业和制造企业,尽管已取得很多项专利,但由于基本上都是通过自创方式取得的,因此均未列入无形资产项目中。列入无形资产项目的只有土地使用权和专利权及其他,所以从其年报中本期增加的明细项目来看,基本为通过外购方式取得的配额许可权利。

在资产负债表中所反映的无形资产的价值基本上以其取得成本为基础,在计提减值准备后,账面价值仅反映其最低可收回金额,而非实际价值。

无形资产的很多方面(如未来收益期、未来收益金额及未来价值等)均具有高度的不确定性。因此,对于大多数无法预见未来收益期长短的无形资产来说,均不需要按期对取得成本进行摊销,而是按照谨慎性原则在每年年末进行减值测试。当发现无形资产的可收回金额低于其账面价值时,要计提减值准备,同时在利润表中确认相应的资产减值损失。在资产负债表中所反映的无形资产的价值仅仅是其最低可收回金额,而非实际价值。

鉴于此,在对企业的无形资产进行质量分析时,应当考虑账内无形资产项目的不充分性、价值不确定性及账外无形资产存在的可能性等因素,从盈利性、保值性维度进行分析。

(二)无形资产的盈利性分析

随着知识经济时代的到来,无形资产如同一双看不见的手,给企业的生存与发展带来了巨大的影响。作为一项重要的盈利性资产,企业拥有和控制的无形资产越多,意味着其可持续发展的能力和竞争力越强。但现行会计准则的有关规定及无形资产的形成特点,决定了会计报表中所反映的无形资产的价值与其当初的取得成本直接相关,而一些无形资产的内在价值已远远超出了它的账面价值。也就是说,相对于无形资产的内在价值,其账面价值往往是象征性的。无形资产本身所具有的属性决定了其盈利性具有很大的不确定性,因而分析无形资产的盈利性不是一件容易的事情。在分析时,要详细阅读报表附注及其他有助于了解企业无形资产类别、性质等情况的资料。

不同项目的无形资产的属性相差很大,其盈利性也各不相同,不可一概而论。一般来说,专利权、商标权、著作权、土地使用权、特许经营权等无形资产有明确的法律保护的时间,其盈利性相对较容易判断。而像专有技术等不受法律保护的项目,其盈利性就不太好确定,同时也易产生资产泡沫。

此外,由于无形资产是一项不具有实物形态的特殊资源,自身无法直接为企业创造财富,必须依附于直接的或间接的物质载体才能表现出它的内在价值,因此,无形资产的这种独有的"胶合功能"与"催化激活功能"只有在无形资产与固定资产或存货等有形资产进行适当组合时才能正常发挥,为企业盈利作出贡献。企业可利用名牌效应、技术优势、管理优势等无形资产盘活有形资产,通过联合、参股、控股、兼并等形式实现企业扩张,达到资源的最佳配置。可以说,无形资产在与其他资产组合的过程中所释放的增值潜力的大小,直接决定了无形资产的盈利性,进而在很大程度上决定了无形资产的质量。

(三)无形资产的保值性分析

由于无形资产是一种技术含量很高或垄断性很强的特殊资源,并且往往具有排他性,因此,它的公允价值存在较大的不确定性和主观性。为此,银行在选择抵押贷款中的抵押物时,一般情况下只接受无形资产中的土地使用权这一项。

按照现行会计准则的规定,企业应定期对无形资产的价值进行检查,至少于每年年末检查一次。如发现以下情况,应对无形资产的可收回金额进行估计,并将该无形资产的账面价值超过可收回金额的部分确认为减值准备:①该无形资产已被其他新技术等替代,其为企业创造经济利益的能力受到很大不利影响;②该无形资产的市价在当期大幅下跌,在剩余摊销年限内预期不会恢复;③其他足以证明该无形资产的账面价值已超过可收回金额的情形。

由此可见,可以通过分析企业无形资产减值准备的计提情况来判断企业所拥有的各项无形资产的保值性。当然,在分析时还要注意无形资产减值准备计提的合理性。现行会计准则规定,无形资产减值准备一经计提,在以后期间不得任意转回,这会在一定程度上减少企业利用无形资产减值准备的计提来操纵利润的行为发生。

(四)商誉的质量分析

商誉(goodwill)是指能在未来期间为企业经营带来超额利润的潜在经济价值,或一家企业预期的获利能力超过可辨认资产正常获利能力(如行业平均投资回报率)的资本化价值。商誉是企业整体价值的组成部分,它无法与企业自身分离,不具有可辨认性,不属于《企业会计准则第6号无形资产》所规范的无形资产范畴。从取得途径来看,商誉通常有自创和外购两种。自创商誉的形成是一个缓慢的过程,在企业经营的过程中,很难确定哪些活动会引发商誉的形成,这样就使得人们很难按照历史成本原则为其计价,因此自创商誉一般不入账;而外购商誉一般是在企业合并时,购买企业根据投资成本超过被合并企业净资产公允价值的差额来确认入账。

商誉具有如下四个特征:①它是企业各种未入账的不可单独确认的无形资产的混合,商誉与企业整体不可分离,反映企业的一种综合优势;②商誉的价值和任何发生的与其有关的成本没有可靠的或预期的关系；③难以对各构成商誉的无形因素计价；④所能带来的未来收益具有极大的不确定性。商誉可以因企业拥有杰出的管理人才、良好的地理位置、科学的管理制度、融洽的公共关系和优秀的资信级别等多方面因素形成，但随着生产技术的发展，科学的管理制度可能会过时，优秀的管理人才可能随时离开企业另谋高就，良好的地理位置可能由于城市建设规划或经济布局的改变而不再具有优越性，这些变化势必带来商誉未来收益的不确定性。商誉的这些特性使得对商誉的质量分析主观性较大，难以作出相对客观公正的评价。

商誉是一种典型的虚拟资产，仅仅意味着在过去的并购行为中有溢价并购发生，拥有商誉项目本身并不会直接给企业带来未来收益，因此其保值性高低主要取决于被并购企业未来的盈利能力。企业频繁开展并购活动虽能令业绩在短期内上涨，但如果被收购企业的盈利能力达不到预期水平，反而会破坏原有的正常的资产结构，并降低资产报酬率、权益报酬率等一系列盈利指标。

此外，虽然拥有商誉可能会降低企业的资产负债率，使企业表面上看更健康，偿债能力更强，为上市公司再融资提供了必要的便利条件，但由于商誉是一项无法作为债务偿还保障的虚拟资产，因此这种虚化的偿债能力反而会误导债权人的判断，分析商誉的保值性也就变得没有意义。

对收购标的的前景展望太过美好，对业务整合效果过于乐观，再加上对赌协议和业绩承诺，谈判过程中极易高估收购标的的价值。近几年溢价并购、天价并购层出不穷。并购市场的活跃及资本市场的繁荣，也使得被收购公司估值过高，不少被并购资产的估值明显超过其账面价值，导致A股市场上市公司的商誉占净资产的比例加速上升。并购虽能为企业带来众多资源，但盲目并购不一定有利于企业的发展，一旦收购标的与公司业务无法很好契合，巨额商誉将面临减值风险。

商誉减值是指商誉的可收回金额低于其账面价值所形成的价值的减少。商誉减值意味着被收购企业带来的经济利益比收购时所预计的要低。需要说明的是，对于包括商誉在内的资产减值的会计确认和计量，并不是基于传统会计中对实际发生的交易的确认和计量，而是更多地立足于眼前，着眼于未来，只要造成商誉价值减少的迹象已经存在，只要商誉价值的减损能够可靠地计量，只要与决策具有相关性，就应当确认该项商誉价值的减少。企业会计准则规定，商誉至少应当在每年年度终了时进行减值测试，对已发生减值的商誉要计提减值准备。商誉的减值损失一旦确认，在以后各期均不得转回。因此，可以根据商誉计提减值准备的情况对其进行质量分析。但不可否认的是，商誉减值准备的计提或多或少都会带有主观的估计因素。

五、其他非流动资产

其他非流动资产(other non-current assets)是指企业正常使用的固定资产、流动资产等以外的,由于某种特殊原因企业不得随意支配的资产。这种资产一经确定,未经许可,企业无权支配和使用,但应加强管理,并单独存放和核算。其内容主要包括以下三种。

(1)特准储备物资。这是指具有专门用途,但是不参加企业生产经营,经国家批准储备的特种物资。其中,"专门用途"一般是指国家为应对自然灾害和意外事故等所限定的特殊用途。

(2)冻结存款和冻结物资。这是指人民法院对被执行人的银行存款和物资等财产实施强制执行的冻结措施时形成的资产。银行存款和物资财产被冻结后,被执行人在解除冻结前不得提取或支用、转移。但若在规定的冻结期限内,被执行人自动履行了义务,人民法院可通知解冻,解冻后,其存款和物资仍可正常使用。

(3)诉讼中的财产。诉讼是司法机关在案件当事人和其他诉讼参与人的参加配合下,为处理案件而依照法定程序进行的一系列活动。诉讼中的财产主要是指被司法机关等查封、扣押、冻结的财产。企业对这些诉讼中的财产,不得以任何方式私自隐藏、转移、变卖或毁损等。

其他非流动资产虽然不属于严格意义上的经济资源,但与企业未来的经济利益相联系,故应列为企业的资产,以便在未来的会计期间分摊,与将来的收益相配合。

企业的长期待摊费用、其他非流动资产通常情况下都属于质量不高的资产,在企业资产的总价值构成中不应占比过大,所占比重过大将严重影响企业的正常生产经营活动。

第三章　资本结构与投融资决策

第一节　流动负债的构成与质量分析

负债是指企业由过去的交易或者事项形成的，预期会导致经济利益流出企业的现时义务。负债具有如下基本特征。

（1）与资产一样，负债是由企业过去的交易或者事项引起的一种现时义务。一般情况下，如果企业仅仅签订一份合同，由此引起的法律义务并不构成企业的负债，只有在发生相应的交易或事项后所形成的现时义务才构成企业的负债。同理，或有负债由于具有"有可能发生也有可能不发生"这一特点，也不构成企业的负债。

（2）负债必须在未来某个时点（且通常有确切的受款人和偿付日期）通过转让资产或提供劳务来清偿，即预期会导致经济利益流出企业。因此，在分析时通常将相应资产的规模与相应负债的规模进行比较，来衡量企业的偿债能力。

（3）负债应是金额能够可靠地计量（即货币计量）的经济义务。在实务中，企业通常需要根据谨慎性原则，将很有可能发生并且金额能够可靠计量的经济义务确认为预计负债，列示于负债项目之中。

一般而言，负债按其偿还期的长短分为流动负债和非流动负债。流动负债（current liabilities）是指将在一年（含一年）或超过一年的一个营业周期内偿还的债务。各项流动负债按实际发生额记账。非流动负债（non-current liabilities）是指偿还期在一年或超过一年的一个营业周期以上的债务。与流动负债相比，非流动负债具有金额较大、偿还期限较长的特点。

流动负债包括短期借款、交易性金融负债、应付票据、应付账款、预收款项、合同负债、应付职工薪酬、应交税费、其他应付款、持有待售负债、一年内到期的非流动负债及其他流动负债等项目。

一、流动负债项目构成

（一）短期借款

短期借款（short-term loans）项目反映企业向银行或其他金融机构等借入的期限在一

年以下(含一年)的各种借款。这些借款都是为了满足日常生产经营的短期需要而举借的,其利息费用应作为企业的财务费用计入当期损益。

(二)交易性金融负债

交易性金融负债(tradable financial liabilities)即报表中的"以公允价值计量且其变动计入当期损益的金融负债"项目,是企业出于交易目的所持有的金融负债,以公允价值计量且其变动计入当期损益。

(三)应付票据

应付票据(notes payable)项目反映企业购买原材料、商品和接受劳务供应等开出并承兑的、尚未到期付款的商业汇票,包括银行承兑汇票和商业承兑汇票。商业承兑汇票规定有一定的承兑期限(最长不超过6个月),在承兑期限内由交易双方商定具体的承付日期。如果是分期付款,则应一次签发若干张不同期限的汇票。

(四)应付账款

应付账款(accounts payable)项目反映企业购买原材料、商品和接受劳务供应等应付给供应单位的款项。它是由于购进商品或接受劳务等业务发生时间与付款时间不一致造成的。一般来说,当购进商品的所有权转移到企业(买方企业)时,或企业实际使用外界提供的劳务时,就需要确认应付账款并予以入账。

(五)预收款项

预收款项(advances from customers/unearned revenue)项目反映企业按合同规定预收的款项。例如,收到销货订单时同时收取的保证金、预收报纸杂志的订阅费、预收商品包装物的押金、长期建筑合同开出发票超过成本部分的金额等。它需在收款后一年或超过一年的一个营业周期内用约定的商品、劳务或出租资产来抵偿。如果企业收取款项后,没有按照约定的条件提供商品或劳务,就必须退还预收款项并赔偿由此给客户造成的损失。预收款项一般被列为流动负债,如果有特别的合约规定,企业预收款项可在一年或超过一年的一个营业周期用提供商品、劳务来清偿,则应被列为非流动负债。

(六)合同负债

长期借款执行新修订的《企业会计准则第14号——收入》的企业,在流动负债中增加合同负债项目。合同负债(contract liabilities)是指企业已收或应收客户对价而应向客户转让商品的义务。如果企业尚未将商品转让给客户,但客户已支付了对价或者企业已经拥有一项无条件地收取对价金额的权利,则企业应当在客户付款时或付款到期时将向客户转让商品的合同义务列报为一项合同负债。

由于"合同负债"科目反映的是履约义务与客户付款之间的关系,这里不得不谈到"履约义务"。这是新修订的《企业会计准则第14号——收入》中的热门短语,"热"就"热"在它构成了收入确认的核心条件:"企业应当在履行了合同中的履约义务,即在客户取得相关商品(或服务)控制权时确认收入。"因此,合同负债可以通俗理解为:企业在履约义务履行之前(也就是达到收入确认条件前),先行收取了(包括已收取和应收取)客户支付的对价,在会计上以合同负债项目对其进行核算和反映。

应注意的是,对合同负债的理解,一定要从收入确认(履约义务)的维度出发,这个项目本身因揭示新收入确认模型中的履约义务与客户付款的关系而生,它与预收账款项目有本质的区别。合同负债以履约义务相关性为前提,当预收款尚未被企业收取时,如果能够认定企业对这笔款项有无条件收取的权利,企业就应该对此确认合同负债。因此,合同负债不但能够核算实际收到的预收款,还能够(且应该)核算未实际到账但已拥有收取权利的预收款。

(七)应付职工薪酬

应付职工薪酬(employee benefits payable)项目反映企业根据有关规定应付给职工的工资、奖金、津贴和补贴、职工福利(包括离职后福利、辞退福利和其他长期职工福利)、社会保险费、住房公积金、工会经费、职工教育经费、短期带薪缺勤、利润分享计划及其他短期薪酬等各种薪酬,它涵盖除以股份为基础的薪酬以外的各类职工薪酬。

(八)应交税费

应交税费(taxes and dues payable)项目反映企业按照税法规定计算的应缴纳的各种税费,包括增值税、消费税、所得税、资源税、土地增值税、城市维护建设税、房产税、土地使用税、车船税、教育费附加、矿产资源补偿费,以及企业代扣代缴的个人所得税等。企业所交税金不需要预计应交数的,如印花税、耕地占用税等,不在本项目列示。

(九)其他应付款

其他应付款(other accounts payable)项目反映企业所有应付及暂收其他单位和个人的款项,如应付租入固定资产的租金、包装物的租金、应付保险费、存入保证金、应付统筹退休金、应付或暂收其他单位或个人的款项、应付利息及应付股利等。

其中,应付利息项目仅反映相关金融工具已到期应支付但于资产负债表日尚未支付的利息。基于实际利率法计提的金融工具的利息应包含在相应金融工具的账面余额中。

应付股利项目反映经董事会或股东大会,或类似机构决议确定分配的尚未支付的现金股利或利润。

(十)持有待售负债

持有待售负债(liabilities held for sale)项目反映资产负债表日处置组中与划分为持有待售类别的资产直接相关的负债的期末账面价值。

(十一)一年内到期的非流动负债

一年内到期的非流动负债(non-current liabilities due within one year)项目反映企业各种非流动负债在一年之内到期的金额,包括一年内到期的长期借款、长期应付款和应付债券。

(十二)其他流动负债

其他流动负债(other current liabilities)项目反映企业除上述流动负债以外的其他流动负债。

二、流动负债质量分析

流动资产通常是一年内可变现的资产项目,流动负债则通常为一年内应清偿的债务。因此,在任一时点上,两者的数量对比关系对企业的短期经营活动均产生十分重要的影响。此外,流动负债各构成部分的流动性、可控制程度等对企业短期经营亦有很大的影响。企业流动负债的质量分析应重点关注以下四个方面。

(一)流动负债的强制性

流动负债的强制性可以简单理解为流动负债的流动性,即需要偿还的压力和时间长短。流动负债各个构成项目的偿付期限并不一致,有的项目强制性较大,在一年内甚至更短的时期内就要偿付(如短期借款一般都需要在一年内偿付);有的项目强制性较小,可以在很长的时间甚至超过一年的一个营业周期以上的时间内清偿,如一些与关联企业往来结算而形成的其他应付款项。在判断一个企业的流动性风险时,应该把这些因素考虑在内。强制性较小的流动负债会在无形中降低企业的流动性风险。如果不对流动负债内部成分按照强制性进行区分与分析,往往会高估企业的流动性风险。

在对流动负债的强制性进行分析的过程中,应该特别注意应付票据与应付账款及合同负债的规模变化与企业存货规模变化之间的关系。在企业存货规模增长不大,但企业应付票据与应付账款的规模增长较大,尤其是在账龄较长的情况下,这种应付票据与应付账款的规模增长可能在很大程度上代表了企业供应商的债权风险,当然这对于本企业来说倒是件好事。但如果该项目出现异动,则应该通过分析报表附注来判断异动的理由是否充分,是否为达到某种目的而另有隐情。

一般来说,真正给企业带来现实偿债压力的是那些强制性的债务,如当期必须支付的应付票据、应付账款、短期借款、应付股利及契约性负债等。对于预收款项、部分应付账款及其他应付款等,由于某些因素的影响,不必当期偿付,或者不必用现金偿付,它们实际上并不构成企业短期付款的压力,属于非强制性债务。

此外,有些流动负债项目(如应付职工薪酬和应交税费)的期末余额在企业经营规模和经营业绩不出现太大波动的情况下会保持相对稳定,形成一定的债务沉淀,就好像这笔负债不需要归还一样,因此并未对企业形成实质性的偿债压力,我们也可以将其视为非强制性流动负债。

(二)企业短期贷款规模可能包含的融资质量信息

一般来说,企业从金融机构获得的短期贷款主要与企业的经营活动相关,通常用于补充企业流动资金的不足,在资产负债表中被列入短期借款项目。然而在实践中,企业资产负债表期末短期借款的规模可能表现为远远超过实际需求数量(即一方面存有大量的货币资金,另一方面又大规模借款),这可以通过比较短期贷款与货币资金之间的数量关系来考察。

出现上述现象的原因可能包括但不限于以下三点:第一,企业的货币资金中包含一部分由银行承兑汇票引起的保证金(通常按照应付票据的一定百分比确定);第二,企业由于组织结构的原因存在众多异地分公司(或子公司),尤其是在"分权管控"模式下,分公司(或子公司)的货币资金由各个分公司(或子公司)自行支配,汇集到一起在母公司报表(或合并报表)上显示的规模并不能代表母公司(或集团)实际可自由支配的货币资金规模;第三,融资环境和融资行为等因素(如银行为规避信贷风险,轻易不愿意发放长期贷款),也会导致企业融入过多的短期借款。

在融资环境和不当融资行为等各方面原因导致企业融入过多短期借款的情况下,由于相对于其他短期资金来源来说短期借款的资本成本更高,偿付压力更大,因此会引起企业过高的财务费用,增加企业盈利的压力。而"短贷长投"更是企业应尽量避免的,因为稍有不慎企业就有可能因资金链断裂而破产。

(三)经营性负债的规模、结构及其变化所包含的经营质量信息

经营性负债又称商业债务,是指企业通过经营活动所产生的各项债务,如在采购和销

售等经营活动中形成的对上游供应商和下游经销商的应付票据、应付账款、合同负债和预收款项等。经营性负债的规模在一定程度上反映了企业对上下游的议价能力，即企业利用商业信用推动其经营活动的能力。要特别关注应付票据与应付账款的规模变化及其与企业存货规模变化之间的关系。这是因为应付票据与应付账款构成了存货的财务来源。由于应付票据和应付账款的财务成本并不相同（在中国商业汇票普遍采用银行承兑方式的条件下，应付票据是有成本的），因此，企业应付票据和应付账款的相对规模变化，有助于透视整个行业所面临的生存环境变化，甚至有可能反映企业的经营管理质量和相对竞争优势。

在企业普遍采用赊购方式的情况下，如果应付账款相对于应付票据（中国企业普遍采用银行承兑汇票）来说规模不断增大，从债务企业的角度来看，这种增长在很大程度上代表债务企业在与供应商就结算方式谈判时能力越来越强，企业成功地利用商业信用来支持自己的经营活动，同时又避免了采用商业汇票结算可能引起的财务费用。从债权企业的角度来看，之所以接受这种结算方式而不采用商业汇票结算方式，是因为对债务企业的偿债能力有信心，对到期收回商业债权有信心。

在企业普遍采用赊购方式的情况下，如果应付票据相对于应付账款来说规模不断增大，从债务企业的角度来看，这种增长可能意味着债务企业（因支付能力下降等原因）与供应商就结算方式谈判时优势逐渐丧失，不得不采用商业汇票结算方式，不可避免地会引起财务费用的增加、货币资金的周转压力增大。从债权企业的角度来看，之所以只接受商业汇票结算方式，除了商业汇票具有更大的流动性外，还可能是因为对债务企业的偿债能力缺乏信心。

无论如何，应付票据的相对规模扩大，至少可以使企业因推迟付款而减少当期的现金流出。例如，唐山冀东水泥股份有限公司2016年年报显示，在存货和营业成本的总体水平基本保持稳定的情况下，应付账款规模基本没有什么变化，而应付票据余额较2015年增加了4亿元，"购买商品、接受劳务支付的现金"减少了7亿元，其中的4亿元很可能就是采用这种结算方式而引起的现金支付减少。

预收款项与合同负债规模的变化情况一般被业界认为是企业来年经营业绩的晴雨表，具有一定的预测价值，同时也会在一定程度上反映行业的景气程度变化、市场的整体需求变化、企业的相对竞争优势变化以及企业相对于下游客户的议价能力变化。

另外有一点需要强调的是，由于预收款项与合同负债作为流动负债并不需要全额的现金偿付，而只需要发运相应金额的货物或者提供相应规模的劳务，两者之间相差一个"毛利"，因此，企业在拥有大规模的预收款项与合同负债时真实的偿债能力往往要远远强于流动比率、速动比率等财务指标所显示出来的偿债能力。

（四）企业税金交纳情况与税务环境

很多时候,可以根据企业应交税金中的所得税交纳情况透视企业所处的税务环境。由于在资产负债表中各项目之间存在密切的对应关系,因此基于应交所得税、递延所得税资产(或负债)与利润表中的所得税费用之间的数量变化,可以在一定程度上透视企业的税务环境。例如,企业的盈利状况保持相对稳定,而应交所得税、递延所得税负债表现出不断增加的态势,则表明在纳税方面有税务局允许企业推迟交纳税款的可能,这对企业来说算是相对有利的税务环境。

第二节　非流动负债的构成与质量分析

一、非流动负债的构成

非流动负债包括长期借款、应付债券、租赁负债、长期应付款、预计负债、递延收益、递延所得税负债和其他非流动负债等。

（一）长期借款

长期借款(long-term loans)项目反映企业向银行或其他金融机构借入的尚未归还的期限在一年以上(不含一年)的各期借款。长期借款一般用于企业的固定资产购建、固定资产改扩建工程、固定资产大修理工程及流动资产的正常需要等方面,如目前的大修理借款、更新改造借款、小型技术借款、出口工业品生产专项借款、进口设备人民币借款等。长期借款按其偿还方式不同,可分为定期偿还的长期借款和分期偿还的长期借款,前者是指在规定的借款到期日一次还清本金的借款;后者是指在借款期限内,分期偿还本息,至到期日全部还清的借款。资产负债表中长期借款项目反映的是企业尚未归还的长期借款的本金和利息。

（二）应付债券

应付债券(debentures payable)项目反映企业为筹集长期资金而发行的债券的本金和利息。同发行股票相比,当投资报酬率大于企业债券利率时,发行企业债券可以为股东带来较大的经济利益。此外,企业债券的利息支出属于正常经营过程中发生的财务费用,可以发挥抵税效应。需要注意的是,如果企业债券利率高于企业投资报酬率,则利息费用将成为企业的沉重负担。

无论企业债券是按溢价发行还是按折价发行,应付债券均以实际收到的款项入账(但要分为面值和利息调整两个项目核算）。在资产负债表中，应付债券项目反映的是企业应付债券期末的摊余价值（不一定等于面值）和应付债券应计未付利息的合计数。

值得注意的是，在中国，"优先股"被列在"应付债券"项下，主要是基于以下考虑：优先股股东并不是企业真正意义上的股东，像债权人一样不具有投票权、选举权和决策权；优先股股息固定，具有与债券利息相似的特性；等等。

（三）租赁负债

执行新修订的《企业会计准则第21号——租赁》的企业，在非流动负债中要增加租赁负债（lease liabilities）项目，反映资产负债表日承租人企业尚未支付的租赁付款额的期末账面价值。自资产负债表日起一年内到期应予以清偿的租赁负债的期末账面价值，在"一年内到期的非流动负债"项目反映。

（四）长期应付款

长期应付款（long-term payable）项目反映企业除长期借款、应付债券以外的各种长期应付款，包括应付融资租入固定资产的租赁费、以分期付款方式购入固定资产发生的应付款项等。

企业采用融资租赁方式租入固定资产，应在租赁开始日，将租赁资产公允价值与最低租赁付款额现值两者中较低者加上初始直接费用，作为租入资产的入账价值，同时确认长期应付款。按照实质重于形式原则，融资租赁在会计上被视为分期付款购置固定资产来处理。

企业购买资产有可能延期支付有关价款。如果延期支付的购买价款超过正常信用条件，实质上是具有融资性质，所购资产的成本应当以延期支付购买价款的现值为基础确定，并相应确认长期应付款。

（五）预计负债

预计负债（provisions）项目反映企业确认的对外提供担保、未决诉讼、产品质量保证、重组义务、亏损性合同等很可能产生的负债。如果与或有事项有关的义务同时符合以下条件，企业应将其确认为负债，并在资产负债表中以预计负债单独反映：第一，该义务是企业承担的现时义务；第二，该义务的履行很可能导致经济利益流出企业；第三，该义务的金额能够可靠地计量。其中，"很可能"指发生的可能性大于50%但小于或等于95%。

（六）递延收益

递延收益（deferred income）是指未确认的收入或者收益。递延收益分为两种，一种是与资产相关的政府补助,另一种是与收益相关的政府补助。

与资产相关的政府补助是指企业取得的,用于构建或者以其他方式形成长期资产的政府补助相关资产的账面价值。

递延收益中摊销期限只剩一年或不足一年的,或预计在一年内(含一年)进行摊销的部分,不得归类为流动负债,仍在本项目中填列,不转入“一年内到期的非流动负债”项目。

(七)递延所得税负债

递延所得税负债(defered tax liabilities)是因会计准则与所得税法律规定的口径差异所引起的负债。

(八)其他非流动负债

其他非流动负债(other non-current liabilities)项目是指企业除长期借款、应付债券、长期应付款等负债以外的其他非流动负债。

二、非流动负债质量分析

按照财务理论,企业的非流动负债应该是形成企业的非流动资产和流动资产中长期稳定部分的资金来源,它的质量也会对企业的财务状况质量产生重要影响。企业非流动负债的质量分析应重点关注以下五个方面。

(一)长期借款(以及其他非流动负债项目)的利率水平高低

由于企业长期借款通常具有金额大、期限长的特点,因此,由它带来的利息规模一般相对较大,对企业的盈利水平会造成较大的影响。一般而言,影响企业长期借款利率水平的因素主要有以下五点:①企业的信用等级。信用等级较高,申请银行贷款的难度就会相对较低,给予的利率水平也会相对较低。②担保方式。企业在信用等级较差时可以采用资产抵押、票据质押或者第三方担保等方式以提高贷款申请的成功率,相应的,抵押担保方式会在一定程度上决定贷款利率水平。③贷款用途。贷款用途越合理,使用目的越符合银行贷款的投向要求,可能取得的贷款利率水平会越低。④企业内部管理规范程度和经营团队具备的管理能力。这些因素会影响贷款资金的安全程度,因而也会影响贷款的利率水平。⑤投资项目可能带来的风险和效益。投资项目可能带来的效益越高、风险越小,贷款的资金安全性就越高,银行提供的贷款利率水平就有可能越低。总之,获取的利率水平越低,长期借款的质量就越好。但从近几年的上市公司年报中可以看出,能获得长期借款的公司越来越少,主要原因是金融机构出于风险控制的考虑,一般不会轻易提供较长期限的贷款。

(二)长期借款中贷款担保的方式

企业在信用等级较低时可以采用贷款担保的方式以提高贷款申请的成功率。所采用的贷款担保方式不同,限制和约定的内容就有所不同,对企业正常经营活动可能造成的影响也会有所差异。

根据我国《担保法》的规定,担保方式有保证、抵押、质押、定金和留置五种,而贷款担保方式分保证、抵押、质押三种。保证担保是指保证人与贷款人约定,当借款人违约或者无力偿还贷款时,保证人按约定代为履行债务或承担相应的责任;抵押担保是指不转移对财产的占有,将其作为债权的担保,当债务人不履行债务时,债权人有权依照《担保法》的规定以该财产折价或者以拍卖、变卖该财产的价款优先受偿;质押担保则是指债务人或者第三人将其动产出质给债权人占有,当债务人到期不能清偿债务时,债权人有权就该动产优先受偿。保证担保是第三人介入的担保形式,而抵押担保和质押担保均是以一定的财产或物权作为担保物的担保形式。

一般情况下,贷款担保的限定条件越宽松,对企业正常经营活动可能造成的影响就越小,长期借款的质量就越好。

(三)长期应付款的复杂性与财务效应

长期应付款项目通常包括除长期借款和应付债券以外的其他多种长期应付款。由于其反映的内容比较庞杂,因此,在实务中有些企业会利用该项目达到各种目的。考察该项目的真实性就成为判断企业非流动负债质量的一个重要方面。

有些企业不根据合同或协议,或者根据不相关的合同或协议,虚列长期应付款项目的金额,之后再找机会套现资金、据为己有或挪作他用。也有些企业就融资租入的固定资产形成长期应付款,但对形成的固定资产不计提折旧,或任意计提折旧,从而使得与融资租赁相关的费用不入账或进行任意人为安排,以达到主观调节利润的目的。还有些企业为了调节利润、少计费用,将经营租赁作为融资租赁入账,从而形成不真实的长期应付款项目,推迟或者人为安排发生租赁费的时间,以达到调节企业当期利润的目的。此外,企业融资租入固定资产的安装调试费应先记入"在建工程"账户,待交付使用时再转入"固定资产"账户。但有些企业在融资租入需安装的固定资产时,将支付的安装调试费直接计入待摊费用,然后再摊入费用账户,造成融资租入固定资产原值核算不准确,并且虚增费用,虚减利润,少交所得税。

(四)预计负债的合理性

《企业会计准则第13号——或有事项》将预计负债的计量分为初始计量和后续计量。

初始计量按履行相关现时义务所需支出的最佳估计数进行,并应考虑货币时间价值;后续计量指企业应在资产负债表日对预计负债的账面价值进行检查,如有客观证据表明该账面价值不能真实反映当前最佳估计数,应做相应调整。这样不可避免会出现有的企业利用该项目来进行利润操纵的现象。是否存在预计负债操纵利润的嫌疑,要根据财务报告中的其他资料及企业历史资料进行判断。

(五)或有负债的质量分析

在现实经济生活中,企业可能存在一种另类"负债"。这类"负债"的金额大小、债权人及付款日期的确定都取决于未来不确定事项的发生情况。这类负债就是我们所说的或有负债。或有负债(contingent liabilities)是指过去的交易或事项形成的潜在义务,其存在须通过未来不确定事项的发生或不发生予以证实;或者指过去的交易或事项形成的现时义务,履行该义务不是很可能导致经济利益流出企业或该义务的金额不能可靠地计量。在中国,或有负债无论作为潜在义务还是现时义务,均不符合负债的确认条件,因而不予确认。所以或有负债并不是真正意义上的负债,也就是说,在资产负债表上并不存在这样一个项目。但是,如果或有负债符合某些条件,则应在企业的报表附注中予以披露。由于或有负债在未来的某个时点有可能会引起企业的经济利益流出,企业对或有负债的估计可能不准确或不完整,因此,在利用会计资料进行决策时,应该充分预见并分析这些或有负债对企业造成的潜在影响。

对或有负债的质量分析,主要是针对引起或有负债的原因进行分析。从前面对或有负债和预计负债的讨论可以看出,或有负债有的是由于外部经济环境变化引起的,有的是企业从事正常的经营活动所必须发生的(如质量保证等引起的或有负债),有的则是由于企业自身管理不善而引起的。对引起或有负债的原因进行分析,有助于区分或有负债产生过程中的主观原因和客观原因,这一点对于企业管理者来说尤为重要。在实务中,容易引起或有负债的原因主要包括以下四个方面。

对于已贴现商业承兑汇票形成的或有负债,如果贴现银行在汇票到期时不能从汇票的承兑方获得汇票上的资金,银行将从贴现企业的银行账户中将汇票上记载的资金额划走或者转为企业的短期借款。在这种情形下,企业贴现商业承兑汇票后,并没有与汇票彻底摆脱关系,有可能被银行划走资金。因此,附追索权的贴现方式会让企业形成或有负债,会计信息使用者需要进一步结合附注资料,分析这种或有负债转化为现时义务的可能性及其对企业未来现金流量造成的影响。

诉讼是指当事人不能通过协商解决争议,因而在人民法院起诉、应诉,请求人民法院通过审判程序解决纠纷的活动,如因产品质量、担保、专利权被侵犯等原因引起的诉讼。

如果诉讼在起诉当年由法院作出终审裁决,原告和被告应根据裁决结果进行相应的会计处理;而如果至起诉当年年底法院尚未裁决,则该事项属于未决诉讼。对于未决诉讼和仲裁事项需要考虑的是:若企业败诉,因负有支付原告提出的赔偿金额的责任而对给企业带来的现金流入量的大小、企业现金流量和生产经营造成影响;若企业胜诉,根据款项收回的可能性来预测由此给企业带来的现金流入量的大小。

对于为其他单位提供债务担保形成的或有负债,如果企业的担保金额较大,则意味着企业未来发生巨额现金流出的风险将会加大,因此,需要考虑此项担保对企业现金流量、经营业绩等方面造成的影响,甚至可以由此预测企业未来面临财务危机的可能性。

在特定的经济条件下,或有负债的不确定性可能会朝着不利于企业的方向发展。在经济繁盛时,随着资金需要量的增加,借贷行为很有可能随之增加,而借贷行为的增加又必将导致担保行为的增加,体现为担保方的或有负债增加。而经济一旦走向低迷,借贷者也就是被担保方的资金压力不断增大,不能按期还款甚至彻底丧失还款能力的可能性就会加大,担保方的或有负债转化为预计负债或负债的可能性也必将增加。因此,不管是企业内部还是外部的会计信息使用者,都应该在理解和使用会计信息时注意到这种可能性,以规避风险。

第三节　所有者权益的构成与质量分析

所有者权益又称净资产(公司的所有者权益又称股东权益),是指企业资产扣除负债后由所有者享有的剩余权益。与债权人权益比较,所有者权益一般具有如下四个基本特征。

(1)所有者权益在企业经营期内可供企业长期、持续地使用,企业不必向投资人(或称所有者)返还所投入的资本。而负债须按期返还给债权人,成为企业固定的负担。

(2)企业的所有者凭借其对企业投入的资本,享受税后分配利润的权利。所有者权益是企业分配税后净利润的主要依据,而债权人除按规定取得利息外,无权分配企业的盈利。

(3)企业的所有者有权行使企业的经营决策和管理权,或者授权管理人员行使经营管理权。但债权人并不享有相应权利。

(4)企业的所有者对企业的债务和亏损负有无限责任或有限责任(依企业性质而定),而债权人与企业的其他债务不发生关系,一般也不承担企业的亏损。

所有者权益的来源有:企业所有者对企业投入的资本、直接计入所有者权益的利得和损失及留存收益等。具体项目包括：实收资本（或股本）、资本公积、盈余公积和未分配利润等。

一、所有者权益项目构成

所有者权益（owner's equity）是指企业资产扣除负债后由所有者享有的剩余权益，一般包括企业所有者的投入资本（实收资本和资本公积的合计数）和留存收益（盈余公积和未分配利润的合计数）两大类。

企业的所有者权益主要由下列五项内容构成。

（一）实收资本

实收资本（paid-in capital）是指投资者按照企业章程或合同、协议的约定，投入企业的形成法定资本的价值。实收资本一般情况下无须返还给投资者，它是企业持续经营最稳定的物质基础。实收资本包括国家、其他单位及个人对企业的各种投资。

与其他企业比较，股份有限公司最显著的特点就是将企业的全部资本划分为等额股份，通过发行股票的方式来筹集资本。股东以其所认购股份对公司承担有限责任。股票的面值与股份总数的乘积为股本（share capital），股本应等于公司的注册资本，所以，股本对于股份有限公司来说是一项很重要的指标。公司的股本应在核定的股本总额范围内通过发行股票取得。值得注意的是，公司发行股票取得的收入与股本总额往往不一致，公司发行股票取得的收入大于股本总额的，称为溢价发行；小于股本总额的，称为折价发行；等于股本总额的，称为面值发行。中国不允许公司折价发行股票。在采用溢价发行方式的情况下，公司应将相当于股票面值的部分计入"股本"项目，其余部分在扣除发行手续费、佣金等发行费用后计入"资本公积"项目。

（二）资本公积

资本公积（additional paid-in capital）是指企业收到的投资者超出其在企业注册资本（或股本）中所占份额的投资，以及直接计入所有者权益的利得和损失等。资本公积包括资本溢价（股本溢价）和其他资本公积。资本溢价是指企业收到的投资者超出其在企业注册资本（或股本）中所占份额的投资，形成资本溢价（或股本溢价）的原因有溢价发行股票、投资者超额缴入资本等。其他资本公积是指除资本溢价（或股本溢价）项目以外所形成的资本公积，形成原因主要有以权益结算的股份支付、采用权益法核算的长期股权投资等。

《中华人民共和国公司法》等法律规定，资本公积的用途主要是转增资本，即增加实收资本(或股本),但所留的该项公积金不得少于转增前公司注册资本的25%。虽然资本公积转增资本并不能导致所有者权益总额的增加,但可以改变企业投入资本结构,体现企业稳健、持续发展的潜力;另外,对股份有限公司而言,它会增加投资者持有的股份,增加公司股票的流通量,进而激活股价,提高股票的交易量和资本的流动性。对于债权人来说,实收资本是所有者权益最本质的体现,是投资风险的重要影响因素。所以,资本公积转增资本不仅可以更好地反映投资者的权益,而且会影响债权人的信贷决策。我国有不少上市公司将资本公积转增资本、增发股票。

(三)其他综合收益

其他综合收益(other comprehensive income)是指企业根据企业会计准则的规定未在当期损益中确认的各项利得和损失。其他综合收益在资产负债表中作为所有者权益的构成部分,采用总额列报的方式进行列报,列示的总额是扣除所得税影响后的金额。附注应详细披露其他综合收益的各项目的信息,包括其他综合收益各项目及其所得税的影响、原计入其他综合收益当期转入损益的金额、各项目的期初和期末余额及其调节情况。其他综合收益包括以后会计期间不能重分类进损益和以后会计期间在满足规定条件时重分类进损益两类。

(1)以后会计期间不能重分类进损益的其他综合收益项目主要包括两个方面:①重新计量设定受益计划净负债或净资产导致的变动;②按照权益法核算的,在被投资单位以后会计期间不能重分类进损益的其他综合收益中所享有的份额。

(2)以后会计期间在满足规定条件时重分类进损益的其他综合收益项目主要包括五个方面:①可供出售金融资产公允价值变动形成的利得或损失,持有至到期投资重分类为可供出售金融资产形成的利得或损失;②按照权益法核算的,在被投资单位可重分类计入当期损益的其他综合收益变动时所享有的份额;③现金流量套期工具产生的利得或损失中属于有效套期的部分;④外币财务报表折算差额;⑤其他项目。

(四)盈余公积

盈余公积(revenue reserve/appropriated retained earnings)是指从净利润中提取的、具有特定用途的资金。盈余公积可分为两种:(1)法定公积金,按税后利润的10%提取(非公司制企业可按超出10%的比例提取),在此项公积金已达注册资本的50%时,企业可不再提取;(2)任意公积金,按股东大会等类似权力机构的决议提取。

企业盈余公积的主要用途如下。

(1)弥补亏损。对于企业发生的经营性亏损,企业应主要用自己的经营积累自行弥补。弥补亏损的渠道大体有三条：①用以后年度税前利润弥补，按照规定，企业发生亏损，可以用以后年度实现的税前利润弥补，但弥补期限不得超过5年；②用以后年度税后利润弥补，超过了税收规定的税前利润弥补期限，未弥补的以前年度亏损可用所得税后利润弥补；③用盈余公积弥补，但要事先由公司董事会提议并经股东大会批准。

（2）转增资本（或股本）。经股东大会决议，企业可以将盈余公积转增资本。在转增资本时应注意：①要先办理增资手续；②要按股东原有股份比例结转，股份有限公司可采用发行新股等方式增加股本；③盈余公积转增资本时，在转增后留存的此项公积金应不少于注册资本的25%。

（3）扩大企业生产经营。盈余公积的用途并不是指其实际占用形态，提取盈余公积也并不是单独将这部分资金从企业资金周转过程中抽出。企业盈余公积的结存数，实际上只表现为企业所有者权益的组成部分，表明企业生产经营资金的一个来源。其形成的资金可能表现为一定的货币资金，也可能表现为一定的实物资产，如存货和固定资产等，随同企业的其他来源所形成的资金进行循环周转，用于企业的生产经营。

（五）未分配利润

未分配利润（un-appropriated retained earnings）是企业净利润分配后的剩余部分，即净利润中尚未指定用途、归所有者享有的部分。它是企业留待以后年度分配的结存利润，企业对这部分利润的使用分配具有较大的自主权，如分红。

未分配利润是所有者权益的重要组成部分，是联结资产负债表和利润表的纽带。从数量上讲，未分配利润是期初未分配利润，加上本期实现的净利润，减去提取的各种盈余公积和分配利润后的余额。资产负债表中，该项目如为负数，则表示未弥补的亏损。

二、所有者权益质量分析

对企业所有者权益的质量进行分析，应该关注以下三个方面。

（一）实收资本（股本）所包含的质量信息

实收资本是企业接受的投资者投入企业的资本，表明投资者对企业的基本产权关系。在实收资本项目中要通过明细科目详细记载各位投资者（股东）的实际投资情况，实收资本的构成比例是企业据以向投资者（股东）进行利润（股利）分配的主要依据。对于公司制企业来说，股东一般按照其出资比例（即股东的投资占公司注册资本的比例）来行使表决权。

按照股东对公司的影响程度，一般可以将股东分为控股股东、重大影响股东和非重大影响股东(即小股东)三种类型。分析实收资本项目时,要关注股权结构、股权性质及股东构成情况。由于控股股东和重大影响股东在很大程度上决定企业未来的发展战略和方向,因此,应着重分析他们的背景、资源优势、自身的经营状况、投资目的等,以判断这些股东的立场是否与全体股东的立场一致:是站在全体股东的立场来真正支持企业谋求长期发展,还是站在自身立场来掏空企业以谋求自身发展。这些判断分析的结论对于预测企业的未来发展方向和趋势极有价值。

(二)资本公积所包含的质量信息

(1)资本溢价(或股本溢价)。股东之所以向企业注入非分红性的资金(如资本溢价或股本溢价),主要有两方面的原因:第一,股东预期企业的股价将会由于其内在的高质量等原因而持续走高,将来可以通过高价出售获利;第二,股东预期可以通过长期持有分得高比例的现金股利,从而获得较高的投资报酬。无论是哪种原因,都表明股东对企业未来发展有较好的预期和较大的信心。

(2)其他资本公积。以权益结算的股份支付一般用于奖励机制,以换取职工的劳务等。在确认费用时并没有给出诸如现金等实质性的东西,这部分劳务报酬要到以后才确实支付。在行权时以股份来进行结算,所以企业在支付这部分支出时用的是股票而不是现金,职工可以用低于股票市价的价格购买股票,公司股本相应增加,股票面值和股票市价的差异就是资本公积,相当于公司以低于股票市价的价格把股票卖给了职工。

(三)其他综合收益所包含的质量信息

(1)并不产生真实的财务后果。一般情况下,企业的正常经营过程所涉及的真实交易事项,如收入的赚取和费用的发生,均会引起货币资金的收付、债权债务的形成及财产物资的流动等财务后果。而由资产的公允价值变动等原因引起的其他综合收益是尚未实现的损益,并不是以真实的交易事项为基础。因此,其他综合收益似乎有些难以"捕捉",并不是像真实交易事项那样产生实实在在的财务后果,但可以揭示这些项目可能在未来对企业业绩造成的影响。

(2)并不代表所有者真正享有的权益。从会计要素之间的对应关系来看,与收入对应的是资产的增加或负债的减少,与费用对应的则是资产的减少或负债的增加,两者配比的结果才是应产生的所有者权益数额,代表所有者真正享有的权益变化。但由其他综合收益所形成的所有者权益仅仅是相关资产和负债所对应的调整项目,如果这些价值发生变动的资产尚未进行处置、尚未实施期权或套期保值过程尚未结束,所形成的所有者权益就会继续存在于资产负债表中;一旦这些资产进行处置、实施期权或完成套期保值,直接计入所有者权益的利得和损失就会结转进入利润表,计入当期损益,相应的所有者权益数额也会随之核销。因此,其他综合收益所形成的所有者权益只是相关资产和负债所对应的调整项目,并不代表所有者真正享有的权益。

(3)投入资本与留存收益的比例关系所包含的质量信息。投入资本总额大致反映了企业所有者对企业进行的累计投资规模,留存收益则大致反映了企业从最初成立以来的自身积累规模。因此,在企业没有大规模进行转增资本的情况下,通过计算投入资本与留存收益之间的比例关系,就可以揭示企业主要的自有资金来源,由此评价企业的资本充足性、自身积累和自我发展能力。

第四节　融资视角下的资本结构质量分析与资本分类方式

研究资本结构(capital structure)问题,对于公司制企业来说意义尤为重大。本书对资本结构的理解,突破了传统的资本结构概念(主要指长期负债与股东权益之间的比例关系)的束缚,将资本结构概念拓展至更广泛的融资结构及更深入的股权结构和控制权结构等多个层面。融资结构的合理性在很大程度上影响公司运营的效益和风险,而公司股权结构所确定的公司控制权结构制约了公司治理模式,决定了公司的发展方向,公司股权结构及控制权结构的特征对公司的运行与发展具有根本性影响。

因此、在更广泛、更深入的层面对公司的资本结构进行分析与考察,不仅能够反映它在公司经营层面的质量,更可以透视它在公司战略制定层面的质量——公司资本引入战略的选择与实施状况,而这一层面的质量能更好地揭示公司未来发展的方向、路径和特色。

一、资本结构质量分析

基于我们对资本结构所作的上述界定,资本结构质量分析不应局限于传统的对公司财务风险和偿债能力的考察,单纯强调资本结构对企业价值的影响,而应进一步深入地评价企业资本结构与企业当前及未来发展的适应性。具体来说,企业资本结构质量分析主要应关注以下五个方面。

(一)资本成本与投资效益的匹配性

一般来说,资本成本是指企业取得和使用资本所付出的代价,主要包括筹资过程中的筹资费用和使用过程中的使用费用。从成本效益的角度来分析资本结构质量,首先要关注资本成本与投资效益的匹配性问题,只有当体现企业投资效益的资产报酬率(应当为企业的利息和税前利润与企业平均总资产之比)大于企业的综合(或加权)资本成本时,企业才能在向资金提供者支付报酬以后获取适当的净利润。也就是说,从财务效应的角度而言,质量较高的资本结构一般应表现为企业在融资后能够获得增量利润,即在企业具体的资本结构下所发生的综合资本成本不能超过企业利用这些资本所带来的投资效益。

(二)资本的期限结构与资产结构的协调性

从期限构成的角度来看,企业资本(资金来源)中的负债项目按照偿还期限长短分为流动负债与非流动负债两部分,所有者权益项目则属于企业获取的永久性资本。

按照财务管理理论,企业所筹集资金的用途决定所筹集资金的类型:企业增加永久性流动资产或长期资产,应当通过长期资金来源(包括所有者权益和非流动负债)解决;季节性、临时性原因造成的流动资产中的波动部分,则应由短期资金来源解决。

如果企业的资金来源不能与资金的用途相互协调,在用长期资金来源支持短期波动性流动资产的情形下,由于企业长期资金来源的资本成本相对较高,企业的效益将会下降;在用短期资金来源支持长期资产和永久性流动资产的情形下,由于企业的长期资产和永久性流动资产的周转时间相对较长,企业有可能出现"短融长投"现象,承受较大的短期偿债压力。

也就是说,一般情况下,在企业资本的期限结构与资产结构相互协调时,企业的经营和资金周转会比较顺畅,资本结构才有可能表现出较高的质量。

(三)资本结构面对企业未来资金需求的财务弹性

虽然企业可通过提高资本结构中的财务杠杆比率,获得明显的财务杠杆效应和抵税效应,从而提高企业价值,但在过高的财务杠杆比率下,企业在财务上将面临两个主要压力:一是不能正常偿还到期债务的本金和利息;二是在企业发生亏损时,可能会由于所有者权益的比重相对较小而使企业的债权人受到侵害。受此影响,企业从潜在的债权人那里获得资金的难度将会大大增加。也就是说,当企业未来发展面临资金需求时,债务融资的难度会因企业目前过高的杠杆比率而大大增加,企业只能通过权益融资来解决资金问题,这样就相应降低了企业的融资弹性,也就大大增加了融资难度。因此,一般情况下,具有过高的财务杠杆和财务风险的资本结构,会因企业未来资金需求的财务弹性较差,而表现出相对较差的质量。

(四)资本结构所决定的控制权结构与治理结构的合理性

资本结构是企业融资的结果,它决定了企业的产权归属,也规定了不同投资主体的权益及所承受的风险,它通常会受到企业控制和经营理念的影响。一般情况下,企业解决巨额资金问题通常有两种途径:要么向银行举债融资,要么由投资者追加投资(上市公司可通过增发股票的方式融资)。在融资决策中,资本成本问题往往并不是考虑的关键,财务风险和控制权问题相比较而言更重要。如果企业过度举债融资,会因财务风险超过承受极限而面临"灭顶之灾";但如果企业过度权益融资,就可能出现企业控制权旁落,由于恶意控股股东(即所谓治理结构中合法的"野蛮人")过度干预企业生产经营而"功败垂成"的情形。

此外,资本结构还决定了投资者对企业的控制程度和干预方式。投资者对企业控制权的实施有多种方式,不同的融资方式会影响控制权的选择。就股东的控制方式和干预方式来说,它会因股权结构不同而不同。如果股权比较集中,投资者拥有大额股份,他就会进入董事会,通过"用手投票"来控制和干预企业经营;如果股权比较分散,单个股东的股权比例很小,投资者大多通过在资本市场上"用脚投票"来间接实施对企业经营者行为和重大决策的控制及干预。

股权结构是公司治理结构的基础。现代公司治理理论认为,公司治理结构是用来处理不同利益相关者之间的利益关系,以实现经济目标的一整套制度安排。在这种制度安排中,股权结构是基础,它决定了股东大会的权力核心,进而决定了董事会、监事会和经理人员的构成及权力归属,也决定了出资人对管理者监督的有效性。因此,资本结构决定公司治理结构,进而影响企业价值,它的质量会直接关系到企业的生存与发展。

(五)资本结构所决定的利益相关者之间的和谐性与公平性

企业的各资源提供者为增加企业价值这一目标而相互合作,构成了利益共同体。各利益相关者为了从企业获得更多的财富,总是在界定产权的过程中朝着有利于自己的方向而努力,这一过程伴随着资源提供者向企业供给资源的增加或减少,伴随着资源提供者对企业控制权的此消彼长,利益相关者之间的和谐性与公平性决定了企业的长期可持续发展。

伴随着利益相关者的产权与控制权的博弈过程,企业的资本结构总会发生变动。如何协调企业各利益相关者之间的冲突,使企业资本结构长期趋于稳定?怎样才有利于企业各利益相关者间的合作持久并使资源配置不断朝着有效的方向发展?这是公司治理的核心问题。限于本书讨论的主题,我们提醒读者特别关注如下两点。

第一,这种合作能够不断地创造令合作各方满意的价值,即合作是和谐的。这种令合作各方满意的价值,其一必须能够从长远的角度补偿合作各方资源供给的成本,其二应能满足合作各方对财富增值的预期。

第二，合作所创造的价值在合作各方之间的分配可以令合作各方的利益群体满意，即合作是公平的。这种公平应能够约束合作各方不会为了自己的利益而牺牲其他合作方或合作本身的利益。

因此，资本结构从某种程度上揭示了企业可持续发展的保障机制：利益相关者利益的公平与和谐。企业各资源提供者之间利益的公平与和谐有助于企业各资源提供者之间的产权与控制权博弈朝均衡的方向发展，有助于企业资本结构的不断优化，而资本结构的不断优化是企业可持续发展的决定性因素与保障机制。

不和谐的公司治理经常会引发以下问题：主要股东变动频繁、股东间冲突不断、股东与管理层矛盾重重、公司董事会内部不和谐（尤其是独立董事频繁变更）、董事会议案遭股东大会否决、大股东利用关联交易占用或转移公司资金和利润等。

二、战略视角下的资本分类方式

在传统的分类方式中，资产负债表右边各项目是按照资金提供者的不同进行的分类；负债反映的是债权人提供的资金，即借入资金；所有者权益则反映的是所有者（投资人）提供的资金，即自有资金。负债按照流动性又分为流动负债和非流动负债。这种分类方式便于通过流动比率、速动比率、资产负债率、权益乘数等一系列财务指标，考察企业对资金提供者相应权益的保障程度。如果我们跳出传统的资产负债表中负债和所有者权益的分类方式，对企业的全部资本（或资金）按照其融资渠道重新分类并展开进一步的分析与考察，就可以透视企业资本引入战略的选择与实施状况。

（一）经营性负债资本

经营性负债资本也称商业信用资本，是指企业在自身的经营活动中通过商业信用所获得的资本。经营性负债资本体现在资产负债表的负债项目中，主要包括应付票据、应付账款、合同负债和预收款项等。经营性负债不只是在会计核算层面反映了企业与上下游企业或者用户进行结算时利用商业信用所产生的债务情况，更重要的是在战略和竞争力层面反映出企业在商业信用资本的引入方面所作的安排，即企业利用相对于同类企业更强的议价能力。一方面占用上游供应商的资金（通过应付票据和应付账款的规模得以反映），另一方面占用下游经销商或者消费者的资金（通过预收款项的规模得以反映），以获得大量的经营性负债资本。由于经营性负债资本通常具有综合成本低（综合成本往往低于贷款的平均成本）、综合偿还压力低于账面金额（与预收款项对应的偿还金额仅为商品或劳务的账面成本）及固化上下游关系等特点，一般情况下，企业倾向于通过最大限度地利用与上下游的关系来获得这种资本。而这种获得绝不是被动的、自然形成的，而是一种具有战略性的主动谋求。在实务中,经营性负债资本通常成为具有行业竞争地位和优势企业的一种有效的融资手段。也就是说,企业对商业信用资本的引入,绝不仅仅是企业上下游关系管理的局部问题,而是企业在资本引入战略下主观上对融资渠道所作的一种选择与安排。

(二)金融性负债资本

金融性负债资本是指企业从金融机构或者资本市场通过债务融资形成的资本,它既可以通过向银行等金融机构举债获得,也可以在资本市场通过发行债券、融资租赁等方式获得,主要包括长短期借款、交易性金融负债、应付利息、一年内到期的非流动负债、应付债券及长期应付款等。金融性负债资本的一个显著特点是偿还本金的压力较大,并需要支付利息。

传统的报表分析往往只关注这些负债的规模、偿还期限和结构,强调这些负债给企业带来的资本成本和风险,而不去考虑金融性负债资本本身所蕴含的战略含义。影响企业是否选择引入金融性负债资本的因素很多。从财务管理视角来看,通常包括企业的融资环境、融资成本、盈利能力、现有财务风险、融资潜力等。根据优序融资理论,为了实现现有股东利益的最大化,在企业具有较强的盈利能力而又不能进一步引入经营性负债资本的情况下,企业往往会主动选择向银行借款或者发行债券等方式进行举债融资。而从公司治理视角来看,控制权偏好极有可能成为企业选择引入金融性负债资本的一个因素。相对于股权融资来说,从金融机构或者资本市场引入金融性负债资本,既可以解决企业发展和扩张过程中的资金问题,又可以保证企业的控制权不会被稀释,这种资本尤其受到有家族控制偏好的家族企业的青睐。因此,企业选择引入金融性负债资本,不仅是出于资本成本和风险的考虑,更有可能是出于控制权方面的考虑,它实质上是一个企业战略层面的问题。

此外,出于整个集团(不是母公司自身)的融资效率与效益的考虑,在很多企业集团中,往往会由母公司统一进行借款或发行债券,然后再通过各种渠道将筹得的资金"输送"给下面的子公司。这样做尽管会增加母公司利润表中的财务费用金额,但会降低集团的整体融资成本、提高集团的整体融资效率,因此这种资金集权管理模式成为很多企业集团财务战略的首选。

(三)股东投入资本

资产负债表中反映股东入资的项目包括股本(实收资本)和资本公积,这是企业发展的原动力。股东对企业的入资具有极强的战略色彩。

（1）股权结构、股东范围、资本规模与企业战略。不同的股权结构设计、股东范围的选择及资本规模的安排均是企业战略的直接反映。尽管随着企业经营环境、竞争地位、融资环境及宏观政策等因素的变化，企业战略会相应地进行动态调整，但企业股东的入资情况仍然可以在一定程度上反映出企业的战略意图。反过来，股权结构、股东范围、资本规模又会在很大程度上决定或者制约企业战略。一方面，股权结构的分散程度、股东范围的广泛程度直接影响企业控制权的表现形式，而企业的控制权又主导或决定着企业的战略选择；另一方面，股东入资所形成的资本规模与企业拥有的资源规模和融资能力密切相关，它也会直接制约企业的战略选择与实施。

（2）股权结构、公司治理、核心管理团队与企业战略。一般来说，公司治理要处理的是股东大会（或股东会）、董事会与企业经理层之间的关系，并确保公司在满足各利益相关者的权益要求的基础上实现持续、健康的发展，而董事会是公司监督与控制体系的顶点。在公司治理结构中，股东根据出资比例形成了公司的股权结构，股东根据持股比例享有剩余收益权。以股权结构为基础，股东行使投票权，产生了公司董事会。董事会是公司战略目标的决定机构，并决定着公司核心管理团队的人选，核心管理团队负责实施董事会作出的公司决策。影响股权结构因素的股东利益决定了公司资本的来源渠道，体现的是公司的资本引入战略。而资本引入战略反过来又会影响公司董事会的治理效率。

（四）企业留存资本

企业留存资本是指企业实现的净利润中，股东没有分配而留存在企业的权益部分，在规模上相当于我们通常所指的留存收益部分。这部分企业留存资本在资产负债表上主要表现为"盈余公积"和"未分配利润"，也是企业自身累积的利润。企业留存资本可以被视为原股东在企业经营期间对企业所追加的投资，它是企业最稳定的内部融资来源，既不会令企业增大偿还压力，也不会使股东的控制权受到影响。企业留存资本的规模大小，既取决于企业的盈利能力，也取决于企业的股利（或利润）分配政策。

企业留存资本对企业的战略含义在于，在一定的盈利规模下，企业可以通过制定不同的股利分配政策（如现金股利、股票股利或者两者的组合等），来改变企业的融资结构（如资产负债率），并对企业的战略特别是融资战略形成支撑。在企业负债率高、投资支出压力较大、现金资本相对紧张的条件下，企业可以通过选择股票股利或者股票股利与现金股利相结合的分配方式，尽力降低现金股利支出的规模，使企业的股东权益在进行利润分配后仍然维持较高的规模，从而对降低企业的现金流出量、提高企业的债务融资能力起到一定的战略支撑作用；反之，在企业负债率较低或资产负债率虽高但金融性负债规模较低、现金流量充裕、投资现金支出压力不大的条件下，企业可以选择激进的股利分配政策，提高现金股利的分配规模。

上述对资本的重新分类及进一步的分析表明,当我们把企业的融资结构与企业战略联系起来时,企业负债和股东权益的组合状况就有了更深远的战略含义——企业试图利用什么资本来实现企业的发展目标。显然,处于不同发展阶段、不同竞争地位的企业,出于不同的考虑,可以选择不同的资本引入战略来支撑其未来发展。

需要说明的是,从战略角度对企业的资产负债表进行分析,我们关注的是整体性和框架性的战略信息挖掘。我们不可能也没必要将每个项目均与企业战略联系起来。我们现在的分析忽略了与企业战略分析关联度较低的项目,如负债中的应付职工薪酬、应交税费等。

三、不同资本引入战略所带来的财务效应

我们可以按照企业经营性负债资本、金融性负债资本、股东投入资本及企业留存资本四类资本在负债和股东权益总规模中的比重大小,将企业按照不同的资本引入战略分为五种类型:以经营性负债资本为主的经营驱动型、以金融性负债资本为主的举债融资驱动型、以股东入资为主的股东驱动型、以留存资本为主的利润驱动型及各类资本并驾齐驱的并重驱动型。

当然,在很多情况下,企业会灵活运用各类资本为自身发展提供充足的资本动力。不同的资本引入战略显示了不同类型的企业资本驱动模式,会为企业带来不同的财务效应。

(一)以经营性负债资本为主的经营驱动型企业

以经营性负债资本为主的经营驱动型企业,往往处于同行业竞争的主导地位,经营性负债通常在负债中的占比较高。这类企业的战略内涵十分清晰:利用自身独有的竞争优势,最大限度地占用上下游企业的资金,以支撑企业自身的经营与扩张。

经营驱动型企业战略的财务效应是:第一,企业经营与扩张所需资金大量来自没有资金成本的上下游企业,从而最大限度地降低企业的资本成本;第二,由于应付账款完全是利用企业自身的商业信用形成的,没有固定的付款时间要求,而预收款项的负债规模包含了毛利因素,有高预收款项的企业的实际负债规模并没有计算出来的资产负债率高,因此利用这些经营性负债所取得的资金会在一定程度上降低企业的偿债压力;第三,在一定程度上固化了企业与上下游企业的业务与财务联系,使其成为整体上的经济联盟体。

当然,也存在一种例外情况,即当企业的经营活动缺乏市场竞争力、资金周转不灵、难以为继时,在资产负债表上也会表现为经营性负债长期居高不下。此种财务状况的形成,不能被认为是企业的资本引入战略成功实施的结果,而是经营出现严重困难所导致的。

（二）以金融性负债资本为主的举债融资驱动型企业

以金融性负债资本为主的举债融资驱动型企业，往往是一些得到国家政策扶持的行业中的企业及大型央企，其金融性负债在负债总规模中的占比通常较高。这类企业要么处于快速扩张阶段，股东入资和经营性负债难以满足其巨额的资金需求；要么得到政府的扶持，获得大量的政策性贷款。电力、能源、交通、房地产等行业的企业通常都会表现出高（有息）负债率的特点。其战略内涵十分清晰：在一定的融资环境下，最大限度地利用企业的融资环境和融资能力，获得充足的资金来支持企业发展，尽可能使企业顺利维持下去而免于破产清算，或者在较短时间内快速壮大。

举债融资驱动型企业战略的财务效应是：第一，向银行等金融机构举债或者通过资本市场进行债务融资，虽然可以有效解决企业发展过程中的资金问题，但会带来较大的偿付压力和财务风险；第二，由于债务融资均存在一定的资本成本，因而利息负担会成为企业发展的一把双刃剑，一些盈利前景看好的企业会借此驶入发展的快车道，而一些盈利状况堪忧的企业会由此跌入万丈深渊；第三，为降低融资环境动态不确定性的影响，企业极易出现过度融资问题。

（三）以股东入资为主的股东驱动型企业

以股东入资为主的股东驱动型企业，往往处于企业发展的初级阶段。例如，大量的创新创业企业和互联网企业在初创期都是靠获得风险投资得以存活，即采用所谓的"烧钱"模式。在这个阶段，企业债务融资活动和经营活动还难以带来企业经营与发展所需的资金，在资产负债表上的表现是：股东权益中的"实收资本（或股本）"和"资本公积"这两个项目占企业负债与股东权益之和的比重较大。在企业发展一段时期以后，这种状况可能会随着企业自身商业信用和盈利能力的提升而有所改变。

当然，如果企业经营一段时期之后，资本引入战略仍然表现为股东驱动型，可能意味着企业的产品经营持续不能获得理想利润，企业的债务融资能力较低，或者企业在债务融资方面没有作为。

股东驱动型企业战略的财务效应是：第一，由于股东投入资本成本在很大程度上由企业的盈利状况决定，因此这种资本引入战略会极大地缓解企业的经营成本（主要是人工成本和资本成本）压力，这一点对于初创期企业持续经营下去尤为关键；第二，在非现金入资的情况下，股东入资资产估价的公允性会影响企业未来的资产报酬率和权益报酬率，也有可能在一定程度上改变股东间的利益关系；第三，股东入资所带来的资源优势和投资偏好，显著影响企业的经营战略及企业未来的发展方向。

(四)以留存资本为主的利润驱动型企业

以留存资本为主的利润驱动型企业,其盈余公积和未分配利润之和在企业负债与股东权益之和中的占比通常较高(至少盈余公积和未分配利润之和要大于实收资本与资本公积之和)。出现这种情况通常是由于企业在行业中处于优势地位,盈利能力较强,在长期发展过程中累积了相当规模的留存收益。

从本质上讲,用留存资本来支持企业的发展,等同于股东对企业的再投资。因此,利润驱动型企业的发展战略内涵与股东驱动型企业的发展战略内涵是一致的。

利润驱动型企业战略的财务效应是:第一,在这类企业中留存收益成为企业资本的主要来源,可以大大降低企业融资的外部依赖性,在降低企业的财务风险和经营压力方面所带来的效应是显而易见的;第二,这类企业通常盈利能力很强,在行业中具有较明显的竞争优势,在资本市场上也易受追捧,如果长期坚持这种资本引入战略而不积极增加债务融资和股权融资比例,通常意味着企业的经营战略和融资战略过于保守,没有利用自身优势积极筹措资金以寻求更大、更快的发展,这样的企业反而有可能成为被收购对象(成为"野蛮人"捕获的猎物)。

(五)并重驱动型企业

均衡利用各类资本的并重驱动型企业是那些发展到一定阶段,综合利用各种资本进一步发展的企业。实际上,大多数优质企业均属于此类。在企业发展的不同阶段,不同类型资本的贡献度会有明显的差异,因此,均衡利用各类资本的并重驱动型企业的发展战略内涵也会有所不同。

下面我们考察一下蓝色光标2020年度报告的资产负债表。我们以母公司资产负债表(表3-1)为基础进行分析,看看公司整体实施的是怎样的资本引入战略。

表3-1　蓝色光标2020年度资产负债表

编制单位:北京蓝色光标数据科技股份有限公司　　　　　　　　　　　　　　　　　单位:元

项目	2020年12月31日	2019年12月31日
流动资产:		
货币资金	2,423,929,597.68	1,585,510,155.78
结算备付金		
拆出资金		
交易性金融资产	343,794,059.82	708,674.16
衍生金融资产		

续表

项目	2020年12月31日	2019年12月31日
应收票据	842,412.00	826,800.00
应收账款	9,137,464,277.92	7,464,233,028.04
应收款项融资	38,316,132.85	43,932,189.29
预付款项	106,312,393.26	284,415,815.15
其他应收款	393,686,667.90	368,582,039.84
其中:应收利息		
应收股利		
合同资产	432,023,004.98	
持有待售资产		
一年内到期的非流动资产	4,000,000.00	7,893,790.03
其他流动资产	270,639,295.10	87,317,438.25
流动资产合计	13,151,007,841.51	9,843,419,930.54
非流动资产:		
长期应收款		4,000,000.00
长期股权投资	766,854,354.43	889,509,724.54
其他权益工具投资	350,352,128.37	449,620,250.90
其他非流动金融资产	336,621,276.00	798,287,483.57
投资性房地产		
固定资产	126,015,289.88	120,052,953.04
使用权资产	275,955,168.07	211,983,923.02
无形资产	1,291,887,451.45	1,418,214,817.92
开发支出		
商誉	4,822,154,528.04	4,901,659,900.53
长期待摊费用	43,374,538.76	59,420,272.88
递延所得税资产	270,746,893.10	271,667,042.48
其他非流动资产	84,000,000.00	83,500,000.00
非流动资产合计	8,367,961,628.10	9,207,916,368.88
资产总计	21,518,969,469.61	19,051,336,299.42
流动负债:		
短期借款	1,695,658,354.17	1,446,657,346.94
应付票据	50,000,000.00	
应付账款	8,077,547,573.32	6,065,283,575.17
预收款项		504,698,459.46

续表

项目	2020年12月31日	2019年12月31日
合同负债	884,973,869.62	
应付职工薪酬	201,974,259.38	155,444,387.53
应交税费	318,101,165.97	296,635,196.66
其他应付款	111,416,403.53	352,613,500.31
其中:应付利息		
应付股利	6,248,647.46	18,194,459.46
一年内到期的非流动负债	134,158,617.86	180,644,624.37
其他流动负债	30,860,768.97	
流动负债合计	11,504,691,012.82	9,001,977,090.44
非流动负债:		
保险合同准备金		
长期借款	358,466,879.97	451,404,457.68
租赁负债	250,354,619.71	183,729,722.88
长期应付款	34,900,755.18	141,380,514.33
递延收益	3,893,000.00	1,457,000.00
递延所得税负债	382,276,618.74	444,417,251.94
其他非流动负债		
非流动负债合计	1,029,891,873.60	1,222,388,946.83
负债合计	12,534,582,886.42	10,224,366,037.27
所有者权益:		
股本	2,491,037,834.00	2,491,037,834.00
其他权益工具		
其中:优先股		
永续债		
资本公积	3,456,893,972.27	3,697,101,077.88
减:库存股	150,061,494.07	147,594,352.41
其他综合收益	−320,389,223.30	−126,676,195.04
专项储备		
盈余公积	356,368,503.35	350,471,093.01
一般风险准备		
未分配利润	3,144,565,284.56	2,429,672,595.27
归属于母公司所有者权益合计	8,978,414,876.81	8,694,012,052.71
少数股东权益	5,971,706.38	132,958,209.44

续表

项目	2020年12月31日	2019年12月31日
所有者权益合计	8,984,386,583.19	8,826,970,262.15
负债和所有者权益总计	21,518,969,469.61	19,051,336,299.42

数据来源：蓝色光标2020年报。

母公司2020年资产负债表显示：全部负债和所有者权益约为215亿元，虽然负债合计约125亿元，但占据负债主体的并不是金融性负债，而是经营性负债（应付票据及应付账款和预收款项之和约81亿元）。同时还要注意的是，企业出现了约17亿元的短期借款。

此外，企业的股本和资本公积两个项目之和约59亿元，盈余公积和未分配利润之和约35亿元。

也就是说，通过上述报表可以发现，支撑该企业发展的资本结构，第一不是股东入资，第二不是举借金融性债务，而是长期积累起来的与公司的竞争地位和竞争优势有直接关联的经营性负债，以及与企业盈利能力有直接关联的留存收益。事实上，这种以经营性资本为主的资本引入战略已经持续了很多年，我们不仅不应该直接将巨额负债数据视为企业的财务风险因素，反而应该思考在这种融资结构背后，核心人物及核心管理团队在企业的发展与扩张过程中所起到的关键性作用和作出的巨大贡献。

第四章 财务成果与投融资决策

章首案例

面对完美世界的利润结构(表4-1),你想到了什么?

表4-1 完美世界的利润结构

单位:亿元

项目	2021年半年度	2020年半年度
一、营业总收入	42.07	51.44
其中:营业收入	42.07	51.44
二、营业总成本	40.69	40.00
其中:营业成本	19.01	20.18
税金及附加	0.11	0.18
销售费用	9.04	7.48
管理费用	3.45	3.33
研发费用	8.42	8.28
财务费用	0.66	0.55
其中:利息费用	0.82	0.69
利息收入	0.17	0.15
加:其他收益	0.85	0.52
投资收益(损失以"-"号填列)	1.97	1.53
其中:对联营企业和合营企业的投资收益	-0.13	0.58
公允价值变动收益(损失以"-"号填列)	0.01	0.04
信用减值损失(损失以"-"号填列)	-0.40	0.15
资产减值损失(损失以"-"号填列)	-1.49	-0.29
资产处置收益(损失以"-"号填列)	0.33	0.00
三、营业利润(亏损以"-"号填列)	2.64	13.38
加:营业外收入	0.07	0.38
减:营业外支出	0.09	0.06
四、利润总额(亏损总额以"-"号填列)	2.62	13.70

项目	2021年半年度	2020年半年度
减：所得税费用	0.77	1.14
五、净利润（净亏损以"–"号填列）	1.85	12.56

资料来源：完美世界2021年半年报。

这个案例表面上看，企业的营业收入带来了一定的营业利润和利润总额。但稍微考察一下利润总额的结构，我们就会发现：无论是2020年半年报的51亿元的营业收入，还是2021年半年报的42亿元的营业收入，均没有带来什么利润。尤其在2021年上半年，企业只能够保持微弱盈利状况。在日常管理实践中，我们经常会看到，企业利润表显示有很高的营业收入，但是企业真正的盈利能力不一定很强，甚至可能突然出现经营危机。那么，到底应该如何评价一个企业的盈利能力呢？又如何看待企业利润的质量呢？

第一节　利润表概述

为了使用财务比率对公司业绩进行评估，我们需要借助利润表。利润表反映的是公司持续经营期间的成果。利润表体现了一家公司在考虑了收入和成本后实现净利润的全过程，就像将你的工资视为收入，剔除成本（如食物、住房开销等）之后才能计算出你究竟结余多少钱一样。

利润表（income statement）又称损益表，是总括地反映企业在一定会计期间内经营成果的会计报表。与资产负债表不同，利润表是一种动态的时期报表，主要揭示企业一定时期（月、季、年）的收入实现情况、费用耗费情况及由此计算出来的企业利润（或亏损）情况。利润表的列报可以反映企业经营业绩的主要来源和构成，既有助于使用者了解企业的利润规模，也有助于使用者把握利润的质量，进而更加科学地判断企业的盈利能力，作出更多正确的决策。

一、利润表三大要素的概念及特征

（一）收入

收入（revenue）是指企业在日常活动中形成的、会导致所有者权益增加的、与所有者投入资本无关的经济利益的总流入。企业应当在履行了合同中的履约义务，即在客户取得相关商品控制权时确认收入。取得相关商品的控制权，是指能够主导该商品的使用并从中获得几乎全部经济利益。这里所指的日常活动是企业为完成其经营目标所从事的经常性活动及与之相关的其他活动。企业代第三方收取的款项应当被作为负债处理,不应当被确认为收入。另外,投资收益和营业外收入并不是企业在日常活动中形成的经济利益、因此也不应当作为收入处理。收入具有如下四条基本特征。

(1)收入在企业的日常活动中形成,而不是在偶发的交易或事项中产生,如工商企业销售商品、提供劳务的收入等。在判定一个企业的日常活动应该包含哪些内容时,通常以该企业的经营范围为基础。明确界定日常活动是为了将收入与利得(gain)相区分,因为企业非日常活动所形成的经济利益的流入不能被确认为收入,而应当被计入利得。

(2)收入既可能表现为企业货币资产或非货币资产的增加,如增加银行存款、应收账款等,也可能表现为企业负债的减少(如以商品或劳务抵偿债务,但不包括债务重组),或者两者兼而有之。

(3)收入能导致企业所有者权益的增加。企业收入扣除相关成本费用后的净额,既可能增加所有者权益,也可能减少所有者权益。由于通过发行股票之类的方式所引起的所有者权益的增加并不属于收入,因此,将收入定义为一种与日常活动相关的能导致企业所有者权益增加的经济利益的流入。

(4)收入只包括本企业经济利益的流入,不包括为第三方或客户代收的款项,如增值税、代收利息等。代收的款项不属于本企业的经济利益流入,不能作为本企业的收入,而应作为"其他应付款"等负债项目被处理。

(二)费用

费用(expenses)是指企业在日常活动中发生的、会导致所有者权益减少的、与向所有者分配利润无关的经济利益的总流出,主要包括营业成本、税金及附加、管理费用、财务费用、销售费用及所得税费用等。由于费用是为了取得收入而发生的,因此费用的确认范围与确认时间应当遵循配比原则,与相应收入的确认范围与确认时间相联系。另外,投资损失和营业外支出并不是企业在日常活动中形成的经济利益,因此不应当被作为费用处理。

在学习费用的概念时,应着重强调费用与资产的区别与联系。一般情况下,企业为取得一项资产或者完成一项工作总要发生一定数量的支出,如为生产产品所发生的料、工、费等各种耗费,在所生产的产品出售之前,这些支出作为存货的取得成本反映在资产负债表上(作为存货资产),只有在产品已经销售(即带来了当期经济利益)之后,才将其转入费用(计入"营业成本"项目)。因此,一项支出是被计为资产的成本还是利润表上的费用,取决于其带来的经济利益是不是在当期。那些能够带来未来经济利益流入的支出,一般情况下应被计入资产的成本反映在资产负债表上,而只有带来当期经济利益流入的支出,才作为费用被反映在利润表上,与当期收入配比的结果是产生当期利润。费用具有如下四条基本特征。

(1)费用在企业的日常活动中发生,而不是在偶发的交易或事项中发生,如营业成本、税金及附加、管理费用、财务费用、销售费用、所得税费用等。在判定一个企业的费用应该包含哪些内容时,通常以该企业收入的确认为基础,保证费用与收入无论是在确认范围上还是在确认时间上都相互配比。

(2)费用既可能表现为企业货币资产或非货币资产的减少,如减少银行存款、存货等,也可能表现为企业负债的增加(如当期发生但尚未支付的各种费用),或者两者兼而有之。

(3)费用能导致企业所有者权益的减少。向所有者分配利润而引起的企业所有者权益的减少并不属于费用,因此,将费用定义为一种与日常活动相关的经济利益的流出。

(4)费用只包括本企业经济利益的流出,不包括为第三方或客户垫付的款项,如代付运费、保险费等。代付的款项不属于本企业的经济利益流出,不能作为本企业的费用,而应作为"其他应收款"等资产项目被处理。

(三)利润

利润(profit/income)是指企业在一定会计期间内的经营成果。利润包括收入减去费用后的净额、投资收益及直接计入当期利润的利得和损失等。其中,收入减去费用后的净额反映的是企业日常活动的业绩;直接计入当期利润的利得和损失是指应当计入当期损益、最终会引起所有者权益发生增减变动的、与所有者投入资本或者向所有者分配利润无关的利得(如营业外收入)或者损失(如营业外支出),它反映的是非日常活动的业绩。

在利润表上,利润是一个有不同结构和内涵的概念体系。利润按其构成的不同层次可分为:营业利润、利润总额和净利润。

利润是衡量企业盈利能力和判断企业质量优劣的一个重要标志,也是评价企业管理层业绩的一项重要指标,更是投资者等财务报告使用者进行决策时的重要参考。利润具有如下四条基本特征。

(1)利润既包括企业在日常活动中产生的经营成果,也包括在偶发的交易或事项等非日常活动中产生的经营成果,它是企业当期业绩的全面反映。

(2)利润既可能表现为企业货币资产的增加,也可能表现为非货币性资产的增加,如应收账款、应收票据等。因此,企业"有利润不见得有钱"。利润是以权责发生制为基础,将收入和费用相互配比之后所产生的结果。

(3)利润会导致企业所有者权益的增加,相应地,亏损会导致企业所有者权益的减少。

由于通过发行股票之类的方式融资及向所有者分配利润等所引起的所有者权益的变化并不属于利润,因此,利润是能导致企业所有者权益增加(或减少),但与所有者投入资本和向所有者分配利润无关的经济利益的净流入(或净流出)。

(4)由于在遵循权责发生制确认收入和费用的过程中,在确认时间和计量金额等问题上不可避免地需要一些人为的估计和判断,因此,利润无论是在实现期间上还是在规模上均带有一定的主观因素和操纵空间,这是由会计固有的局限性造成的,与会计准则完善与否无关。

二、利润表的基本结构

常见的利润表结构主要有单步式和多步式两种。在我国,企业利润表采用的基本上是多步式结构,即通过对当期的收入、费用等项目按照性质加以归类,按照利润形成的主要环节列示一些中间性利润指标,分步计算当期净损益,通过营业利润、利润总额、净利润和综合收益四个层次来分步披露企业的收益,详细地揭示企业收益的形成过程,以便使用者理解企业经营成果的不同来源。企业利润表对于费用列报通常按照功能进行分类,即分为从事经营业务发生的营业成本、管理费用、销售费用和财务费用等,有助于使用者了解费用发生的活动区域。

利润表一般由表头、表身和补充资料三部分构成。利润表的表头主要填制编制单位、报表日期、货币计量单位等。由于利润表说明的是某一时期的经营成果,因而利润表的表头必须注明"某年某月份"或"某会计年度"。表身是利润表的主体部分,主要反映收入、费用和利润各项目的具体内容及其相互关系。为了使报表使用者通过比较不同期间利润的实现情况,判断企业经营成果的未来发展趋势,企业需要提供比较利润表,就各项目再分为"本期金额"和"上期金额"两栏分别填列。补充资料列示或反映一些在主体部分未能提供的重要信息或未能充分说明的信息,这部分资料通常在报表附注中列示。

利润表中各项目之间的联系可简单地通过下列计算公式给出:

$$营业利润 = 营业收入 - 营业成本 - 税金及附加 - 销售费用 - 管理费用 -$$
$$研发费用 - 财务费用 - 资产减值损失 - 信用减值损失 +$$
$$其他收益 + 投资收益 + 资产处置收益 \tag{4.1}$$

$$利润总额 = 营业利润 + 营业外收入 - 营业外支出 \tag{4.2}$$

$$净利润 = 利润总额 - 所得税费用 \tag{4.3}$$

$$综合收益总额 = 净利润 + 其他综合收益的税后净额 \tag{4.4}$$

我国企业利润表的排列及各项目的含义受企业会计准则的制约。以上市公司为例,利润表的基本结构见表4-2。

表4-2 利润表(主体部分)

一、营业收入
减:营业成本
税金及附加
销售费用
管理费用
研发费用
财务费用
其中:利息费用
利息收入
减:资产减值损失
信用减值损失
加:其他收益
投资收益
公允价值变动收益
资产处置收益
二、营业利润
加:营业外收入
减:营业外支出
三、利润总额
减:所得税费用
四、净利润
五、其他综合收益的税后净额
六、综合收益总额

对于利润表,需要进一步明确以下内容。

(1)当今市场经济环境下企业经营日益多元化,主营业务与其他业务经常动态地交织在一起,很难划分,因此企业的各种经营业务所产生的收入和成本均在营业收入和营业成本中统一列示,而不再对其进行主营业务和其他业务的区分。

(2)利润表"营业收入"中的"营业"概念与"营业利润"中的"营业"概念需要特别说明一下。"营业收入"是指企业在从事销售商品、提供劳务和让渡资产使用权等日常经营业务过程中所形成的经济利益的总流入。而"营业利润"中的"营业"范围更广,既包括对产品或者劳务的经营,也包括资产减值损失等与管理和决策有关的项目对利润的影响,还包括通常不被认为是日常经营活动的对外投资活动所产生的投资收益及公允价值变动收益,以及反映政府补贴的其他收益和资产处置收益等。这样便导致利润表中的"营业利润"与"营业收入"在口径上存在较大的不可比性。

因此,我们有必要进一步分层次认识利润表和企业的经营成果。

①毛利。这是一个非常重要的概念,它反映企业的初始获利空间大小,往往与企业所处行业的特点和企业在行业中的竞争优势有关。毛利的计算公式为

$$毛利 = 营业收入 - 营业成本 \qquad (4.5)$$

②核心利润。核心利润用来反映企业自身的经营活动所带来的利润。本书中有关利润表的许多分析内容就是以对核心利润的分析为基础的。核心利润的计算公式为

$$核心利润 = 毛利 - 税金及附加 -$$
$$期间费用(销售费用、管理费用、研发费用、利息费用) \qquad (4.6)$$

③营业利润。营业利润既包含经营活动所获取的核心利润,也包含对外投资活动所获取的投资收益,还包含难以进行归类的资产减值损失和公允价值变动收益。

$$营业利润 = 核心利润 + 利息收入 - 资产减值损失 - 信用减值损失 +$$
$$其他收益 + 投资收益 + 公允价值变动收益 + 资产处置收益 \qquad (4.7)$$

(3)综合收益总额项目反映净利润和其他综合收益扣除所得税影响后的净额相加的合计金额。其中,其他综合收益是指企业根据会计准则规定未在当期损益中确认的各项利得和损失。现行会计准则在引入公允价值之后,把企业全部已确认但未实现的利得或损失也纳入利润表,从而能够更加全面地反映企业的经营成果。

关于利润表各个项目的内涵,我们在利润表项目质量分析中会作进一步的介绍。

三、利润表的作用

(一)有助于解释、评价、预测企业的经营成果和盈利能力

经营成果是指一定时期内企业生产经营活动所创造的有效劳动成果的总和,通常在利润表中以净利润和综合收益的形式来反映。它们是绝对值指标,可以反映企业创造财富的绝对规模(通常引起资产增加或者负债减少)。盈利能力则是指企业在一定时期内运用一定经济资源(如人力、物力)获取经营成果的能力,因此它需要通过相对值指标来衡量,如资产报酬率、权益报酬率、成本费用利润率及人均利润等。然而,这些指标实际上只反映了企业创造财富的相对规模。本书对企业盈利能力的诠释,除了从数量维度强调利润的绝对规模和相对规模之外,还尤其强调利润的质量维度,在分析形成利润的各个项目的质量的基础上,从含金量、持续性及与企业战略的吻合性三个方面考察企业整体的利润质量。

分析和比较利润表的相关信息,有助于企业的股东、债权人和管理者解释、评价和预测企业的经营成果和盈利能力,据以针对是否投资或追加投资、投向何处、投资多少等作出决策。

(二)有助于解释、评价和预测企业的偿债能力

偿债能力通常是指企业以资产清偿债务的能力。利润表本身并不直接提供偿债能力的信息，然而企业的偿债能力不仅取决于资产的流动性和资本结构，而且取决于企业的盈利能力。企业在个别年份盈利能力不足，不一定会影响偿债能力，但若一家企业长期丧失盈利能力，资产的流动性必然逐步由好转坏，资本结构也将逐渐由优变劣，企业最终有可能陷入资不抵债的困境。因此对于连年亏损的企业来说，其偿债能力通常会受到较大的影响。

分析和比较利润表的相关信息，有助于企业的债权人和管理者间接地解释、评价和预测企业的偿债能力，尤其是长期偿债能力，并揭示偿债能力的变化趋势，更客观地作出各种信贷决策，如维持、扩大或收缩现有信贷规模，应提出何种信贷条件等；管理者也可据以找出提高偿债能力的有效途径，进一步改善企业的财务形象。

(三)有助于评价企业经营战略的实施效果

企业经营首先面临的是一系列战略选择，不同的战略选择与盈利模式选择会形成不同的利润结构，因而企业的利润结构体现了公司的战略实施效果。利润的各组成要素之间的比例关系或在利润总额中所占的比重构成了利润的结构特征。

不同的利润项目对公司的获利能力有着极不相同的意义。高质量的利润结构，意味着公司所依赖的业务与公司的战略高度一致，公司保持较稳定的行业竞争地位和核心竞争力，拥有较扎实的资产支持、较强的现金获取能力及较光明的市场发展前景，这些都将为公司未来发展奠定良好的基础。

分析和比较利润表的相关信息，有助于企业的股东和债权人了解和评价企业经营战略的实施效果，据以预测企业未来的发展方向和发展趋势；管理层可以发现企业经营战略实施过程中存在的问题，更加及时地采取措施以保证经营目标的顺利实现。

(四)有助于评价和考核经营者的经营业绩

利润表中的各个项目体现了企业在生产、经营和理财等各方面的管理效率与效益，是对企业经营业绩的直接揭示，是经营者受托责任履行情况的真实反映。通过比较前后期利润表上各项收入、费用、成本及收益的增减变动情况，分析其增减变动的原因，或将相关的资产项目与所带来的经营规模（营业收入或营业成本）进行比较，可以较为客观地评价各职能部门、各生产经营单位的运营效率，以及这些部门和人员的运营效率与整个企业经营成果的关系，以便评判各部门管理人员的功过得失，及时作出采购、生产、销售、筹资和人事等方面的调整，使各项活动趋于合理。因此，分析和比较利润表的相关信息，有助

于企业所有者考核经营者的经营业绩,评价经营者的受托责任履行情况。

（五）有助于企业作出更科学的经营决策

通过比较和分析利润表中各种构成要素,可掌握各项收入、成本费用与利润之间的升降趋势,发现各方面工作中存在的问题,查找原因,改善经营管理,努力组织收入、控制成本费用开支,提高资金的使用效率和效益。此外,还可以通过收支结构和业务结构分析,评价各分部业绩成长对企业总体效益的贡献程度;通过对利润的形成过程进行分析,找出形成利润的主要来源。这些信息均可以为企业的经营决策提供非常有价值的依据。

然而,利润表的上述重要作用能否得到正常发挥,与利润表中各项目的信息质量直接相关。由于会计程序和方法的可选择性,收入和成本费用各项目在确认、计量过程中不可能不受到人为主观因素的影响,企业可能会选用对其有利的程序和方法,从而导致经营成果的虚增或虚假。例如,在折旧费用、坏账损失和已售商品成本等方面存在多种会计核算方法的选择问题,这在一定程度上会影响会计信息的可比性和可靠性。

第二节　利润表的项目质量分析

本节具体介绍利润表中各收入、费用项目的含义及项目质量的基本分析思路和内容,这有助于我们更好地理解和把握企业整体的利润质量。

一、营业收入项目质量分析

前已述及,营业收入是指企业在销售商品、提供劳务及他人使用本企业资产等日常活动中形成的经济利益的总流入。高质量的营业收入应该既表现为有充足的现金回款,又表现出持续的增长态势,以彰显企业在行业中的市场占有率和核心竞争力。营业收入作为企业获取利润的主要来源,其质量会在一定程度上决定企业的利润质量。因此,营业收入项目质量分析是利润质量分析的基础。

一般地,在对企业的营业收入进行分析时,应着重从卖什么、卖给谁和靠什么等方面入手。具体来说,对企业的营业收入项目进行质量分析,应考虑以下五个方面。

（一）卖什么——营业收入的品种构成分析

为分散经营风险,企业大多会选择从事多种产品或劳务的经营活动。在从事多品种经营的情况下,掌握企业营业收入的具体构成情况对信息使用者来说十分重要:占总收入比重大的产品或劳务是企业目前业绩的主要增长点,而企业销售产品或者劳务结构的变化往往会传递出企业市场环境的变化、经营战略的调整、竞争优势的变化等信息。信息使用者可以通过对体现企业主要业绩的产品或劳务的未来发展趋势进行分析，来初步判断企业业绩的持续性。需要指出的是，如果企业对某一类产品或者对某一个类型的产品过度依赖，就会对某些外界环境变化因素异常敏感，这会加大企业的经营风险。在分析中对这样的企业所处的经营环境应尤为关注。

企业能否持续盈利，主要取决于由战略、管理、技术、市场、服务等因素所形成的企业综合竞争优势，即所谓的"护城河"。分析者可通过关注董事会报告（或管理层讨论），分析企业是否有意开发具有发展潜力、代表未来发展方向的产品，是否可能对企业营业收入的品种构成作出调整，以便找出决定企业现在和未来竞争优势的关键性产品，同时进一步结合行业发展特征和环境变化，来判断企业营业收入的未来发展趋势。

在对企业营业收入的品种构成进行分析的过程中，需要强调的是，除了关注其结构与变化，还要注重考察企业现有业务结构与企业战略之间的吻合性。与企业战略关联度低的业务，即使规模较大，也不能被认为是符合企业发展战略的高质量的业务。

（二）卖给谁——营业收入的地区构成分析

从消费者的心理与行为表现来看，不同地区的消费者对不同品牌的产品具有不同的偏好。在企业为不同地区提供产品或劳务的情况下，营业收入在不同地区的构成情况对信息使用者也具有重要价值：占总收入比重大的地区是企业过去业绩的主要增长点，分析不同地区的消费偏好和消费习惯的变化趋势，研究企业产品在不同地区的市场潜力，有助于预测企业业绩的持续性和未来发展趋势。

具体来说，在分析中要考虑以下三个方面：第一，要分析地区的经济发展后劲与企业业务发展前景的关系，考虑地区的经济总量、经济结构的调整对企业未来市场的影响；第二，要分析地区的政治经济环境，若特定地区政治经济环境的不确定因素比较多，如行政领导人的更选、特定地区经济政策的调整等，一般会对企业原有的发展惯性产生较大的影响；第三，要分析国际政治经济环境的变化，如过去几年战争导致某些地区动荡、金融危机导致某些地区的发展停滞、低碳经济对企业所在地区和行业产生影响等。

（三）卖给谁——营业收入的客户构成分析

一般情况下，若其他条件相同，企业的销售客户越分散、集中率越低，说明企业产品销售（或劳务提供）的市场化程度越高，行业竞争力越强，营业收入的持续性就会越好。同时，企业的销售客户越分散，销售回款因个别客户的坏账所产生的波动会越小，营业收入的回款质量也就越有保障。因此，通过分析营业收入的客户构成情况，有助于判断企业营业收入的质量和业绩的波动性。

（四）靠什么——关联方交易对营业收入的贡献程度分析

在集团化经营的情况下，集团内各企业之间有可能发生关联方交易。虽然关联方之间的交易也有企业间正常交易的成分，但由于关联方之间的特殊利益关系，它们有可能为了"包装"某个企业的业绩而人为地制造一些业务。信息使用者必须关注关联方交易形成的营业收入在交易价格、交易实现时间等方面是否存在非市场化因素，考察企业业绩的真实性和市场化能力。一般来说，在相同的市场环境下，参与竞争的各方最终会实现优胜劣汰，只有靠市场获得持续发展的企业才具有核心竞争力。

（五）靠什么——部门或地区行政手段对营业收入的贡献程度分析

在我国现阶段市场经济的发展过程中，部门或地区行政手段对企业营业收入的影响不容忽视。一些新兴产业在发展初期十分需要部门或地区行政手段的支持。而在企业步入稳定发展阶段以后，或者在企业所处的行业已经发展成熟的情况下，部门或地区行政手段的影响应当逐步淡化。然而，我国仍有一部分企业业绩的保持始终需要借力部门或地区的行政手段。这样的企业即便在过去表现出较高的盈利水平，在未来也不一定会一直保持盈利优势，一旦政府的扶持政策发生改变，其营业收入就会因"前途未卜"而出现较大的波动性。

二、营业成本项目质量关系

营业成本是指与营业收入相关的已经确定了归属期和归属对象的成本。在不同类型的企业里，营业成本有不同的表现形式。在制造业或工业企业里，营业成本表现为已销产品的生产成本；在商品流通企业里，营业成本表现为已销商品的购进成本；而在服务类企业里，营业成本则表现为所提供劳务的服务成本。

在此，需要解释一下营业总成本和营业成本的区别：营业成本包括产品和服务的直接成本，而营业总成本包括经营活动中产品和服务的直接成本及发生的其他成本费用。例如，白酒企业销售白酒时，生产白酒的粮食、工人工资、酒瓶及盒子、水电费、固定资产折旧等直接成本就是营业成本，加上销售过程中的广告费、销售人员工资及企业管理过程中发生的费用等所有营业开支，就是营业总成本。

工业企业产品销售成本是指已售产品的实际生产成本，它是根据已销产品的数量和单位生产成本计算出来的。已销商品的成本即商品采购成本，是商业企业为销售商品在采购时支付的成本。它又分为国内购进商品成本和国外购进商品成本。国内购进商品成本包括国内购进商品的原始进价，即实际支付给供货单位的进货价款、购入环节交纳的税金和国内购进商品出口所收取的退税数额（作为当期出口商品成本的减项）；国外购进商品成本中还要包括关税等一系列相关费用。而服务类企业营业成本的构成项目会因所处行业不同而有所不同,基本上都包括与所提供劳务直接相关的人力、物力等方面的开支。

影响企业营业成本的因素,既有企业不可控的因素(如受市场因素的影响而产生的价格波动),也有企业可以控制的因素(如在一定的市场价格水平条件下,企业可以通过选择供货渠道、采购批量等来控制成本水平),还有企业通过成本会计系统的会计核算对营业成本的人为处理因素。因此,对营业成本的质量评价应综合考虑多种因素。一般地,在分析中至少应关注以下三个方面:①业成本的计算是否真实? 会计核算方法(如存货计价方法、固定资产折旧方法等)的选择是否恰当、稳健? 当期有无发生变更? 其变更是否对营业成本产生较大影响? ②营业成本是否存在异常波动? 导致其异常波动的因素可能有哪些? 哪些是可控因素,哪些是不可控因素? 哪些是暂时性因素,哪些是对企业长期发展造成影响的因素? 影响程度如何? ③关联方交易及地方或部门行政手段对企业"低营业成本"所作出的贡献如何? 其持续性如何?

需要强调的是,对营业成本与期末存货余额之间相对规模的异常波动应格外关注。以制造企业为例,在不考虑企业当期在生产、储存和销售过程中可能会发生毁损的情况下,当期的营业成本和期末存货的加总应该等于当期可供出售产品成本的总额(即期初余额加上当期入库的存货总额)。在实务中,企业的营业成本往往是在期末经汇总一并结转,而不是在每次销售产品时立即结转,因此在营业成本和期末存货余额之间往往存在此消彼长的关系。在企业的生产、销售规模趋于稳定的情况下,营业成本与期末存货余额之间的相对规模应该大体保持不变。当营业成本与期末存货余额之间的相对规模出现异常波动,尤其是企业的毛利率也随之发生异常波动时,若这种现象无法用正常的理由进行解释,则往往可能是企业出于某种动机,通过"低转成本"或者"高转成本"等手段人为操纵利润的一种迹象。

三、期间费用项目质量分析

期间费用是指不受企业产品产量或销量增减变动影响,不能直接或间接归属于某个特定对象的各种费用。这些费用容易确定发生期间和归属期间,但很难判别其归属对象,因而在发生的当期应从损益中扣除。我国把期间费用分为销售费用、管理费用、研发费用和利息费用四种。

对各项期间费用的质量分析应强调两个方面的内容。①分析期间费用的质量,不能只强调各项期间费用发生的规模,更应强调各项费用发生后所带来的效益。大部分的期间费用在规模上都是相对固定的,即不能简单通过压缩规模来控制期间费用。有些期间费用如广告费、研发费、人力资源开发费用等,虽然可以通过企业决策来改变其发生规模,但是规模的压缩往往会直接影响企业的发展前景。所以在期间费用控制方面,不要片面强调节约和压缩,而要强调效益,不要追求费用最小化,而要追求成本效益最大化。②分析期间费用的质量,应关注各项费用对人的行为和心理所产生的影响。适当的费用宽松可以调动员工的积极性、创造性和忠诚度,这对企业是有益的。否则,得到控制的仅仅是费用的发生规模,而其结果可能是企业效益和效率更大幅度的下降。如果在企业的费用预算管理中考虑心理因素,所带来的增量效用可能会远高于增量费用支出。只要企业在发展,控制期间费用发生的绝对规模就不应该成为期间费用预算管理的首要目标,相应地,成本费用率也不应该成为期间费用质量的唯一考核标准。

(一)销售费用项目质量分析

销售费用是指企业在销售商品和材料、提供劳务的过程中发生的费用。一般包括:应由企业负担的运输费、装卸费、包装费、保险费、销售佣金、差旅费、展览费、广告费、租赁费(不包括融资租赁费用)、销售人员的薪酬及专设销售机构的经常性费用等。

从销售费用的基本构成来看,有的与企业的业务活动规模有关,如运输费、装卸费、整理费、包装费、保险费、销售佣金、差旅费、展览费、委托代销手续费、检验费等;有的与企业从事销售活动人员的待遇有关,如营销人员的薪酬;有的与企业的未来发展、开拓市场、扩大企业品牌的知名度等有关,如广告费、促销费。从企业管理层对上述各项费用的有效控制来看,尽管管理层可以对诸如广告费、营销人员的薪酬等项目采取控制措施来降低其规模,但是,这种做法要么对企业的长期发展不利,要么会影响有关人员的工作积极性。因此,我们认为,在企业业务得到发展的情况下,企业的销售费用不应盲目降低。

对销售费用的质量分析包括以下三个方面:①计算销售费用与营业收入和核心利润的比率,通过同行业比较和前后期比较,结合行业竞争状况和企业在销售费用控制方面的举措,考察销售费用支出的有效性;②分析销售费用中诸如广告费、促销费、展览费、销售网点业务费等与企业营销策略有关的项目所占比重的变化情况,关注这些项目对企业长期销售能力改善、企业长期发展可能作出的贡献,考察销售费用的长期效应;③在销售费用存在异常波动的情况下,结合行业竞争态势和竞争格局的变化、企业营销策略的变化及相关会计政策的变化等因素,判断销售费用波动的合理性,关注是否有人为主观操纵的迹象。

(二)管理费用项目质量分析

管理费用是指企业行政管理部门为管理和组织企业生产经营活动而发生的各项费用支出,包括由企业统一负担的管理人员的薪酬、差旅费、办公费、劳动保险费、职工待业保险费、业务招待费、董事会会费、工会经费、职工教育经费、咨询费、诉讼费、商标注册费、技术转让费、排污费、矿产资源补偿费、聘请中介机构费、修理费、房产税、土地使用税、车船税、印花税、审计费及其他管理费用等。

管理费用的项目比较庞杂,对其进行质量分析的难度较大。总体而言,有些项目的支出规模与企业规模有关,对其实施有效控制可以促进企业管理效率提高;而对有些项目(如企业研发费、职工教育经费等)的控制或压缩反而会对企业的长远发展产生不利影响,不宜盲目降低其规模。一般情况下,在企业的规模、组织结构、管理风格和管理手段等方面变化不大的情况下,企业的管理费用规模也不会有太大变化。

与销售费用类似,对管理费用质量也可以从支出的有效性、长期效应及异常波动的合理性等几个方面来考察。

(三)研发费用项目质量分析

研发费用是指企业与研究和开发相关、直接作为费用计入利润表的相关资源消耗,包括研发人员人工费用、研发过程中直接投入的各项费用、与研发有关的固定资产折旧费、无形资产摊销费及新产品设计费等。

我国将研发费用作为一项单独的费用在利润表上列示,是从上市公司2018年年度报告开始的。在此之前,研发费用是与管理费用一起并称为管理费用来列示的。

从当期效益的观点来看,研发费用将直接减少企业当期的核心利润、营业利润、利润总额和净利润。

但是,从企业持续发展的战略来看,当企业需要研发来维持技术能力以保持竞争力时,研发费用就有了战略含义。因此,研发费用的规模及其运用的有效性在很大程度上与企业未来的竞争力乃至生存状况有关。

由于企业所处的竞争环境及企业自身经营特点的复杂性,一般难以根据研发费用的规模来判断企业的未来竞争力。但是,研发费用的恰当性分析可以结合企业的营业收入规模、企业所处行业的技术进步特征、同行业主要竞争对手的研发投入状况及企业营业收入和毛利率的持续变化等方面来进行。

(四)利息费用项目质量分析

利息费用是指计入特定会计期间的企业资金的筹集和运用中发生的各项利息支出。在利润表上,2017年年度报告以前,利息费用与利息收入一起在"财务费用"项目反映。在2018年年度报告后,上市公司被要求除了列示财务费用,还要将利息费用与利息收入分别列示。

　　一般情况下,企业贷款利息水平的高低主要取决于三个因素:贷款规模、贷款利息率和贷款期限。

　　(1)贷款规模。企业贷款规模的降低可以使计入利润表的财务费用下降,增加企业的当期利润。但是,我们更应关注贷款规模下降的恰当性,即是否与企业经营战略调整相适应、是否与企业未来的资金需求相适应、是否有可能因贷款规模的降低而限制企业的未来发展。

　　(2)贷款利息率和贷款期限。从企业融资的角度来看,贷款利息率的具体水平主要取决于以下四个因素:一定时期资本市场的供求关系、贷款规模、贷款的担保条件及贷款企业的信誉等。在利率的选择上,可以采用固定利率、变动利率或浮动利率等。可见,影响贷款利率的既有企业不可控的因素,也有企业可以控制的因素。在不考虑贷款规模和贷款期限的条件下,企业的利息费用将随着利率水平而波动。在分析中,应主要关注可控性因素的影响,了解企业贷款利率升降所揭示的融资环境、企业信誉等方面的变化,对企业因贷款利率的宏观下调等不可控因素而出现的财务费用降低不应给予过高的评价。

四、资产减值损失与信用减值损失项目质量分析

　　资产减值损失是指企业计提各种资产减值准备所形成的损失。上市公司自2018年年度报告开始,将原资产减值损失分为资产减值损失和信用减值损失分别披露。金融资产减值准备所形成的预期信用损失计入"信用减值损失"项目。

　　按照现行会计准则的要求,企业应遵循谨慎性原则,于每个会计期末对其资产进行减值测试,对出现减值迹象(即公允价值低于以历史成本为基础的账面价值)的资产要计提减值准备,并相应确认资产减值损失(这是复式记账法的要求)。对资产减值损失与信用减值损失项目进行质量分析时,应关注以下两个方面。

　　(1)在谨慎性原则下,需要选择账面价值与公允价值中较低的一个作为资产价值的披露标准。也就是说,只要资产按照其账面价值进行披露而不计提任何减值准备,就表明该项资产的质量良好,实现了保值增值。而只有在资产由于某种原因发生贬值时,才需要通过计提减值准备将其账面价值降至公允价值。因此,资产减值损失与信用减值损失反映了企业各相应项目的贬值程度,在一定程度上揭示出这些资产的保值质量及企业对这些资产的管理质量。涉及的资产主要包括各类债权、存货、固定资产、无形资产及长期股权投资等。

　　(2)在对各项资产进行减值测试时,关键环节是要恰当地确定各项资产的公允价值,而公允价值的确定从某种程度上来说不可避免主观上的估计和判断,因此,资产减值损失的确认问题实质上属于会计估计问题。既然是估计,就存在人为因素,即存在企业利用主

观估计因素蓄意操纵利润的可能。因此,资产减值损失计提恰当与否将直接影响企业利润的真实性与利润质量。

五、其他收益项目质量分析

上市公司自2017年年度报告开始,将原属于企业营业外收入的部分政府补贴收入归入"其他收益"项目并"升格"至营业内,作为营业利润的重要支柱进行披露。计入其他收益的政府补助是指那些与企业日常活动相关,但不宜确认收入或冲减成本费用的政府补助。

对其他收益项目的质量分析,应注意以下四个要点。

(1)企业业务与政府政策的关联度。显然,能够获得政府补贴的企业,一般来说从事的是政府支持的业务。这意味着,企业的业务和发展方向是受到政府鼓励、支持或者扶持的。这种政策环境有利于企业在特定时期快速发展。

(2)企业对政策的研究能力。企业能够获得政府补贴,部分是因为企业处于政府支持的产业或者从事政府支持的业务。但企业还要对支付的补贴政策进行动态、及时的研究。能够持续不断地获得政府补贴的企业,一般是在政府补贴政策方面研究能力较强的企业。

(3)企业主营业务的市场竞争力。政府之所以向企业发放补贴,一般是希望通过补贴来支持、鼓励或者扶持企业的发展。因此,正常的补贴逻辑应该是享受补贴的企业主营业务的市场竞争力由于各种原因表现得较弱,或者企业遇到暂时的经营性困难。这意味着,享受补贴的企业往往是当期市场竞争力较弱的企业。当然,既然是政策,一般不会是一家企业独自享受。因此有可能出现这样的情形:竞争力强的企业由于也符合补贴政策,因而也享受了相关的补贴。

(4)政府政策的阶段性。需要注意的是,由于政府对经济政策的动态调整及企业发展的动态变化,支付的补贴政策经常变化。因此,完全靠政府持续的补贴而生存的企业不会有持续的竞争力。

六、公允价值变动收益项目质量分析

公允价值变动收益是指以公允价值计量且其变动计入当期损益的金融资产、投资性房地产等项目的公允价值变动所形成的计入当期损益的利得(或损失)。按照现行会计准则的要求,以公允价值计量且其变动计入当期损益的金融资产、投资性房地产等项目在资产负债表上应按照公允价值(即市场价格)列示,当这些资产的期末公允价值高于(或低于)其账面价值时,差额需要确认为公允价值变动收益(或损失)。对该项目的质量分析应关注以下两点。

（1）由于引起公允价值变动收益（或损失）的以公允价值计量且其变动计入当期损益的金融资产、投资性房地产等项目期末尚作为企业的资产列示于资产负债表上，并未真正出售交割，因此这种收益（或损失）仅仅是一种持有收益（或损失），即一种未实现的收益（或损失），也就是我们平时所说的浮盈（或浮亏），不会给企业带来真实的现金流量。也许在这些资产真正出售交割时，利润表中的这种浮盈（或浮亏）会因为市场价格的变化而不复存在。因此，这种公允价值变动收益（或损失）的存在会影响企业利润的质量，既影响利润的含金量，也影响利润的持续性。但它可以在一定程度上反映这些资产项目的保值质量。

（2）在市场不活跃或者非正常的情况下，对于投资性房地产来说，绝对客观的公允价值难以获取，因此该项目便不可避免地存在一定的主观因素，这样就会或多或少地影响企业利润的真实性。

七、投资收益项目质量分析

投资收益是指企业对外投资所取得的收益（或发生的损失）。一般而言，投资收益是由企业拥有或控制的投资性资产所带来的收益，主要包括两个部分：①投资性资产的持有收益，即在其持有期间从被投资企业获取的一定形式的利润；②投资性资产的处置收益，即在处置投资性资产时，售价与初始取得成本之间的差额。

以公允价值计量且其变动计入当期损益的资产，要求以公允价值计量，在资产负债表日，企业应将其因公允价值变动所带来的损益计入公允价值变动损益（即计入当期损益）。处置该项资产时，其售价与账面价值之间的差额确认为投资收益，同时将以前确认的公允价值变动损益转入当期的投资收益。

可供出售金融资产在持有期间取得的利息和现金股利应当计入投资收益。在资产负债表日，可供出售金融资产应当以公允价值计量，但公允价值变动损益只能计入资本公积而不计入当期损益。处置该项资产时，应将其售价与账面价值之差计入投资收益，同时将以前计入资本公积的公允价值变动损益也转入投资收益。

对于持有至到期投资与贷款和应收款项，企业在持有期间应采用实际利率法，按照推余成本和实际利率计算确定利息收入，将利息收入计入投资收益。处置该项投资时，应将其售价与账面价值之间的差额计入投资收益。

投资企业对合营企业和联营企业的长期股权投资（持股比例一般在20%~50%）在持有期间需要采用权益法，将被投资企业所实现的净利润（或者发生的净亏损）的相应份额（按照其持股比例）确认为投资收益；投资企业对其子公司的长期股权投资（持股比例一般在50%以上）在持有期间则需要采用成本法，将子公司所宣告分派的现金股利按照其持股比例确认为投资收益。处置该项长期股权投资时,其售价与账面价值之间的差额应确认为投资收益。

综上所述,在持有期间公允价值变动损益并没有计入投资收益,而是分别计入公允价值变动损益和资本公积,只有在处置时才将公允价值变动损益转入投资收益。因此从本质上说,公允价值计量属性的引入并没有改变投资收益的数额,处置收益仍然等于售价与初始取得成本之间的差额。

在对企业的投资收益项目进行质量分析时,应从以下两个方面去考察。

(一)对利润含金量的分析

(1)在持有期间获取的投资收益。由于投资企业对合营企业和联营企业的长期股权投资采用权益法,将被投资企业所实现的净利润(或者发生的净亏损)的相应份额确认为投资收益,因此这种投资收益的含金量取决于被投资企业的分红政策,可以肯定的是,只要被投资企业不将净利润全部用于分红,投资企业所确认的投资收益就会存在不同程度的"水分",有可能造成投资企业有利润而没有现金流。而投资企业对其子公司的长期股权投资采用的是成本法,将子公司所宣告分派的现金股利按照其持股比例确认为投资收益,因此投资企业(即母公司)的这种投资收益的含金量基本上是有保障的。其他投资性资产在持有期间所带来的投资收益,无论是股利还是利息,一般情况下都会带来相应的现金流入。

(2)在处置时获取的投资收益。由于在利润表上将售价与初始取得成本之间的差额确认为投资收益,而在现金流量表上"收回投资收到的现金"主要取决于各项投资性资产的售价高低,因此,处置收益的含金量具有很大的不确定性,难以一概而论。

(二)对利润持续性的分析

无论企业持有哪种投资性资产,均意味着相应金额的资产在投资期间实实在在地流出了企业,即这部分资产并不在企业的直接控制之下,除了债权性投资能带来固定的利息收益之外,其他投资性资产给企业带来的收益大小主要取决于被投资企业的收益情况和分红政策,因而均具有一定的波动性和不可预见性,这会在一定程度上影响企业利润的持续性。

八、资产处置收益项目质量分析

上市公司自2017年年度报告开始,将原属于企业营业外收入的资产处置利得归入"资产处置收益"项目并"升格"至营业内,作为营业利润的重要支柱进行披露。

对于企业的资产处置收益需要注意的是：企业可能会由于处置非流动资产而获得利润（处置收益），从而"改善"营业利润的规模。但实际上，这种"改善"与企业的营业收入没有一点关联，而且这种"改善"不会有持续性。

靠资产处置收益改善营业利润的企业，可能其正在经历困难时期。

九、营业外收支项目质量分析

营业外收入是指企业获取的与其日常生产经营活动没有直接关系的各种收入，主要包括：非货币性资产交换利得、债务重组利得、企业合并损益、盘盈利得、因债权人原因确实无法支付的应付款项、教育费附加返还款、罚款收入、捐赠利得等。营业外支出则是指企业发生的与其日常生产经营活动没有直接关系的各项损失，主要包括：盘亏损失、非常损失、罚款支出、公益性捐赠支出等。营业外收入并不是由企业常规的经营资金耗费所产生的。因此，在会计核算上，应当严格区分营业外收入与营业收入的界限。

而营业外支出这种企业经营过程中的资金耗费通常不会带来任何经济利益，实际上是一种纯粹的"意外"损失。因此，它和营业外收入之间不会像营业收入和营业成本那样存在配比关系，甚至可以说它们之间一点关系都没有。营业外收入和营业外支出均不是经营活动引起的，一般不会涉及流转税，但它们也是企业盈亏的一部分，因此应计入利润总额，与营业利润一起缴纳企业所得税，当然需要按照税法先行调整为应纳税所得额。由于营业外收入和营业外支出通常情况下具有偶发性或者一次性的特点，因此，如果它们在企业的利润中占比过大，就会影响企业利润的持续性。

十、所得税费用项目质量分析

所得税费用是指企业根据会计准则确认的应从利润总额中扣除的一个费用项目，它是用经过调整后的本期利润总额乘以企业所适用的税率计算得到的，利润总额减去所得税费用后的差额即净利润。

在多数情况下，计算所得税费用的基数即便是经过调整的利润总额，也不一定等于应纳税所得额。简单地说，计算所得税费用的基数是基于会计准则对利润总额进行调整后的结果（我们可以把它称为调整后的会计利润），而计算应交所得税的基数是应纳税所得额（我们可以把它称为应税利润），它是基于税法对利润总额进行调整后的结果。

当会计准则与税法在确认应税项目和可抵扣项目上存在不一致的规定时，两者就会产生差异，有时这种差异还很大。那么在现行会计准则和税法下，会计利润、应纳税所得额、所得税费用、应交所得税及递延所得税资产（负债）之间到底存在什么样的关系呢？它们之间的关系可以大致通过下列公式予以揭示：

$$所得税费用 = 调整后的会计利润 \times 所得税税率 \qquad (4.8)$$
$$应交所得税 = 应纳税所得额（即应税利润）\times 所得税税率 \qquad (4.9)$$
$$递延所得税资产 = 应交所得税 - 所得税费用 \qquad (4.10)$$

在上式中，若所得税费用大于应交所得税，计算结果为负数，则应确认为递延所得税负债。

从以上分析中可以看出，所得税费用由于其计算基数是按照会计准则调整后的会计利润，当会计准则与税法在确认应税项目和可抵扣项目上存在不一致的规定时，它和企业实际需要缴纳的所得税之间或多或少存在一些差异，因此，它既不会与利润表中的利润总额存在固定的税率关系，也不会直接反映出企业当期实际缴纳的所得税规模。可以简单地认为，它与应交所得税之间的差异大小可大体反映出会计准则与税法在确认该企业经营成果问题上的分歧大小。

十一、其他综合收益项目质量分析

其他综合收益是指企业根据会计准则的规定未在当期损益中确认的各项利得和损失。简单地说，其他综合收益是建立在资产负债观的基础之上，反映报告期内企业与所有者以外的其他各方之间的交易或事项所引起的净资产的变动额。它突破了传统会计利润的实现原则，在引入公允价值之后，把企业全部已确认但未实现的利得或损失也纳入利润表，使使用公允价值作为计量属性成为一种必然的趋势。

其他综合收益虽然在当期属于未实现损益，既不纳入计税范围，也不会带来实际的现金流量，但是有可能在未来影响企业的经营成果，因此对信息使用者来说具有一定的预测价值。

第三节 利润质量分析

企业作为以盈利为目的的经济组织，利用各种经济资源赚取利润的能力（即盈利能力），通常是决定其生存和发展的一项最根本的能力。企业的盈利能力是采购能力、生产能力、营销能力、创新能力、费用管控能力及规避风险能力等一系列能力的最终体现，也是企业各环节经营后果的综合体现。当然企业在经营活动和管理过程中存在的大多数问题也会通过盈利能力反映出来。

在传统的财务报表分析中，企业的盈利能力分析主要是以资产负债表和利润表为基础，结合表内各项目之间的逻辑关系构建一套财务指标体系，通过将这些指标的计算结果与企业以往年份、对标企业及同行业平均水平进行比较来对企业的盈利能力加以评价。

然而本书特别强调,上述财务指标尽管是通过衡量利润的相对规模来评价企业的盈利能力,相对于毛利、利润总额及净利润等绝对指标来说,在一定程度上增加了不同企业之间的可比性,但它们仍然只关注数量维度的盈利能力问题,并没有考虑质量维度的盈利能力因素。在日常管理实践中,有的企业利润表中利润很高,但是企业真正的盈利能力并不一定很强,这通常是企业在利润质量方面出现的问题所致。扭亏为盈绝不能仅仅强调利润金额上的"转负为正",更应强调利润质量上的"起死回生"。

我们认为,考察利润的质量,可以从以下三个方面入手:第一,利润的含金量,即从当期来看,利润应能带来相应的现金流量,并且具有较强的支付能力(缴纳税金、支付股利等);第二,利润的持续性,即从长期来看,企业实现的利润既要有一定的成长性,又要避免波动性,这样更利于我们对企业的未来发展走势作出判断;第三,利润与企业战略的吻合性,企业不同的战略选择会导致不同的资产结构(指经营性资产与投资性资产的比例关系),直接带来不同的盈利模式,产生不同的利润结构,因而利润结构与资产结构的吻合度可以在一定程度上体现企业战略的实施效果。

一、利润的含金量分析

利润的含金量是指企业的主要利润构成项目获得现金流量的能力。利润的含金量分析实际上是对利润的结果进行分析。从利润给企业带来的结果来看,企业利润各项目均会引起资产负债表项目的相应变化:企业收入的增加,对应资产的增加或负债的减少;费用的增加,对应资产的减少或负债的增加。从利润主要项目所对应的资产负债表项目来看,主要涉及货币资金,应收账款,应收票据,其他应收款(或应收股利、应收利息),存货(在易货贸易的条件下,企业营业收入的增加对应存货的增加),长期股权投资,固定资产,无形资产等。但一般认为企业赚取利润最终能够带来充足的可自由支配的现金,应该是最理想的状态,因此,考察企业利润的质量,有必要分析利润的含金量。至于利润引起的各项资产的质量,请参见本书资产项目质量分析部分。

会计上的利润是基于权责发生制核算出来的企业经营成果,收入和费用的确认时间与企业实际收付现金的时间并不一致。但是一般来说,在企业回款和付款等各项经营活动相对正常的情况下,利润与现金流量之间会保持一个大体稳定的比例关系。此外,在核算过程中,无论是收入的确认还是成本费用的确认,都会受到会计政策的主观选择性的影响,存在一定的人为因素,同时也不可避免地给企业提供一定的利润操纵空间,出于判断利润真实性的考虑,也需要在一定程度上关注利润的含金量问题。因此,考查企业利润的含金量就成为衡量利润质量非常重要的一个方面。具体操作是,通过对企业利润各主要项目与相应的现金流量项目进行比较分析,来判断企业利润的含金量。具体来说,我们应该主要开展以下三个利润项目的含金量分析。

(一)核心利润的含金量分析

核心利润是企业开展经营活动所赚取的经营成果,因此通过与经营活动产生的现金流量净额进行比较,就可以了解核心利润产生现金净流量的能力。然而,由于两者在计算口径上存在差异,因此,需要将核心利润调整为同口径核心利润后再与经营活动产生的现金流量净额进行比较。同口径核心利润可以按照如下公式进行调整:

$$同心径核心利润 = 核心利润 + 固定资产折旧 + 其他长期资产价值摊销 +$$
$$利息费用 - 所得税费用 \tag{4.11}$$

之所以对利润表中的核心利润进行若干调整,将同口径核心利润与现金流量表中经营活动产生的现金流量净额进行比较,是因为利润表中的核心利润在计算时减除了当期的固定资产折旧、其他长期资产价值摊销等非付现费用和属于筹资活动范畴的财务费用,但没有减除企业的所得税费用。而在现金流量表中,经营活动产生的现金流量净额在计算时并未减除上述非付现费用,却减除了企业实际缴纳的所得税;而企业支付的利息在现金流量表中是作为筹资活动产生的现金流出项目,与企业的经营活动没有直接关系。因此,只有将企业利润表中的核心利润调整为同口径核心利润,才能使利润表数据与现金流量表的相应数据在口径上大体一致,才可以进行基本的数量比较。

在稳定发展的条件下,同口径核心利润应该与现金流量表中的经营活动现金流量净额大体相当。如果差距巨大(这里主要指后者严重不足),则应该分析原因。可能的原因主要有以下五种。

(1)企业收款不正常减少,导致回款不足,从而引起现金流量表中经营活动产生的现金流量净额恶化。比较一下企业利润表中两年的营业收入数字、资产负债表年末与年初商业债权(应收账款与应收票据之和)的规模变化、资产负债表年末与年初商业负债(应付账款与应付票据之和)的规模变化,以及现金流量表中两年的销售回款情况,我们就可对企业的销售回款是否基本正常作出初步判断。

(2)企业付款不正常增加,导致现金流量表中经营活动产生的现金流量净额下降,如由于企业商业信用下降、行业竞争加剧等,导致现金流量表中经营活动产生的现金流量净额下降等重大变化。当然,现实中也存在一些不正常的采购行为,如有些制造企业在原材料成本相对较低的时期购入超过当期消耗量的原材料进行储备;有些房地产企业在预测今后房价继续上涨的情况下大量囤地;等等。这些行为虽然会导致当期付款的不正常增加,但会因此带来企业未来现金流出量的减少,从而提升企业未来利润的含金量。

(3)企业存在不恰当的资金运作行为,如某些企业"支付其他与经营活动有关的现金"

巨大,"其他"活动成了主流活动。

(4)企业在经营活动的收款和付款方面主要与关联方发生业务往来。在这种情况下,企业与关联方之间的业务往来,无论是在核心利润的各个要素(如营业收入、营业成本、销售费用、管理费用等)的确认上,还是在各项经营活动的现金流量的流出规模与时间的控制上,均具有较强的可操纵性。在这种情况下,难以按照一般的报表之间的逻辑关系进行分析。

(5)企业报表编制有错误。如果找不到正常的理由来解释企业的这种巨大差异,那么还有一种可能是由于各种原因企业将现金流量表编错,使得信息使用者难以根据一般的逻辑关系对此加以分析。

(二)投资收益的含金量分析

一般而言,投资收益主要有两大来源渠道:投资性资产的持有收益,即在持有期间从被投资企业获取的一定形式的利润;投资性资产的处置收益,即在处置投资性资产时,售价与初始取得成本之间的差额。

(1)持有收益的含金量分析。由于投资企业对合营企业和联营企业的长期股权投资采用权益法,将被投资企业所实现的净利润(或者发生的净亏损)的相应份额确认为投资收益,因此这种投资收益的含金量取决于被投资企业的分红政策。可以肯定的是,只要被投资企业不将净利润全部用于分红,投资企业所确认的投资收益就会存在不同程度的"泡沫",有可能造成投资企业有利润而没有现金流。而投资企业对其子公司的长期股权投资采用的是成本法,将子公司所宣告分派的现金股利按照其持股比例确认为投资收益,因此投资企业(即母公司)的这种投资收益的含金量基本上是有保障的。其他投资性资产在持有期间所带来的投资收益,无论是股利还是利息,一般情况下都会带来相应的现金流入。

由于在被投资企业宣告发放股利和实际发放股利之间总有一段时间差,因此,分析投资收益的含金量时,为准确起见,应使用与投资收益相对应的"现金回款"同投资收益进行比较。在企业主要以长期股权投资和长期债权投资为主且年内没有发生投资转让的情况下,与本期投资收益相对应的现金回款的计算公式为:

$$\begin{aligned}投资收益的现金回款 = {}&现金流量表中的"取得投资收益收到的现金"金额 + \\&年末资产负债表中"应收股利"与"应收利息"之和 - \\&年初资产负债表中"应收股利"与"应收利息"之和\quad(4.12)\end{aligned}$$

(2)处置收益的含金量分析。由于在利润表上通常将投资性资产的售价与账面价值之间的差额确认为投资收益,在现金流量表上"收回投资收到的现金"则主要取决于各项投资性资产的售价高低,因而,处置收益的含金量具有很大的不确定性,难以一概而论。

（三）其他收益的含金量分析

从目前上市公司的实际情况来看，政府补贴收入往往会导致企业直接获得货币资金。因此，一般来说，其他收益获得现金的能力较强，质量较高。

二、利润的持续性分析

利润的持续性是指企业盈利能力在过去与未来一段时期内持续发展的状况。一般情况下，我们说企业具有较强的盈利能力，应该强调它在行业中保持相对稳固的竞争地位和核心竞争力，具有较光明的市场发展前景，而不是仅仅关注其当期盈利的规模，更何况企业会受到某些偶发的政策、市场因素或者内部某些因素的影响。企业实现的利润水平是否具有持续性是判断企业投资价值的核心要素。不具备持续盈利能力的企业，其前景处于高度不确定状态，持续经营的会计基本假设可能"摇摇欲坠"。此外，如果企业在某一期间所实现的利润规模是采用人为手段粉饰（甚至造假）的结果，那么这样的利润因缺乏持续性迟早会露出马脚。因此，利润的持续性分析应成为衡量企业利润质量的另一重要方面。利润的持续性可以从成长性和波动性两个方面来分别考察。

（一）利润的成长性分析

成长性是企业发展的灵魂，是衡量企业财务状况和预测企业发展前景的重要方面。由于在利润的构成中，核心利润最能体现企业在行业中的竞争地位和核心竞争力，因此，可通过核心利润及核心利润率的增长幅度来考察企业在核心业务上的盈利能力变化趋势。而核心利润的高低关键取决于产品销售等业务带来的营业收入的增长幅度，因此，通常情况下，营业收入的增减变化可以在一定程度上反映企业的成长性和未来的发展趋势。此外，企业毛利及毛利率的走势也是考察企业核心竞争力变化的一个非常重要的方面。

（1）营业收入增长率。营业收入增长率往往是衡量企业经营状况和市场占有能力、预测企业经营业务拓展趋势的重要标志。不断增加的营业收入是企业生存的基础和发展的条件。通常具有高成长性的企业都是主营业务突出、经营比较单一的企业。营业收入增长率越高，表明企业产品的市场需求越大，业务扩张能力越强。营业收入增长率的计算公式为

$$营业收入增长率 = \frac{本期营业收入 - 上期营业收入}{上期营业收入} \times 100\% \qquad (4.13)$$

营业收入增长率可以作为衡量公司的产品生命周期的一个重要参考指标，用以判断公司发展所处的阶段。经验数据告诉我们，在不考虑行业差异的情况下，如果营业收入增长率超过10%，一般说明企业产品处于成长期，将继续保持较好的增长势头，企业尚未面

临产品更新的风险,属于成长型企业;如果一家企业的营业收入增长率连续几年保持在30%以上,那么可以认为这家企业具备高成长性,往往会成为市场上受追捧的投资对象;如果营业收入增长率在5%~10%,一般说明企业产品已进入稳定期,不久将进入衰退期,需要着手新产品的开发;而如果该比率低于5%,基本上说明企业产品已进入衰退期,保持市场份额已经很困难,业务利润开始滑坡,如果没有开发出新产品,企业将日趋衰落。

(2)毛利与毛利率的走势。行业毛利率的平均水平会在一定程度上反映所处行业的基本特征,如行业的竞争状况、行业的成熟程度等;行业内企业毛利率的相对水平会在一定程度上反映企业产品在市场上的相对竞争实力,而产品的竞争实力又是企业核心竞争力的重要决定因素。因此,分析企业毛利率的水平及其走势非常必要。

如果企业拥有较高的毛利率,可能存在以下五种原因:第一,企业所从事的产品经营活动具有垄断地位,在这种情况下,我们应该关注企业所拥有的垄断地位会保持多久;第二,企业所从事的产品经营活动由于各种原因具有较强的核心竞争力,在这种情况下,我们应该关注企业长期保持其核心竞争力的能力;第三,企业所从事的产品经营活动由于行业周期性波动而暂时走高,在这种情况下,我们应该关注企业所从事行业的周期性变化规律;第四,企业由于盲目生产产品导致产大于销、存货积压,从而引起毛利率的提高,在这种情况下,我们应该关注企业的产品生产决策是基于市场的未来需求,还是纯粹的决策失误;第五,企业会计处理不当,故意选择调高毛利率的手段,在这种情况下,我们应该考虑它对企业未来业绩的影响,同时要关注注册会计师出具的审计报告的意见类型与措辞。

而如果企业与行业平均水平相比拥有较低的毛利率,则可能是由于以下三种原因:第一,企业产品的生命周期已经进入衰退期,在这种情况下,通常会伴随着全行业毛利率的普遍下滑,我们应该关注企业在产品转型、产品开发等方面的举措,分析企业有无盈利模式转变的战略性思考(可根据年报中的"经营情况讨论与分析"部分进行分析);第二,企业产品在品牌、质量、成本和价格等方面没有竞争力,在这种情况下,我们应该关注企业的核心竞争力到底体现在哪些方面,未来发展前景如何;第三,企业会计处理不当,故意选择调低毛利率的手段,在这种情况下,我们同样应该关注注册会计师出具的审计报告的意见类型与措辞,并考虑它对企业未来业绩的影响。无论是哪种情况造成的毛利率下滑,都意味着当期企业单位产品的盈利能力在下降。

(3)核心利润与核心利润率的增长率。前已述及,对于以自身经营为主的企业,核心利润应该成为企业一定时期财务业绩的主体。因此,通过计算和比较企业近几年来核心利润的增长率,既可以考察企业基本业绩的历史变化趋势,还可以据此大体判断企业未来业绩的走势。

应当特别关注企业的核心利润年度间的非经营性变化。非经营性变化是指通过会计调整来人为安排核心利润的过高或过低情况。实际上,我们在前面分析毛利率变化、销售费用变化和管理费用变化时考虑的会计调整因素,必然会综合反映到核心利润的变化上。

核心利润与营业收入之比就是核心利润率。很明显,核心利润率是企业经营活动基本盈利能力的表现。计算企业核心利润率的增长率,可以进一步把握企业自身经营活动的盈利能力的变化情况。同时,将企业的核心利润率与其目标核心利润率、特定企业的核心利润率及同行业平均核心利润率进行比较,可以更清晰地认识企业的核心竞争力和竞争地位。

(二)利润的波动性分析

利润的波动性是指企业利润无法相对保持稳定而出现业绩变化的区间范围,可以通过企业各期利润的相对变化幅度来加以衡量。我们认为,如果企业的利润构成中存在某些无法持续发生的"非经常性损益"项目,就会在一定程度上影响企业利润的波动性。在此基础上,还要分析企业所面临的内外部环境、自身的竞争优势及战略调整情况等各方面因素对利润波动性可能产生的影响。

非经常性损益是指公司发生的与经营业务无直接关系,以及虽与经营业务相关,但由于其性质、金额或发生频率而影响了真实、公允地反映公司正常盈利能力的各项收入、支出。关于哪些项目应该属于非经常性损益项目,难以穷举,只能依据会计准则进行实质性判断。

根据财政部和中国证券监督管理委员会的现行规定,对非经常性损益项目的相关信息,上市公司应该在利润表下面以补充资料的形式予以披露,而在披露上市公司的净资产收益率和每股收益两个财务指标时,也应该同时披露扣除非经常性损益后的两个指标的相关结果。

在判断某项损益是否为非经常性损益时,除了考虑该项损益与生产经营活动的联系外,更重要的是考虑该项损益的性质、金额或发生频率的大小。具体来说,在经营活动、投资活动及筹资活动中,都有可能产生一些非经常性损益。

(1)经营活动可能涉及的非经常性损益项目。企业在商品经营活动中,对于显失公允的关联购销交易产生的损益、资产的处置或置换损益、债务重组损失、有关资产的盘盈或盘亏,以及相关的补贴收入、税收优惠等应作为非经常性损益处理。这些项目通常在利润表中体现为"营业外收入(或支出)""其他收益"等项目。需要说明的是,其他收益中包含的各种税收优惠及税收返还、财政补助等其他各种补贴收入,若符合相关规定,且能在未来较长期限内获得,则应该将这些收益作为企业经常性损益的组成内容。信息使用者可以结合其他收益、营业外收入(或支出)项目的附注说明来加以判断。

另外,对企业资产计提减值准备而发生资产减值损失是企业在持续经营过程中经常发生的事项,因此不应该将资产减值损失看作非经常性损益。但在我国部分上市公司中,在企业扭亏为盈或保持盈利势头的关键年份,往往出现资产减值损失这类"小项目"成为业绩主要支撑项的情形。这时信息使用者就应该对这种"小项目的大贡献"的可持续性进行考察。

(2)投资活动可能涉及的非经常性损益项目。企业发生的投资活动通常包括股权投资和债权投资两种基本类型,由此获取的投资收益能否作为企业的经常性损益应该根据其形成的具体来源进行分析。

①企业基于战略发展的考虑进行各种长期投资,其主要目的并不在于短期内转让以获取价差收益。因此,通过对外的长期股权、债权投资在持有期间所获取的正常投资收益应该被计为经常性损益。但是,长期投资的处置收益属于"一次性"的偶发业务,由此产生的损益应该全部作为非经常性损益处理,否则无法合理地评价企业的盈利能力。

②企业进行各种短期投资(包括委托理财产品)的目的主要在于获取短期内的价差收益。由于在经营活动中收入和支出之间存在时间差,可能导致部分资金闲置,因此,如果企业利用暂时闲置的资金(而非借入的资金)直接进行(而非委托其他单位进行)短期投资,则可以将此类投资产生的收益作为企业的经常性损益处理。因此,在实务中,利润表中的"公允价值变动收益"通常不列入非经常性损益,但由于它属于未实现损益,如果在企业利润构成中占比过大,则要额外关注该项目对企业利润持续性所造成的影响。

③如果企业向其他企业拆出资金或委托金融机构发放贷款,也应该作为企业的投资活动。如果此类活动产生的收益高于或低于银行同期贷款利率,则应该将实际获取的收益与按照同期银行贷款利率计算的结果之间的差额作为非经常性损益处理。

(3)筹资活动可能涉及的非经常性损益项目。筹资活动可能涉及的非经常性损益项目主要有三类,即企业进行工程项目建设获得的财政贴息收益计入当期损益的部分,企业向关联企业及其他企业拆入资金时实际支付的资金占用费与按照银行同期贷款利率计算的结果之间的差额,以及由于汇率变动而形成的汇兑差额。这些项目大多数都会被反映在企业的财务费用中,但信息使用者能否获取相关信息,要视上市公司对财务费用附注披露的详略程度而定。

(4)其他应作为非经常性损益的项目。其他应作为非经常性损益的项目如捐赠支出、债务重组损失、罚款收入或支出、非常损失等(不含前面提及的项目),基本上都被列示于营业外收入或支出项目中。此外,由于公司会计政策在制定以后一般应该保持相对稳定,因此会计政策变更不应是经常发生的事项,由于变更会计政策对以前年度进行追溯调整而引起的以前年度损益的变化,应该作为当年的非经常性损益处理。这方面信息可以在股东权益变动表中被找到。

三、利润的战略吻合性分析

企业不同的资源配置战略选择会导致不同的资产结构(指经营性资产与投资性资产的比例关系),直接带来不同的盈利模式,不同的盈利模式又产生不同的利润结构,因而企业的利润结构与资产结构之间的吻合性可以在一定程度上体现企业资源配置战略的实施效果。也就是说,可以通过企业的利润结构与资产结构之间的对应关系来判断利润的战略吻合性。

在分析企业的利润结构与资产结构之间的对应关系时,为便于比较,我们通常的做法是忽视"资产减值损失""信用减值损失""公允价值变动收益"这三个常规"小项目"。在金额较大时,可将前两者归入核心利润部分,将后者归入广义投资收益的范围,将营业利润分为核心利润和投资收益两个部分。

(一)利润结构与资产结构的匹配性分析

在分析中,通常采用母公司数据,分别计算经营性资产与投资性资产的比例关系及核心利润与投资收益的比例关系。如果不考虑不同的商业模式、行业间的盈利性差异及企业处在不同的发展阶段而产生的盈利差异等各种因素,可以简单地通过如下对于上述两种比例关系的比较,大体上对上市公司自身利润的战略吻合性加以评价:从长期来看,如果两者大致相当,则说明企业战略的实施效果较好,利润的战略吻合性较高;如果两者相差较大,在一些主客观因素无法给出合理解释的情况下,一般认为企业战略的实施效果不够好,利润的战略吻合性较低。

(二)企业各类资产的盈利能力分析

在传统的财务指标中,通常只将资产总额与利润总额(或息税前利润总额)进行比较,计算总的资产报酬率。但由于企业会选择实施不同的战略,导致不同的资产结构(指经营性资产与投资性资产的比例关系),产生不同的利润结构,因此,通常情况下,各类资产的相对盈利能力是不同的,有必要对企业的各类资产分别进行盈利能力分析(这里主要从数量维度考虑),以帮助分析者找出企业资产中相对较强的盈利区域,这样更有利于企业管理者及时调整经营战略,也有利于投资者更清晰地判断企业未来的发展走势。

(1)经营性资产的盈利能力分析。可以通过计算经营性资产报酬率来进行分析与评价。

$$经营性资产报酬率 = \frac{核心利润}{平均经营性资产} \times 100\% \qquad (4.14)$$

除了一般性地比较同一企业不同年度间、不同企业间的经营性资产报酬率,还应注意:经营性资产种类繁多,不同经营性资产的利润贡献方式可能存在较大差异。例如,在企业从事一般经营活动同时兼营投资性房地产业务的情况下,投资性房地产业务的租金收入(属于营业收入)与普通产品销售(营业)收入对利润的贡献方式显然不同。因此,应特别关注经营性资产的结构性差异对企业利润贡献造成的不同影响。

(2)投资性资产的盈利能力分析。可以通过计算投资性资产报酬率来进行分析与评价。

$$投资性资产报酬率 = \frac{投资收益}{平均投资性资产} \times 100\% \tag{4.15}$$

除了一般性地比较同一企业不同年度间、不同企业间的投资性资产盈利能力,还应注意:以公允价值计量且其变动计入当期损益的金融资产和非流动资产中有诸多形态的投资性资产,不同形态的投资性资产产生的投资收益在确认和计量方法上存在较大差异,如金融资产处置收益、长期股权投资转让收益、成本法和权益法确认的投资收益及利息收益等。因此,应特别关注不同投资性资产在利润确认方面存在的差异。在以公允价值计量且其变动计入当期损益的金融资产当期所带来的公允价值变动收益金额较大时,可以将其归入投资收益范围。

(3)资产管理和利润操纵倾向。通过比较投资收益与投资性资产、核心利润与经营性资产之间的相对盈利能力差异,也可以对企业的资产管理、利润操纵等方面作出判断。

①投资性资产的盈利能力与经营性资产的盈利能力大体相当。这时一般认为企业的内部产品经营活动与对外投资所涉及的产品经营活动所具有的盈利能力相当,管理效率相当。在这种情况下,企业的管理活动应该集中在提高现有资产的利用率(企业现有资产利用率、周转率还有提升空间时)或者扩大产品经营规模与对外投资规模(企业现有资产利用率、周转率已经处于较高水平时)上。

②投资性资产的盈利能力强于经营性资产的盈利能力。这时一般认为企业对外投资的效益高于企业内部经营产品的效益。经营性资产的盈利能力较弱,可能意味着企业在经营性资产方面存在不良占用(或非经营性占用)、资产周转缓慢、产品在市场上没有竞争优势等。在管理上,企业应该考虑的重点是提高内部资产的利用率、消除不良占用和提升产品在市场上的竞争力等。在现有经营状况难以为继的情况下,企业还应当考虑产品结构的战略调整。

另外,投资性资产的盈利能力强,虽然可能说明企业的投资性资产获利能力较强,但也有可能意味着企业在对外投资的收益确认方面存在较大的虚假和泡沫成分。在这种情况下,企业的泡沫利润虽然可以"填充"企业近期的财务业绩,但可能对企业未来发展产生不良影响。这时,需要视具体情况做具体分析。

③投资性资产的盈利能力弱于经营性资产的盈利能力。这时一般认为,企业对外投资的效益在下降。经营性资产的盈利能力较强,可能意味着企业在经营性资产方面管理能力较强。投资性资产的盈利能力偏弱,企业应该考虑的重点是作出继续持有还是出售有关投资的决策,或者通过加强对投资对象的管理来提升对外投资的盈利能力。

(三)对利润战略吻合性的进一步分析

实际上,我们还可以对企业的资产作更为细致的划分,把投资性资产进一步分为控制性投资和其他投资,这样,资产就分为经营性资产、控制性投资和其他投资三个部分。其中,经营性资产和控制性投资是分析的重点。

经营性资产在企业的经营活动中会直接获取核心利润,而控制性投资实际上就是子公司的经营性资产,因此,控制性投资所带来的经营成果体现为子公司的核心利润。

综上所述,本书的利润质量分析体系是基于"资产创造利润,利润带来现金流量"这一逻辑关系构建起来的。利润结构与资产结构、现金流量结构之间的对应关系可以通过表4-3加以概括说明。

表4-3　利润结构与资产结构、现金流量结构之间的对应关系

资产	利润	现金流量
经营性资产(识别:一般包括货币资金、商业债权、存货、固定资产和无形资产等项目)	核心利润	经营活动产生的现金净流量
控制性投资(识别:母公司长期股权投资与合并报表长期股权投资之差;母公司其他应收款与合并报表其他应收款之差;母公司预付款项与合并报表预付款项之差。注:当"之差"为正时才有意义)	首先表现为子公司的核心利润,被合并计入合并利润表的核心利润	首先表现为子公司的经营活动产生的现金净流量,被合并计入合并现金流量表的经营活动产生的现金净流量
控制性投资(识别:母公司长期股权投资与合并报表长期股权投资之差;母公司其他应收款与合并报表其他应收款之差;母公司预付款项与合并报表预付款项之差。注:当"之差"为正时才有意义)	如果子公司分红,则表现为母公司的投资收益(即采用成本法确认的投资收益)	取得投资收益收到的现金

资产	利润	现金流量
其他投资（识别：以公允价值计量且其变动计入当期损益的金融资产、可供出售金融资产、持有至到期投资、合并报表中的长期股权投资）	权益法确认的投资收益、债权投资收益、投资处置收益等，为准确起见，也可以包括公允价值变动收益	比较复杂，主要通过"取得投资收益收到的现金"和"收回投资收到的现金"等项目进行分析

概括起来，无论是公司自身的经营性资产，还是通过对外投资形成的子公司的经营性资产，在三张报表中都有一条非常清晰的分析脉络：经营性资产—核心利润—经营活动产生的现金净流量。通过这条脉络，我们就能够比较清晰地判断企业经营性资产的整体质量和利润质量。但是，在实践中存在一种特殊类型的企业——以控制性投资为主体的企业，对这样的企业进行质量分析，必须采用另一个分析脉络。

由于以控制性投资为主体的企业自身基本不开展经营活动，主要从事对外投资活动及后续的投资管理工作，因此这类企业报表中的资产项目主要有三个——货币资金、其他应收款及长期股权投资，而固定资产等常规的经营性资产项目金额相对较少。在子公司不分红的情况下，母公司的利润表中就无法显示投资收益（由成本法的核算特点决定）。在这种情况下，企业利润表中的营业收入规模可能会很小，而管理费用、销售费用、财务费用等期间费用却要照常发生，结果导致母公司利润表中所显示的企业业绩非常差，净利润是一个惨不忍睹的负数。

这时，要想正确判断企业的资产质量和利润质量，就必须采用另一个脉络展开分析：母公司控制性投资资产—子公司的核心利润—子公司经营活动产生的现金净流量。其中，子公司的核心利润是在合并报表中体现的，为合并核心利润与母公司核心利润之差，当然其前提是母、子公司之间所发生的内部关联交易较少。

需要再次强调的是，以控制性投资为主体的企业，母公司（即投资企业）利润表中的净利润不取决于子公司的效益，而是取决于子公司的分红政策。因此，在集团管理中，想要让母公司的报表业绩好看一些，子公司就应该保持持续稳定的现金分红政策。

第四节　利润质量恶化的外在表现

企业利润的质量恶化往往是一个较为缓慢的过程，甚至具有一定的隐蔽性和欺骗性。但在通常情况下，利润质量的恶化总会反映在企业经营的某些方面，因此，信息使用者可以根据某些外在表现及时发现企业利润质量恶化的蛛丝马迹。常见的情况如下。

一、企业扩张过快

虽然我们在评价企业利润质量时强调成长性问题,指出成长性是企业发展的灵魂,是衡量企业财务状况和预测企业发展前景的重要方面,但无数上市公司失败的案例告诉我们,毫无节制的野蛮生长有可能使企业多年的努力毁于一旦,"过快成长等于加速灭亡"便成为一句管理魔咒。企业在多元化经营的过程中必然面临一个问题:企业对于正在拓展的其他领域,无论是在技术上、管理上还是在营销上,都要有一个逐步适应、探索的过程。企业在发展过程中不可避免地会受到来自资金、资源、管理水平等各方面的制约,这就注定了企业并不是无所不能而是技有所长,如果企业在一定时期内扩张过快,涉及的领域过多、过宽,那么,企业把触角延伸到自己不擅长的领域的概率就会加大,这时所获利润的质量就有恶化的可能。

二、企业过度举债

企业过度举债,除了发展、扩张性原因,还有可能是由于企业通过正常经营活动、投资活动难以获得正常的现金流量支持,即利润的含金量下降。在企业由于回款不力等原因面临利润质量恶化的情况下,通常难以满足经营活动正常的现金需求,企业只能依靠扩大贷款规模来解决资金短缺的难题。但扩大贷款规模会因企业未来承担更多的利息支出而使企业的业绩雪上加霜,因此,我们一般认为,过度举债往往会导致企业一步步地走向财务困境,这也是企业利润质量恶化的外在表现。

三、注册会计师(会计师事务所)频繁变更,审计报告出现异常

对于注册会计师而言,企业是他们的客户,注册会计师一般不愿轻易失去客户。只有在审计过程中,当注册会计师与企业管理者就报表编制出现重大意见分歧、难以继续合作时,注册会计师才有可能出于审计风险的考虑而主动放弃客户。因此,对于频繁变更注册会计师(会计师事务所)的企业,会计信息使用者应当考虑企业因业绩下降而不得已造假的可能。这种情况下公布的企业业绩即便维持了原有水平,企业利润质量也极有可能出现恶化。此外,如果企业年报的公布日期比正常的要晚,甚至审计人员发生了变化,通常也是企业利润质量恶化的一种迹象。

四、企业变更会计政策和会计估计

根据一致性原则,企业一旦确定了会计政策和会计估计基础,一般不得随意变更。但如果企业赖以决策的基础发生了变化,或者获得了新的信息、积累了更多的经验、内外部

环境发生了变化等,企业可以对会计政策进行变更或者对会计估计进行修订,但要给出充足的理由。

然而在实务中,有很多企业在并不符合会计准则要求的情况下变更会计政策和会计估计,如变更固定资产的折旧方法、延长固定资产的折旧年限、压低应收账款等资产项目的减值准备计提比例等,其变更的目的不排除借此改善企业财务业绩。因此,尤其是在企业面临不良经营状况时,企业有变更会计政策和会计估计的举动,且恰好有利于企业账面利润的改善,那么这种变更便成为企业利润质量恶化的一种信号。

五、应收账款规模不正常增加,应收账款平均收账期不正常变长

应收账款是因企业赊销而引起的债权。在企业赊销政策一定的条件下,企业的应收账款规模通常与企业的营业收入保持一定的相关性,企业的应收账款平均收账期也应保持相对稳定。值得注意的是,企业的应收账款规模在一定程度上与企业在赊销过程中所采用的信用政策有关(尤其是那些产品在市场上可替换性强、市场竞争激烈的企业):放宽信用政策(放松对顾客信誉的审查、放宽收账期),将会刺激销售,扩大应收账款的规模,延长应收账款平均收账期。

因此,企业应收账款的不正常增加、应收账款平均收账期的不正常变长,有可能是企业为了增加营业收入而放宽信用政策的结果。过宽的信用政策可以刺激企业营业收入立即增长,但是,企业会面临未来发生大量坏账的风险,利润的含金量会受到影响。

六、应付账款规模不正常增加,应付账款平均付账期不正常延长

应付账款是因企业赊购商品或其他存货而引起的债务。在企业供应商的赊销政策一定的条件下,企业的应付账款规模应该与企业的采购规模保持一定的对应关系。在企业产销较为平稳的条件下,企业的应付账款规模还应该与企业的营业收入保持一定的对应关系,企业的应付账款平均付账期也应保持相对稳定。如果企业的购货和销售状况没有发生很大变化,企业的供应商也没有主动放宽赊销的信用政策,但企业的应付账款规模却不正常增加,应付账款平均付账期也不正常延长,就有可能成为企业支付能力恶化、资产质量恶化、利润质量恶化的一种外在表现。

七、企业存货周转过于缓慢

存货周转过于缓慢,表明企业在产品质量、价格、存货控制或营销策略等方面出现了一些问题。存货周转越慢,企业存货占用的资金也就越多。过多的存货除了占用资金、引起企业过去和未来的利息支出增加,还会使企业承担存货过时的风险,并产生过多的存货

损失及存货保管成本,这些因素都会在一定程度上降低利润的持续性。

八、企业无形资产或者开发支出等资产项目规模不正常增加

从无形资产会计处理的一般惯例来看,企业自创无形资产所发生的研究和开发支出一般应计入当期损益,而在资产负债表上作为无形资产列示的主要是企业从外部取得的无形资产。如果企业出现无形资产或者开发支出的不正常增加,有可能是因为收入不足以弥补应当归于当期的花费或开支,企业为了减少研究和开发支出对利润表的冲击而利用这些虚拟资产将费用资本化,从而形成企业"虚盈实亏"的现象。因此,我们有理由认为,企业无形资产或者开发支出等资产项目规模不正常增加是企业盈利能力下降、利润质量恶化的一种掩盖方式。

九、企业的业绩过度依赖非经常性损益项目

正常情况下,无论企业采用何种战略,营业利润都应该成为企业业绩的主要支撑。但是在实务中,有些企业在利润增长潜力挖尽的情况下,为了维持一定的利润水平,有可能通过非经常性损益项目来弥补核心利润和投资收益的不足。企业通过获取固定资产的处置收益来增加利润就是一种很常见的手段,虽然这一做法在当期有助于企业维持表面繁荣的局面,但如果所出售的项目是企业生产经营中所需要的固定资产,就会使企业的未来经营规模和长期发展战略受到直接冲击,未来的盈利能力和利润质量也必定会受到负面影响。

十、企业利润表中的销售费用、管理费用等项目规模出现反常走势

企业利润表中的销售费用、管理费用等期间费用基本上可以分成固定和变动两个部分。其中,固定部分主要包括折旧费、人头费等不随企业业务量的变化而变化的费用;变动部分则是指那些随企业业务量的变化而变化的费用。这样,企业各个会计期间的总费用还是会呈现出随企业业务量的变化而变化的特征。当业务量增加时,费用总额一般会相应增加;而当业务量下降时,企业为了改变这种局面,往往会产生更多的诸如广告费、促销费、新产品开发研制费等支出。可见,在企业正常的发展过程中,大规模地降低期间费用的发生水平是有难度的。当然,企业采取有效的成本费用控制措施会使费用有一定的下降,但如果这种下降缺乏持续性,仅在某一期间出现异常下降,就往往是企业为缓解业绩恶化而采用的人为操纵手段所带来的结果。

十一、企业反常压缩酌量性支出

酌量性支出是指企业管理层可以通过自身决策来改变其发生规模的支出,如研究和开发支出、广告费支出、职工培训支出等。本书在前面的分析中已经指出,此类支出可能并不在当期带来全部效益,但对企业的未来发展非常有利,因此,其发生水平通常不与企业当期的经营规模和业绩变化呈直接的线性关系,而与企业的经营战略和管理风格有更为密切的联系,一般在一定时期内表现出相对稳定的开支状态。如果这类支出的规模相对于营业收入的规模来说大幅降低,就应考虑有反常压缩的可能。也就是说,企业可能为了避免当期利润规模大幅下降,蓄意缩小酌量性支出规模或推迟其发生的时间。这种迹象往往预示着企业的利润质量可能会进一步恶化。

十二、企业有足够的可分配利润,但长期不进行现金分红

企业股东投资的主要目的有:获取现金股利、控制被投资企业以实现企业的战略目标、耐心持有以实现投资的增值等。其中,获取现金股利是股东投资最基本的投资目的。而企业支付现金股利一般需具备两个条件:第一,企业应有足够的可供分配利润(即未分配利润);第二,企业要有足够的货币支付能力。显然,如果企业有足够的可供分配利润但不进行现金股利分配,无论企业如何解释,首先应当怀疑企业没有现金支付能力,或者怀疑管理层对企业未来的发展前景信心不足。在企业没有明确的未来发展规划的情况下,这完全可以被认为是企业利润质量下降的一种外在表现。

思考

1. 企业利润表的基本内容和具体结构如何?
2. 如何理解利润表的作用?
3. 如何评价利润表各项目的质量?
4. 怎样看待公允价值变动收益和资产减值准备对企业利润的贡献?
5. 如何评价企业利润质量?
6. 企业利润质量下降有哪些特征?

案例讨论与分析

案例一　企业利润质量分析——持续性分析：

参见本章完美世界的利润结构表（表4-1），完成以下练习。

1. 该企业连续两年的利润结构有什么特征？

2. 你认为这个企业的主营业务有竞争力吗？为什么？

3. 请评价该企业的利润结构所包含的利润质量意义。

第五章 融资决策基础——财务比率

将资金借给一家公司的安全性如何？成为一家公司的股东将会获得怎样的经济收益？这家公司为你提供了多大价值？这些问题都可以通过分别观察相关数据来回答。财务比率提供了一种比较不同的公司数据的方法，使得原本没有特殊含义的数字具有价值。我们已经学习了如何通过资产负债表来辨别公司，现在让我们继续深入研究对于分析一家公司来说更有用的工具——财务比率。比率是商业的语言，财务专业人士热衷于创造各式各样的比率、讨论它们、做不同的变换、把它们倒过来或拆分等。

第一节 财务比率概述

比率使得不同公司及同一公司不同时期的数据具有可比性，数据不再是单纯的数字，而变得富有意义。例如，可口可乐公司在2016年度的净利润是73亿美元。这对于公司来说是很可观的数字吗？如果没有其他资料，我们就无从判断。反之，如果我们知道可口可乐公司的净利润是收入的16%（净利润/收入），就好办了。类似的，我们知道可口可乐公司有640亿美元负债可能没什么意义，但如果得知其资产的70%（负债/资产）是通过负债的方式融资获得的，那么我们会对公司有更深的了解。你也可以将这些比率与其他公司或同一公司的历史数据进行比较。

一般来说，表5-1中的比率回答了四个方面的问题。第一，在创造利润这件事情上，公司表现如何？第二，一家公司的效率或生产效益如何？第三，一家公司通过何种方式融资？第四，问题围绕流动性展开，流动性指的是一家公司快速产生现金的能力。如果你所有的个人资产都集中在房地产上，那么你是缺乏流动性的；相反，如果你的财富全部存在活期存款账户中，那么你具有非常高的流动性。

表5-1 分辨行业的游戏——财务比率

财务比率	公司A	公司B	公司C	公司D	公司E	公司F	公司G	公司H	公司I	公司J	公司K	公司L	公司M	公司N
流动资产/流动负债	1.12	1.19	1.19	2.64	1.86	2.71	10.71	0.87	0.72	2.28	1.23	1.01	0.91	1.36

财务比率	公司 A	公司 B	公司 C	公司 D	公司 E	公司 F	公司 G	公司 H	公司 I	公司 J	公司 K	公司 L	公司 M	公司 N
（现金+交易性金融资产+应收账款）/流动负债	0.78	0.18	0.97	2.07	1.67	2.53	9.83	0.49	0.20	1.53	0.40	0.45	0.71	1.23
存货周转率	7.6	3.7	32.4	1.6	—	10.4	—	31.5	14.9	5.5	7.3	2.3	—	—
应收账款回收期/天	20	8	63	77	41	82	52	8	4	64	11	51	78	47
总负债/总资产	0.09	0.02	0.19	0.20	0.33	0.11	0.10	0.33	0.36	0.39	0.16	0.36	0.17	0.63
长期债务/总资本	0.27	0.06	0.33	0.28	0.70	0.14	0.11	0.57	0.59	0.62	0.18	0.47	0.29	0.56
收入/总资产	1.877	1.832	1.198	0.317	1.393	0.547	0.337	1.513	3.925	1.502	2.141	0.172	0.919	0.038
净利润/收入	−0.001	−0.023	0.042	0.247	0.015	0.281	0.010	0.117	0.015	0.061	0.030	0.090	0.025	0.107
净利润/总资产	−0.001	−0.042	0.050	0.078	0.021	0.153	0.004	0.177	0.061	0.091	0.064	0.016	0.023	0.004
总资产/股东权益	3.97	2.90	4.44	2.27	8.21	1.80	1.28	4.00	5.85	4.23	1.83	2.77	2.66	9.76
净利润/股东权益	−0.005	−0.122	0.222	0.178	0.171	0.277	0.005	0.709	0.355	0.384	0.117	0.043	0.060	0.039
息税前利润/利息费用	7.35	−6.21	11.16	12.26	3.42	63.06	10.55	13.57	5.98	8.05	35.71	2.52	4.24	—
息税折旧摊销前利润/收入	0.05	0.00	0.07	0.45	0.06	0.40	0.23	0.22	0.05	0.15	0.06	0.28	0.09	0.15

一、流动性

大多数公司破产的原因是现金被消耗殆尽。流动性比率通过计算一家公司可快速变现的资产对短期负债的覆盖程度来衡量其破产风险。供应商希望自己客户的流动性比率高，因为这样回收货款的安全性会更高。对于股东来说，更高的流动性产生了抵消效应。的确，他们要保证公司不会破产，但同样，现金和有价证券这类流动性极高的资产可能无法提供良好的回报。

$$流动比率 = \frac{流动资产}{流动负债} \times 100\% \qquad (5.1)$$

流动比率站在供应商的角度提出了这样的问题:如果公司需要关停,那么此时它有能力支付欠供应商的款项吗? 它当前拥有的流动资产足够偿付流动负债(包含对供应商的欠款)吗? 这一比率是供应商判断是否允许这家公司赊账采购的重要指标,也是判断公司在未来6~12个月内能否继续运营的重要标准。

$$速动比率 = \frac{流动资产 - 存货}{流动负债} \times 100\% \qquad (5.2)$$

速动比率与流动比率很接近,但是在分子上扣除了存货。扣除存货的目的是什么? 你可能会把存货与日常运营联系在一起,但对于财务人员来说,存货就意味着有融资需求的风险。以黑莓公司为例,黑莓公司从事的智能手机行业是一个产品更新换代非常迅速的行业,2013年,黑莓公司发布Z10系列产品的时间过晚,最终不得不公告10亿美元的存货实际上已经毫无价值。对于存货减值风险很高的公司而言,速动比率能提供更加严格的视角去审视公司的流动性。

思考

让我们思考三个不同类型的公司:公司A(全球矿业和金属集团公司);公司B(一家小型钢铁生产商);公司C(一个奢侈品时尚品牌)。对于这三家公司来说,你应该用流动比率还是速动比率去分析?

这个问题的关键之处在于,你认为哪家公司的存货风险最大。从很多方面考虑,公司C的存货风险是三者之最,因为并不存在一个现成的市场可供它将存货快速变现。如果在某款新品上出现了风格误判,即便采取高折扣的措施,也几乎不可能将存货出售完。与之相反,公司A和公司B更可能在短时间内处理掉存货,因为它们从事的是有成熟现货市场的大宗商品贸易,对此类产品消费者不存在消费偏好。

二、盈利能力

盈利能力可以用多种方式评估,具体方式的选择取决于你关注的是哪个方面的问题。盈利能力的评估也同样可以脱离传统的以会计核算为基础的盈利计算方式来进行。

一如既往,将盈利与哪些数据进行比较很关键。例如,你可以看净利润,即扣除所有成本和费用后的所得,将它与销售额相除(代表利润率),或者与股东权益相除(代表净资产收益率)。两者均为衡量盈利能力的重要方法。第一种方式回答了对于赚来的每一美元公司在扣除所有相关成本和费用后最终能得到多少;第二种方式,即净利润除以股东权益,回答了对于股东投入公司的每一美元,他们每年可以收获多少钱。这就是回报的概念,即净资产收益率。

$$利润率 = \frac{净利润}{收入} \times 100\% \tag{5.3}$$

从表5-1中可以看到,衡量盈利水平的方式根据成本扣减方式的不同有很多种。毛利润是只从收入中扣减了与产品生产有关的成本费用,而经营利润在此基础上还扣减了其他经营成本,如销售费用和管理费用等。最终,净利润在经营利润的基础上继续扣除利息和所得税。有趣的是,公司A和B的利润率为负,而公司D和F的利润率接近25%。

$$净资产收益率(ROE) = \frac{净利润}{股东权益} \times 100\% \tag{5.4}$$

净资产收益率衡量了公司股东每年的收益情况。具体来说,就是对于股东投入公司的每一美元,他们能够得到的年度利润回报。公司C的净资产收益率是22%,而公司M的净资产收益率仅为6%。

$$资产收益率(ROA) = \frac{净利润}{总资产} \times 100\% \tag{5.5}$$

资产收益率提出的问题是,公司拥有的每一美元资产所能创造的年度净利润是多少。我们换一种方式理解,就是公司资产创造利润的效率如何。

$$息税折旧摊销前利润率 = \frac{息税折旧摊销前利润}{收入} \times 100\% \tag{5.6}$$

息税折旧摊销前利润(EBITDA)是财务中最常用的缩略语之一,在读EBITDA时,你的发音要连续急促——"E-BIT-DA"。谈到息税折旧摊销前利润也意味着我们脱离了会计意义上的净利润,将关注点转向财务上的现金流。究竟什么是息税折旧摊销前利润?我们将它分成两个部分来探讨——息税前利润(EBIT)和折旧与摊销(DA)。

息税前利润是一种听起来更为专业的财务术语,实际上它就是你已经知晓的"经营利润"。如果从利润表的最下面一行向上看,你可以将经营利润描述为"在扣除利息和所得税以前的收入"。由于不同公司所承担的税负和资本结构均有区别,息税前利润提供了一种直接进行行业业绩比较的方式。例如,一家美国出版公司和一家德国出版公司可能面临不同的税率。净利润包含了所得税的影响,直接对比净利润的结果可能存在偏差;息税前利润将所得税排除在外,这样可以消除税负差异带来的影响。

那折旧与摊销是什么呢？折旧指的是汽车和机器设备等实物资产在财务报表上随着时间流逝逐步消耗价值的过程,摊销指的是无形资产同样的消耗过程。强调折旧与摊销的原因在于,它们是与现金流出不相关的费用,它们代表的仅仅是资产价值损失的模拟近似值。假设你修建一座工厂。在会计处理上,你需要对它计提折旧,并在账面上体现为一项费用;但是在财务上,我们强调的是现金,而折旧与摊销在持续运营中并没有表现为真实的现金流出,因此息税折旧摊销前利润(在支付利息、所得税,折旧,摊销前的收入)是衡量通过运营所产生的现金的一种计量方式。息税前利润是扣减了折旧与摊销之后的利润,因此计算息税折旧摊销前利润时需要在息税前利润的基础上将折旧与摊销加回来。

对现金的关注是财务视角的关键点。接下来将要全面分析的案例——亚马逊公司就几乎不盈利,但有非常可观的息税折旧摊销前利润。在表5-1列举的公司中,公司D因产生大量现金而引人注目,每赚取1美元的收入就能够获得45美分的现金! 与之类似的公司L,利润率为9%,在合理区间内,但是息税折旧摊销前利润率却高达28%。为什么会有如此大的差异?

三、融资和杠杆

杠杆是财务领域最强大的概念之一,它与我们先前提到的融资选择和资本结构紧密相关。你可能有从事财务和金融工作的朋友,他们提到杠杆时可能百感交集。商业帝国成于杠杆也毁于杠杆,接下来你会知道原因所在。

为什么要叫杠杆? 理解杠杆力量的最简单方式就是回想一下物理学课本中关于杠杆的内容。有一块儿巨大的岩石,你无法靠自己的力量将它移动,但加入一个杠杆就可以将力量放大数倍,从而移动这块岩石,这看起来真的很神奇。这与财务杠杆有着异曲同工之妙。就像一个杠杆可以让你移动本来无法被挪动的岩石一样,财务领域的杠杆使得资产所有者得以控制原本无法控制的资产。

让我们来看一看,在购买了一套房屋后,你个人的资产负债表情况——如果没有按揭贷款的支持会怎么样。如果你有100美元,那么你只能购买价值100美元的房屋。假如有按揭贷款市场的支持,你就可以贷款购买一幢500美元的房屋。让我们来分别比较在两种情况下,你的个人资产负债表的构成情况(见表5-2)。

表5-2 购置房产的资产负债表

情形 A		情形 B	
资产	负债和财富净值	资产	负债和财富净值
价值100美元的房屋	100美元财富净值	价值500美元的房屋	400美元的按揭贷款 100美元的财富净值

实际上,杠杆的使用让你住上了本来没有可能住上的房子。这是不是跟借助杠杆移动岩石一样充满了魔力?

这里有个大问题:在哪一种情形之下,你更富有?是情形A还是情形B?有些人会认为情形A中的你更富有,因为你不欠其他人任何东西。而有些人则认为情形B中的你更富有,因为你住在了更优质的房子中。实际上,你的财务状况在两种情景下并无区别,你拥有的都是100美元的股东权益。

杠杆不仅可以让你控制本来没有能力控制的资产,还可以增加你的收益。假设在上面两种情形下,你拥有的房子增值了10%。在情形A中,你的净资产收益率是10%,但是在情形B中,这一数字变成了50%,你的房子价值550美元,但你的贷款金额仍然保持在400美元不变。

然而,甘蔗没有两头甜。如果房屋价值下跌20%,那么在情形A中,你的股东权益降低了20%,但是在情形B里,你损失了100%!因此,掌控杠杆至关重要,它赋予你同时放大资产和回报(也可能是损失)的能力。

$$资产负债率 = \frac{总负债}{总资产} \times 100\% \tag{5.7}$$

资产负债率衡量了总资产中以负债作为融资方式的金额占比。它提供了衡量杠杆的资产负债表视角。

$$全部债务资本比率 = \frac{债务}{债务+股东权益} \times 100\% \tag{5.8}$$

全部债务资本比率提供了审视杠杆的更精妙的视角,资本强调了债务和股东权益两方面的结合,这个比率公式的分母是资本总额,即债务和股东权益的总和。我们知道,公司融资的方式主要有这两种,我们用不同的方式分析它们。债务是有固定利息成本的负债,股东权益的收益则是可变的、上下波动的。这一比率追溯了公司通过债务方式进行融资的比例,将债务与公司在运营中承担的负债区分开来。

$$资产与股东权益之比 = \frac{总资产}{股东权益} \tag{5.9}$$

杠杆为权益所有者提供了得以控制超过其自身资产规模的能力。资产与股东权益之比告诉我们,相对于自身的权益资本而言,所有权人能够控制的资产到底有多少。自然而然地,它可以衡量所有权人通过杠杆的使用可以将收益放大至何种程度。

$$利息保障倍数 = \frac{息税前利润}{利息费用} \qquad (5.10)$$

前面三个比率的数据均来源于资产负债表,但最关键的问题其实在于一家公司支付利息的能力。利息保障倍数衡量的是一家公司用经营活动中产生的现金来支付利息费用的能力,该比率仅使用利润表中的数据。

举个例子,利息保障倍数为1代表着一家公司通过当年的运营实现的利润仅能支付利息费用,你可以将自己每个月的收入和需偿付的按揭贷款之间的关系作为类比。

还有一个混合比率(债务/息税折旧摊销前利润),它结合了资产负债表和利润表两张表格的信息来反映公司的杠杆使用情况。

真实世界观点

艾伦·琼斯(摩根士丹利投资银行私募股权部门的全球负责人)这样评价私募股权公司对杠杆的使用:

住房抵押贷款的类比恰如其分。假设我们要购买一家价值100美元的公司,我们可以直接用100美元的权益或者从其他人手中借的70美元加上自有资本的30美元来完成这项收购。如果用我们的100美元购买这家公司,这家公司的资产得以翻倍,那么首先我们的收益是100美元,或差不多100%的持有期收益率。但是如果用其他人的70美元来购买同样的资产,我们现在的权益总额就会从30美元增加到130美元。这可不仅仅是翻倍,我们的权益是原始出资额的4倍以上。因此,人们更倾向于使用"别人的钱",而且多多益善。

思考

在过去20年中,制药公司的杠杆率缓慢增长。例如,2001年,默克公司的债务股本比为0.53;辉瑞公司为1.14。而到了2016年,默克公司的债务股本比为1.28;辉瑞公司是1.58。是什么造成了制药行业杠杆率上升的趋势呢?

其中一个合理的解释是,制药行业产生足额稳定的现金流,可以支撑更大规模的债务。大型制药公司逐渐倾向于直接从生物科技公司购买有前景的技术,而不再承担自行研究新疗法和新药物的风险。这一趋势的结果是大型制药公司在整体上降低了风险,资金方更愿意给它们授信。

私募股权公司有时会在交易中使用债务融资的方式对标的公司进行收购,这种方式被称为杠杆收购(LBO)。在此类交易中,私募股权公司借款收购尽可能多的股权,在收购完成后,杠杆率大幅提升。什么类型的行业最容易成为LBO的目标呢?

简单来说,商业模式和客户稳定的公司是LBO的最佳标的。如果被收购方的业务能产生稳定现金流,那么收购方维持高杠杆的危险性则大大低于收购具有高风险特性的高科技公司。传统LBO目标包括烟草公司、博彩公司及公共事业等,因为它们的客户群体相对稳定,需求可预期而且被替代的风险很低。

四、生产力或生产效率

生产力是一个很流行的专业术语,但是从财务视角看,它到底是什么意思? 简而言之,生产力的提升意味着你可以事半功倍。更确切一点,生产力比率衡量的是一家公司利用其资产进行产出的能力。长期来看,提高生产力是保持经济增长的最重要因素。

$$资产周转率(资产周转次数) = \frac{收入}{总资产} \times 100\% \tag{5.11}$$

资产周转率衡量了一个公司利用资产产生收入的效率。这是衡量公司生产效率的一个重要指标。

$$存货周转率(存货周转次数) = \frac{销售成本}{平均存货成本} \times 100\% \tag{5.12}$$

存货周转率是衡量公司在给定周期中,企业从取得存货开始至存货销售完成为止的一个循环重复的次数,简单来说就是公司在一个经营周期里能够售空多少次存货。该比率数字越大,公司管理存货销售产品就越有效率。存货实际上是需要融资支持的风险资产,因此,存货周转率越高,越具有财务意义上的价值。

我们可以用这个周转率数字来计算另一个衡量存货管理能力的指标:存货周转天数。

$$存货周转天数 = \frac{365}{存货周转率} \tag{5.13}$$

用365除以存货周转率得到的数字就是单位存货在售出之前停留在公司内部的平均时间。表5-1中的公司C,它的存货周转率超过30,这意味着一年中单位存货在公司存放的时间不过十几天。与之相反,公司B的存货周转率低于4,也就是说,在一年中,公司B的单位存货平均在公司内部停留近100天!

$$应收账款周转率 = \frac{销售额}{平均应收账款} \times 100\% \tag{5.14}$$

$$应收账款回收期 = \frac{365}{应收账款周转率} \tag{5.15}$$

一家公司在出售它的存货后需要收回货款。应收账款回收期越短，公司从销售中获得现金的速度越快。你能观察到的是，公司 N 看起来很奇怪：它从客户手中收回现金需要20多年！为什么会有这种情况？

你有没有从其他公司的应收账款回收期数据中发现什么规律？余下的公司被分成泾渭分明的两组，第一组公司收回现金的速度非常快（小于30天），另一组的速度则慢得多。这种差别将是区分不同公司所属行业类型的重要线索之一。

> **思考**
>
> 　　在过去几十年里，信息技术的发展给经济社会带来的影响就是生产力提高的典型案例。例如，在20世纪90年代，零售和批发业（尤其是沃尔玛百货有限公司）为美国生产效率的快速提高作出了重要贡献。根据麦肯锡全球研究院的报告，在零售业，沃尔玛百货有限公司通过旨在提升竞争力的持续管理创新和传播最优实践的方式，直接或间接地引发了生产效率的大幅提高。这些收益是如何在经济中体现出来的呢？

这些收益可以体现在不断增加的工资、提升的资本收益率以及更低的消费品价格中。尽管很多评论员控诉居民工资并未从生产效率提升中获益，但这些收益其实在消费品价格中得到了很明显的体现，低收入群体从中获益良多。因此，生产率的提升可能并没有降低收入不平等的程度，但它的确减少了消费层面的不平等。

第二节　行业案例分析

在对所有数字有了些许了解之后，我们自己尝试，找到匹配数据和公司的方法。自己动手寻找方法的过程远比直接阅读答案更能加深对知识的理解。

你可以从表5-3开始看，我们在前文中提到的数字已经被重点标注出来了。先不要尝试一次性辨认出全部14家公司（如图5-1所示），我们先把注意力放在两个子集——服务型公司和零售商上，这两个行业比较容易辨别，接着我们再分析其他选项。

亚马逊公司	网络电子商务公司
邦诺公司	美国最大的零售连锁书店
戴尔	全球领先的IT产品及服务提供商
辉瑞公司	生物制药公司
美国联合包裹运送服务公司	物流公司
微软	计算机软件公司
Meta公司	它的前身是Facebook（社交网络服务）
百胜餐饮集团	餐饮行业
沃尔格林公司	连锁药店公司
诺德斯特龙	美国零售行业巨头
克罗格公司	食品零售连锁公司
杜克能源	美国大型能源公司
美国西南航空公司	美国的一家航空公司
花旗银行	美国最大的银行之一

图5-1 公司清单

一、服务型公司

看看表5-3中所有指标，服务型公司相对容易辨认。由于该类型公司提供的是服务而非有实体形态的商品，不持有存货，因此我们可以确定公司E、G、M和N属于服务型公司。接下来，到底哪4家公司分别对应公司E、G、M和N呢？有两家公司所属的行业里面有"服务"二字，分别是美国联合包裹运送服务公司（包裹速递服务）、Meta公司（社交网络服务）。那其他两家公司是什么？银行是服务提供商，航空公司也是，因此另外两家公司分别是美国西南航空公司和花旗银行。航空公司有点令人诧异，因为你可能会把那些飞行器及备用零件视为存货。但航空公司的核心业务并不是出售飞机或备用零件，它们的业务是提供客运服务，这显然是一项服务，不需要存货。

5-3 分辨行业的游戏

财务指标		公司A	公司B	公司C	公司D	公司E	公司F	公司G	公司H	公司I	公司J	公司K	公司L	公司M	公司N
资产占比/%	现金及有价证券	35	4	27	25	20	54	64	9	5	16	4	2	16	7
	应收账款	10	4	21	7	16	12	5	3	4	26	6	2	2	83
	存货	19	38	3	4	0	1	0	3	21	17	21	3	0	0

续表

财务指标		公司A	公司B	公司C	公司D	公司E	公司F	公司G	公司H	公司I	公司J	公司K	公司L	公司M	公司N
资产占比/%	其他流动资产	1	9	8	5	4	4	6	6	2	4	1	2	5	0
	固定资产（净值）	22	16	4	8	46	7	16	47	60	32	36	60	69	0
	其他资产	13	29	37	52	14	22	10	32	7	5	32	31	9	10
	总资产	100	100	100	100	100	100	100	100	100	100	100	100	100	100
负债和股东权益占比/%	应付票据	0	0	8	3	5	2	0	0	11	0	4	4	1	50
	应付账款	41	22	24	2	6	3	2	8	18	12	13	2	6	21
	应计项目	17	15	8	1	5	3	3	9	4	5	5	1	6	0
	其他流动负债	0	9	9	9	6	18	2	7	11	10	4	2	12	3
	长期债务	9	2	11	17	29	9	10	33	25	39	12	32	16	13
	其他负债	7	17	17	24	38	9	5	18	13	10	7	23	22	4
	优先股	0	15	0	0	0	0	0	0	0	0	0	0	0	0
	普通股	25	19	23	44	12	55	78	25	17	24	54	36	38	10
	负债和股东权益总计	100	100	100	100	100	100	001	100	100	100	100	100	100	100
财务比率	流动资产/流动负债	1.12	1.19	1.19	2.64	1.86	2.71	10.71	0.87	0.72	2.28	1.23	1.01	0.91	1.36
	（现金+交易性金融资产+应收账款）/流动负债	0.78	0.18	0.97	2.07	1.67	2.53	9.83	0.49	0.20	1.53	0.40	0.45	0.71	1.23
	存货周转率	7.6	3.7	32.4	1.6	—	10.4	—	31.5	14.9	5.5	7.3	2.3	—	—
	应收账款回收期/天	20	8	63	77	41	82	52	8	4	64	11	51	7	8047

续表

财务指标		公司A	公司B	公司C	公司D	公司E	公司F	公司G	公司H	公司I	公司J	公司K	公司L	公司M	公司N
财务比率	总负债/总资产	0.09	0.02	0.19	0.20	0.33	0.11	0.10	0.33	0.36	0.39	0.16	0.36	0.17	0.63
	长期债务/总资本	0.27	0.06	0.33	0.28	0.70	0.14	0.11	0.57	0.59	0.62	0.18	0.47	0.29	0.56
	收入/总资产	1.877	1.832	1.198	0.317	1.393	0.547	0.337	1.513	3.925	1.502	2.141	0.172	0.919	0.038
	净利润/收入	-0.00L	-0.023	0.042	0.247	0.015	0.281	0.010	0.117	0.015	0.061	0.030	0.090	0.025	0.107
	净利润/总资产	-0.001	-0.042	0.050	0.078	0.021	0.153	0.004	0.177	0.061	0.091	0.064	0.016	0.023	0.004
	总资产/股东权益	3.97	2.90	4.44	2.27	8.21	1.80	1.28	4.00	5.85	4.23	1.83	2.77	2.66	9.76
	净利润/股东权益	-0.005	-0.122	0.222	0.178	0.171	0.277	0.005	0.709	0.355	0.384	0.117	0.043	0.060	0.039
	息税前利润/利息费用	7.35	-6.21	11.16	12.26	3.42	63.06	10.55	13.57	5.98	8.05	35.71	2.52	4.24	—
	息税折旧摊销前利润/收入	0.05	0.00	0.07	0.45	0.06	0.40	0.23	0.22	0.05	0.15	0.06	0.28	0.09	0.15

来源：《未指明行业的案例，2013》之案例214-028，波士顿：哈佛商学院，2013。作者：米希尔·德赛、威廉·E. 弗鲁汉、伊丽莎白·A. 迈耶。

注：在资产、负债和股东权益中，每一列的总数已四舍五入为100。

让我们从一些简单的目标着手，试着分析表5-4中的每一列分别对应的是哪家公司。

表5-4　辨认服务型公司

财务指标		公司E	公司G	公司M	公司N
资产占比/%	现金及有价证券	20	64	16	7
	应收账款	16	5	2	83

续表

财务指标		公司 E	公司 G	公司 M	公司 N
资产占比/%	存货	0	0	0	0
	其他流动资产	4	6	5	0
	固定资产（净值）	46	16	69	0
	其他资产	14	10	9	10
	总资产	100	100	100	100
负债和股东权益占比/%	应付票据	5	0	1	50
	应付账款	6	2	6	21
	应计项目	5	3	6	0
	其他流动负债	6	2	12	3
	长期债务	29	10	16	13
	其他负债	38	5	22	4
	优先股	0	0	0	0
	普通股	12	78	38	10
	负债和股东权益总计	100	100	100	100
财务比率	流动资产/流动负债	1.86	10.71	0.91	1.36
	（现金+交易性金融资产+应收账款）/流动负债	1.67	9.83	0.71	1.23
	存货周转率	—	—	—	—
	应收账款回收期/天	41	52	7	8047
	总负债/总资产	0.33	0.10	0.17	0.63
	长期债务/总资本	0.70	0.11	0.29	0.56
	收入/总资产	1.393	0.337	0.919	0.038
	净利润/收入	0.015	0.010	0.025	0.107
	净利润/总资产	0.021	0.004	0.023	0.004
	总资产/股东权益	8.21	1.28	2.66	9.76
	净利润/股东权益	0.171	0.005	0.060	0.039
	息税前利润/利息费用	3.42	10.55	4.24	—
	息税折旧摊销前利润/收入	0.06	0.23	0.09	0.15

注：在资产、负债和股东权益中，每一列的总数已四舍五入为100。

（一）公司N：局外人（离群值）

哪家公司的应收账款需要相当长的时间才能收回，而主要融资来源于应付票据？哪种类型的公司从客户手中收回款项的时间会平均长达20余年？

答案是银行。银行不太容易被理解,因为它们的资产负债表和普通的资产负债表刚好是镜像关系。你所负担的贷款是你的负债,但它是银行的资产。因此,在购置房屋案例中的抵押贷款对于银行来说是一笔资产。存款对你来说是资产,却是银行的负债,即它的应付票据。花旗银行在这个小组中杠杆最高,这是真实银行的典型特征。

银行是如何经营的?银行经营的是一门赚取"利息差"的生意,它们为贷款收取更高的利息,支付给储户较低的利息。在这个过程中,它们吸收你的短期资本(存款)并将之转换成为经济体服务的长期资本(贷款)。短期资本向长期资本的转换就是我们如此重视银行及银行可能倒闭的原因所在。银行的资产和负债之间期限错配与高杠杆的特征结合,导致它的容错空间非常小。几乎所有金融危机都是从投资者对资产质量的质疑开始的,接着存款流出银行,银行必须通过快速出售贷款提供流动性,致使贷款价格下降,进而陷入一个不可控的恶性循环中,最终导致银行破产。

(二)资本密集型的服务供应商

我们要如何区分剩下的三家公司?与公司 G 和组外的其他公司相比,公司 E 和公司 M 有更多的固定资产。美国西南航空公司和美国联合包裹运送服务公司本质上是交通运输公司,它们都拥有飞行器及大量设备。再看一下其他数字,分析两者之间在哪些方面有所不同。

两家公司有一个非常明显的区别在于:公司 M 在 7 天之内即可收到客户支付的款项,这意味着其客户主要是个人;公司 E 的现金回收时间相对长很多,它更有可能主要与其他公司客户有业务往来。美国西南航空公司为个人客户提供服务,客户在购买服务时就会立刻付款。相反,美国联合包裹运送服务公司作为物流供应商,为其他公司提供服务。因此公司 E 更可能是美国联合包裹运送服务公司,公司 M 则是美国西南航空公司。你还能够找出支持这一论断的其他证据吗?

公司 E 还有很多其他负债。美国联合包裹运送服务公司承担的长期负债究竟是什么?这些负债是为退休人员计提的养老金计划。在这里,我们需要一些公司的背景知识才能理解,美国联合包裹运送服务公司拥有世界上最大的养老金固定收益计划之一。美国联合包裹运送服务公司作为一家曾推行员工持股的老牌公司,一直维持了它的传统养老金计划。

(三)现金充裕、依赖于权益资本的服务型公司

使用排除法可知,Meta 公司就是公司 G。但这个结果符合你的预期吗?公司 G 有大量的权益资本和现金这符合 Meta 公司的特征吗?Meta 公司是表格中最年轻的公司,它于

2013年公开上市。资产负债表上的价值体现的是股票发行或收购时点的情况,高权益占比符合年轻公司的特征。它用募集来的资金做了哪些事情?在上市那个时点,它选择持有现金。

随着Meta公司的成熟,它的资产负债表也发生了变化。Meta公司完成了一系列大型收购,包括收购WhatsApp(一种可供智能手机用户使用的通信软件)和Instagram(照片墙)。这些收购行为如何体现在资产负债表上?Meta公司的现金水平降低,我们刚才提及的"其他资产"上升。由于Meta公司购买标的公司的出价远超标的资产的账面净值(Meta公司的出价中包含了被会计忽略的无形资产的价值),Meta公司的商誉科目大幅提升。2014年,原脸书(现Meta公司)支付190亿美元收购WhatsApp,而当时WhatsApp的账面价值仅为5100万美元。成交价格与账面价值的差额作为商誉体现在Meta公司账面上。

二、零售商

在审视应收账款回收期时,我们将表格中的公司分成快周转和慢周转两组。什么类型的公司会从客户手中快速回笼资金?零售商直接向客户出售商品,它们的应收账款回收期非常短,因为顾客在购买商品时会通过信用卡或现金直接支付。相反,主要客户为其他企业客户的公司会被要求给予客户最少30天的账期。

因此零售商包括公司A、B、H、I和K。图5-1上的哪些公司是面向个人客户的零售商?亚马逊公司、邦诺公司、克罗格公司、沃尔格林公司和百胜餐饮集团均为零售商。我们可以先把诺德斯特龙公司排除在外,因为这家连锁百货发行自己的品牌赊账卡。与其他公司不同,它的顾客可以在很长时间以后为自己的消费行为付款。通过自有品牌赊账卡的使用,诺德斯特龙公司更像一家银行而非零售商。

我们如何给这5家零售商分类?如果曾在零售商店里工作过,你就会知道零售的核心在于存货周转。这5家公司在存货周转方式上有非常大的差异,有些公司存货周转迅速(如公司H),而另外一些则耗时相对较长(如公司B)(见表5-5)。

表5-5 辨认零售型公司

	财务指标	公司A	公司B	公司H	公司I	公司K
资产占比/%	现金及有价证券	35	4	9	5	4
	应收账款	10	4	3	4	6
	存货	19	38	3	21	21
	其他流动资产	1	9	6	2	1
	固定资产(净值)	22	16	47	60	36

续表

财务指标		公司A	公司B	公司H	公司I	公司K
资产占比/%	其他资产	13	29	32	7	32
	总资产	100	100	100	100	100
负债和股东权益占比/%	应付票据	0	0	0	11	4
	应付账款	41	22	8	18	13
	应计项目	17	15	9	4	5
	其他流动负债	0	9	7	11	4
	长期债务	9	2	33	25	12
	其他负债	7	17	18	13	7
	优先股	0	15	0	0	0
	普通股	25	19	25	17	54
	负债和股东权益总计	100	100	100	100	100
财务比率	流动资产/流动负债	1.12	1.19	0.87	0.72	1.23
	(现金+交易性金融资产+应收账款)/流动负债	0.78	0.18	0.49	0.20	0.40
	存货周转率	7.6	3.7	31.5	14.9	7.3
	应收账款回收期/天	20	8	8	4	11
	总负债/总资产	0.09	0.02	0.33	0.36	0.16
	长期债务/总资本	0.27	0.06	0.57	0.59	0.18
	收入/总资产	1.877	1.832	1.513	3.925	2.141
	净利润/收入	−0.001	−0.023	0.117	0.015	0.030
	净利润/总资产	−0.001	−0.042	0.177	0.061	0.064
	总资产/股东权益	3.97	2.90	4.00	5.85	1.83
	净利润/股东权益	−0.005	−0.122	0.709	0.355	0.117
	息税前利润/利息费用	7.35	−6.21	13.57	5.98	35.71
	息税折旧摊销前利润/收入	0.05	0.00	0.22	0.05	0.06

注:在资产、负债和股东权益中,每一列的总数已四舍五入为100。

(一)存货周转率各不相同的公司

在零售商这一组里,哪家公司存货周转速度最快?公司H每年的存货周转次数高达32次,因此它任意一次周转存货的时间仅为11天左右。你可能认为这是百胜餐饮集团,完全正确。食品连锁公司同样销售生鲜食物,但由于还要销售其他干粮及罐装食物,它们的存货周转速度要远慢于餐饮连锁公司。

公司B代表了另一个极端,它的存货周转速度非常慢,差不多要90天。哪类公司的存货库龄相对较长且需要较长的流通时间？如果对书店有些了解，你就应该对此比较熟悉了。但是有什么其他的特征能佐证公司B就是一家书店呢？

持续亏损让公司B格外显眼。全球范围内的书店正在加速消失，图书销售已不再是一门好做的生意了。由于亚马逊公司的崛起，书店经营利润率由正转负。公司B是唯一一家发行优先股的公司，进一步印证了它正在面临糟糕的财务状况。

（二）最后三家零售商

余下的三家公司A、I和K在固定资产科目上差异巨大，其中公司A的固定资产最少。我们知道三家公司中有两家（沃尔格林公司和克罗格公司）属于传统行业，因此只有唯一的在线商城亚马逊公司才可能有较低的固定资产，由此可以判断亚马逊公司就是公司A。

鉴于亚马逊公司在当今经济体中的巨无霸地位，我们再寻找一些其他证据来证明公司A就是亚马逊公司的猜想吧。首先，公司A未实现盈利。如果你一直关注亚马逊公司，你就会知道亚马逊公司因不盈利而出尽风头。第二个证据是公司A拥有大量应付款项。这意味着要么它正处于财务困境，要么它由于自身的规模优势可以很轻易地从供应商处获得高额授信。鉴于公司A的账面现金规模庞大，它并不存在资金周转困难，因此亚马逊公司的市场地位和对供应商的话语权，使其完全符合公司A的特征。

至此，还有两家公司需要进一步甄别，即把公司I和公司K与沃尔格林公司和克罗格公司进行匹配。

两家公司的固定资产规模差异很大，公司I的固定资产占总资产比例远高于公司K。回想一下上一次你在食品店或药店里购物的场景，哪一类零售店配有更多的设备？在食品商店里，维持冷链设备的运行耗资巨大，因此公司I更有可能是食品零售连锁公司。但让我们再多找一些证据来证明吧。

公司I回收现金的速度要快于公司K，这进一步印证了它是食品零售连锁公司。相对于药店，食品商店更可能立即收到顾客支付的款项。连锁药店的收入中有相当一部分来自保险公司，这样的客户结构使连锁药店更像B2B类型（business to business，泛指业务往来的供需双方都是公司的商业形式）的公司。公司I的存货周转也更快，符合食品零售的特点。综上，我们可以判断公司K是沃尔格林公司，而公司I是克罗格公司。

三、混合组

在完成零售商和服务型公司的归类分析后，我们要面对的是剩下的混合组——微软公司、诺德斯特龙公司、杜克能源公司、辉瑞公司、戴尔公司（见表5-6）。

表5-6　辨认离群型公司

财务指标		公司C	公司D	公司F	公司J	公司L
资产占比/%	现金及有价证券	27	25	54	16	2
	应收账款	21	7	12	26	2
	存货	3	4	1	17	3
	其他流动资产	8	5	4	4	2
	固定资产（净值）	4	8	7	32	60
	其他资产	37	52	22	5	31
	总资产	100	100	100	100	100
负债和股东权益占比/%	应付票据	8	3	2	0	4
	应付账款	24	2	3	12	2
	应计项目	8	1	3	5	1
	其他流动负债	9	9	18	10	2
	长期债务	11	17	9	39	32
	其他负债	17	24	9	10	23
	优先股	0	0	0	0	0
	普通股	23	44	55	24	36
	负债和股东权益总计	100	100	100	100	100
财务比率	流动资产/流动负债	1.19	2.64	2.71	2.28	1.01
	（现金+交易性金融资产+应收账款）/流动负债	0.97	2.07	2.53	1.53	0.45
	存货周转率	32.4	1.6	10.4	5.5	2.3
	应收账款回收期/天	63	77	82	64	51
	总负债/总资产	0.19	0.20	0.11	0.39	0.36
	长期债务/总资本	0.33	0.28	0.14	0.62	0.47
	收入/总资产	1.198	0.317	0.547	1.502	0.172
	净利润/收入	0.042	0.247	0.281	0.061	0.090
	净利润/总资产	0.050	0.078	0.153	0.091	0.016
	总资产/股东权益	4.44	2.27	1.80	4.23	2.77
	净利润/股东权益	0.222	0.178	0.277	0.384	0.043
	息税前利润/利息费用	11.16	12.26	63.06	8.05	2.52
	息税折旧摊销前利润/收入	0.07	0.45	0.40	0.15	0.28

注：在资产、负债和股东权益中，每一列的总数已四舍五入为100。

其中,公司C、D、F几乎没有固定资产,而其他两家公司的固定资产占比则非常高。杜克能源公司主要运营发电厂,因此大概率是两者之一。传统百货公司诺德斯特龙应该是另外一家,但它们到底分别对应哪家公司呢?

换个角度分析,看一下其余3家公司的固定资产情况,戴尔公司、辉瑞公司、微软公司都没有重资产生产环节,因此,拥有较低占比的固定资产是说得通的。

前面提到的两家有高额固定资产的公司,到底哪一家是杜克能源公司,哪一家是诺德斯特龙公司呢? 区分两者的重要因素是存货,诺德斯特龙公司的存货占比应该更高,杜克能源公司应该几乎没有存货,因为电力无法储存。据此分析,公司L是杜克能源,公司J是零售商诺德斯特龙公司。

此外,公司L的息税折旧摊销前利润很高,意味着其折旧摊销金额巨大,这是电力行业的特点。在电力行业,人们通常谈论息税折旧摊销前利润而非净利润,因为大家清楚,那些折旧与摊销无法反映真实的运营表现。

最后三家公司——戴尔公司、微软公司和辉瑞公司,我们看到公司C的利润率水平相当低,而公司D和F则有令人惊讶的利润率(超过20%),息税折旧摊销前利润则高达40%以上。余下三家公司里,哪一个处于消费品行业? 在过去的10~15年,笔记本计算机的消费品化趋势非常明显,行业的盈利水平逐渐降低,而这种消费品化的趋势并没有出现在软件和制药行业。

与此同时,公司C的存货停留在公司内部的时间仅有10天出头,符合戴尔公司"零库存高周转"的供应链管理模式。戴尔公司在接到客户订单后才安排生产,这样可以使存货尽可能保持在最低水平。

公司D和F看起来很相似,这让我们的最后一步工作变得极为困难。两家公司的重要区别之一在于公司D拥有大量其他资产,这一特点意味着它很有可能处于无形资产密集型行业,并经历了多次并购。

你如果关注制药行业,就可能会推断公司D是辉瑞公司。辉瑞公司在行业整合潮中进行了一系列并购,从法玛西亚公司到惠氏公司再到赫士睿公司,均是辉瑞公司并购的。所以公司D应该是辉瑞公司。此外还有一个证据可以确认我们的判断。你会发现公司D的其他负债占比远超公司F,这同样符合辉瑞公司的特征。辉瑞公司执行的是传统养老金计划,而微软作为一家年轻公司,执行的是养老金固定缴款计划。最后,你可能知道微软账面有大量现金,公司F却恰恰相反。

我们做到了! 这真的是一场困难的游戏,但如果理解了这些比率和内在逻辑,你就已经为接下来的学习打下了坚实基础。

四、最重要的比率

遍历以上全部比率后,你能认定其中哪一个是最重要的比率吗? 在众多比率中,管理者最看重的是什么?

这个问题很有争议性,但很多金融分析师最关注净资产收益率,因为该指标衡量了所有权人的收益水平,所有权人才是公司的最终老板。由于净资产收益率是被广泛使用的指标,因此理解影响净资产收益率的因素非常重要。杜邦分析法是由杜邦公司在20世纪初期提出的一套分析公司财务健康状况的方法,它提供了理解净资产收益率杠杆的有效方式(如图5-2所示)。

杜邦公式从纯数学的角度将净资产收益率分解为三个要素:盈利能力、营运效率和杠杆水平。

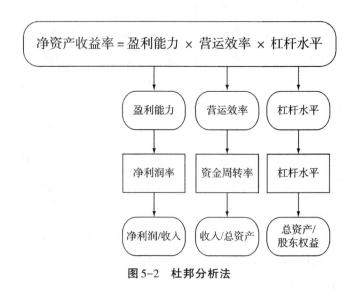

图5-2 杜邦分析法

盈利能力。影响净资产收益率水平的第一个重要因素就是公司的盈利能力。回到利润率的概念,对于获得的一美元收入来说,公司最终究竟赚取了多少净利润?

营运效率。盈利很重要,但净资产收益率也受到营运效率的影响。我们使用总资产周转率衡量公司的营运效率,即公司利用单位资产产出收入的能力。

杠杆水平。我们知道,杠杆可以放大回报。它也是影响净资产收益率的重要因素。在公式中,我们可以用公司总资产和股东权益之比来衡量杠杆水平。

这个简单的公式可以指导你分析净资产收益率的来源。与其他任何一种方法一样,净资产收益率并不完美,它有两个很明显的缺陷。其一,由于包含了杠杆的影响,它并不能单纯地评价公司的运营业绩,这也是有人倾向于使用资本收益率的原因,资本收益率是息税前利润与公司资本(债务+权益)之比。其二,这关乎我们将在后面涉及的重要内容——净资产收益率并不关注公司产生现金的能力。

让我们对10家各不相同的公司进行分析,看看造成每家公司净资产收益率差异的决定性因素是什么(表5-7展示了计算结构)。在分析10家公司的过程中,我们来尝试回答以下两个问题:其一,在杜邦公式的4个参数——净资产收益率、盈利能力、营运效率和杠杆水平中,哪一个参数数据是所有公司趋同的? 其二,针对公式里的每一个参数,最高值和最低值分别对应哪家公司? 对于第一个问题,我们试着思考为什么不同公司的参数数值有差异,又是什么因素促使他们趋同。对于第二个问题,我们从杜邦公式的每个参数分别代表的含义入手分析。

表5-7 杜邦分析(10家不同类型公司的净资产收益率和杠杆水平情况)

公司类型	净资产收益率/%	=	净利润率/%	×	资产周转率	×	财务杠杆/倍
A银行		=		×		×	
B电力与照明公司		=		×		×	
C石油公司		=		×		×	
D食品公司		=		×		×	
E汽车公司		=		×		×	
F芯片公司		=		×		×	
G运动服装公司		=		×		×	
H航空公司		=		×		×	
I饰品公司		=		×		×	
J服装鞋帽公司		=		×		×	

第一个问题的答案是净资产收益率。在表5-8中,各公司的净资产收益率一栏里的数字波动幅度远低于其他三个参数栏(仅比较最高值和最低值的差额)。为什么会出现净资产收益率最相近这种情况呢?

表5-8 杜邦分析(10家不同类型公司的净资产收益率和杠杆水平情况)

公司类型	净资产收益率/%	=	净利润率/%	×	资产周转次数	×	财务杠杆/倍
A银行	11.2	=	10.8	×	0.1	×	13.5

续表

公司类型	净资产收益率/%	=	净利润率/%	×	资产周转次数	×	财务杠杆/倍
B 电力与照明公司	13.5	=	12.8	×	0.4	×	2.8
C 石油公司	14.6	=	6.3	×	1.1	×	2.1
D 食品公司	17.0	=	2.7	×	2.8	×	2.3
E 汽车公司	20.7	=	9.9	×	1.1	×	1.9
F 芯片公司	26.0	=	23.1	×	0.8	×	1.3
G 运动服装公司	12.3	=	4.2	×	1.8	×	1.7
H 航空公司	18.1	=	10.4	×	0.9	×	2.0
I 饰品公司	17.4	=	7.7	×	1.1	×	2.0
J 服装鞋帽公司	22.2	=	6.9	×	1.8	×	1.8

尽管这些公司在产品市场中不存在竞争关系，但它们一起在资本市场中厮杀。如此，不同公司的净资产收益率不能相差太远，因为资本只会追逐能带来高额回报的公司。这就是以上所有公司净资产收益率趋同的原因。

那么，所有公司的净资产收益率都应该相同吗？并非如此，因为风险与收益应当匹配，如果股东承担了更多风险，那么他们自然会要求更高的回报。资本市场的竞争导致净资产收益率趋同，而各自公司风险水平的差异又让净资产收益率出现差异。

让我们把关注点放在不同栏的较高值和较低值上。首先从盈利能力开始，D 食品公司的盈利水平较低，净利润率仅为 2.7%，而 F 芯片公司的净利润率则高得令人侧目。为什么会出现这样的情况？

你可能会将它们之间的差异归因于竞争环境不同，但事实上，以上所有公司都处于高度激烈的竞争环境中。其实，盈利能力衡量的是一家公司创造的财富增加值，它随着财富增加值的变化而波动。食品公司的确无法创造太多附加值，因此即便是最优秀的食品公司也仅能获得约 4% 的净利润率。反观芯片公司，它将沙子变成计算机芯片，真正创造了可观的附加值。所以，盈利能力反映的是内在的财富创造过程。食品公司的资产周转率为什么是最高的呢？经营一家食品公司是怎样赚钱的？要知道，它每卖出一箱谷物，利润都极其微薄，整个运营的核心就在于如何让存货周转得再快一点。这就是资产周转率对于食品公司提高净资产收益率水平来说至关重要的原因。

最后，我们的目光来到了财务领域中最重要的工具——杠杆身上。杠杆水平最高和最低的分别是哪两家公司？毫无疑问，银行是杠杆水平最高的，但它有特殊性，我们暂时排除银行，只分析其他实体企业。

在其余9家公司里，哪家公司的杠杆水平最高，哪家最低？电力与照明公司的杠杆水平最高，芯片公司则最低。为什么？杠杆水平的高低反映了经营风险的大小，将财务风险置于经营风险之上是本末倒置的。电力与照明公司有稳定的客户需求，其产品定价也被政府严格监管，所以现金流十分稳定。因此，它有能力驾驭更高的杠杆水平。相反，类似于芯片公司这类经营着高风险业务的公司不应选择承担较高的杠杆。思考一下芯片公司的业务，它每两年就要推出尺寸和成本均减半的新型芯片，同时还要耗费数十亿美元的成本在全球范围内建厂，用于生产下一代芯片。任何一代版本一旦出错，产品将失去市场。如此高的经营风险要求它们必须有足够低的财务风险。这是我们分析杠杆水平的通常模式。

至此，我们已经分析了不同行业之间财务比率的差异，但使用财务分析的最佳方式是在一个行业中选定一家公司，给定一段时间范围，对该公司在这段时间范围内的表现进行分析。我们将视角缩小到一家公司——添柏岚身上，从杜邦分析法出发，试着用数字讲述一段故事。

五、对添柏岚影响深远的变革

添柏岚（Timberland）是户外装备制造商和零售商，在20世纪90年代，该公司经历了一系列影响深远的财务和组织结构变革。我们来看一下1994年该公司财务情况与行业中位数的对比（见表5-9）。

表5-9　添柏岚杜邦分析结果（添柏岚及行业中位数的比率分析，1994年）

财务指标		添柏岚	行业中位数
盈利能力比率	净资产收益率/%	11.9	12.3
	投入资本收益率/%	7.1	9.7
	净利润率/%	2.8	4.2
	毛利率/%	35.0	38.4
周转率	资产周转率	1.3	1.8
	存货周转率	1.9	2.7
	应收账款回收期/天	73.5	39.1
	应付账款账期/天	32.6	36.3
杠杆和权益比率	资产权益比	3.2	1.7

财务指标		添柏岚	行业中位数
杠杆和权益比率	债务比率/%	68.5	39.6
	利息保障倍数	2.9	9.1
	流动比率/%	3.5	3.0

注：样本中包含了5家具有代表性的制鞋公司：布朗集团、凯尼斯·柯尔、耐克、喜健步和金刚狼。

杜邦公式中的参数——净资产收益率、盈利能力、营运效率和杠杆水平以斜体形式标注在表格中。观察这些数据，尽你所能得出更多结论，试着比较添柏岚和行业数据，据此描述一个故事。

添柏岚业绩表现如何？如果我是公司的CEO，那么我会强调公司的净资产收益率为11.9%，与行业平均水平12.3%十分接近，因此我觉得公司经营得还不错。你会同意这个判断吗？当我们用杜邦分析法来解读时，眼前呈现的却是一幅截然不同的画面。添柏岚的净资产收益率源自何处？是盈利能力吗？并不是，添柏岚的盈利表现低于平均水平。是营运效率吗？也不是，营运效率数据也仍然弱于行业平均数。

添柏岚的净资产收益率主要来自杠杆水平，这意味着它是通过让所有权人承担更多风险的方式来弥补糟糕的经营业绩的。

这是净资产收益率指标的重要缺陷之一。尽管它很有价值，但杠杆对最终计算结果有着一以贯之的影响，这也是为什么有些人会使用其他略有改动的衡量指标，如资产收益率和资本收益率等。这些指标剥离了杠杆的影响，揭示了添柏岚的管理层使用资本的效率低于其同行的事实。

资本收益率，也称投入资本收益率或已投资资本收益率，是一个尤为重要的指标，因为它既考虑了资本提供方（出资人），又考虑了综合收益。综合收益是什么？对于出资人来说，收益是指全部的经营利润扣减税费后的剩余收益，即息前税后利润（EBIAT）。

$$资本收益率 = \frac{息前税后利润}{债务＋权益} \times 100\% \tag{5.16}$$

其他一些指标也在向我们发出添柏岚业绩弱于同行业其他公司的警告。请看利息保障倍数（盈利与利息之比），它衡量的是经营利润可以覆盖利息费用的倍数。添柏岚的这一数字不足3，而行业平均水平接近10。这说明了什么？添柏岚正走在它的竞争者们竭力回避的财务"钢丝"上。

再来看看添柏岚的经营情况。存货周转率大幅低于同业，它的应收账款回收期高达73.5天，与同行业39.1天的数据实在相差甚远。造成回收期过长的原因可能有以下两点：其一，管理松散导致催收力度不够；其二，为了刺激销售而采取了激进的信用政策。更危险之处在于,公司可能存在账龄达200天以上的应收账款,这类客户已经几乎不太可能再付款了,所以73.5天的数字可能是管理层在隐匿坏账的信号。添柏岚的应付账款账期,即对供应商的平均付款天数几乎与行业平均水平持平。

接着,我们来看添柏岚在1995年的数据(见表5-10)。杜邦分析的结果显示,净资产收益率为负,因为公司的盈利由正转负。营运效率略有提升,杠杆水平有所下降。让我们继续挖掘杠杆水平的下降传达了什么信息,利息保障倍数从2.9直降到不足1,这意味着添柏岚的经营利润已不足以覆盖利息费用。此时添柏岚已经濒临十分危险的境地。在绝境中,应该如何自救? 添柏岚需要筹集更多现金,数据显示,它正是这么做的。

表5-10　添柏岚杜邦分析结果(添柏岚的比率分析,1994—1995年)

财务指标		1994年添柏岚	1995年添柏岚
盈利能力比率	净资产收益率/%	11.9	−8.2
	投入资本收益率/%	7.1	0.7
	净利润率/%	2.8	−1.8
	毛利率/%	35	33.7
周转率	资产周转率	1.3	1.6
	存货周转率	1.9	2.4
	应收账款回收期/天	32.6	21.2
	应付账款账期/天	32.6	21.2
杠杆和权益比率	资产权益比	3.2	3
	债务比率/%	68.5	66.2
	利息保障倍数	2.9	0.2
	流动比率/%	3.5	4.8

存货周转速度明显提升,净利润率迅速下滑,这说明公司正在大力促销,折价出清存货。它尽可能在短时间内将存货处理掉以回笼资金清偿利息。应收账款回收期减少了约20天,这绝非偶然,公司筹集资金的另一种方式就是对客户的应收账款进行打折清收,例如,客户只需要支付原始账面金额的80%即可终结欠款。简而言之,公司渴求现金,愿意在支付条件上妥协以求快速回笼资金支付利息。

除存货和应收账款以外,营运资本的最后一部分就是应付账款。在1994年,应付账款的规模还很大。现在,公司却在加速支付应付账款,这对于一家处于现金流困境的公司来说看似很奇怪,但快速缩小的应付账款规模最可能是在供应商的压力下形成的。鉴于添柏岚的财务状况,供应商不愿意给予它信用期,他们可能要求公司现金提货。

让我们继续看接下来几年的数字(见表5-11)。情况似乎稳定下来并向好的方向发展了。

表5-11　添柏岚杜邦分析结果(添柏岚及行业中位数的比率分析,1994—1998年)

财务指标		1994年添柏岚	1995年添柏岚	1996年添柏岚	1997年添柏岚	1998年添柏岚	行业中位数(1998年)
盈利能力比率	净资产收益率/%	11.9	-8.2	12.3	22.1	22.2	12.3
	投入资本收益率/%	7.1	0.7	9.6	18.3	17.9	9.7
	净利润率/%	2.8	-1.8	3.0	5.9	6.9	4.2
	毛利率/%	35.0	33.7	39.4	41.7	41.9	38.4
周转率	资产周转率	1.3	1.6	1.5	1.9	1.8	1.8
	存货周转率	1.9	2.4	2.6	3.3	3.8	2.7
	应收账款回收期/天	73.5	53.4	53.2	34.7	33.4	39.1
	应付账款账期/天	32.6	21.2	18.6	16.0	18.9	36.3
杠杆和权益比率	资产权益比	3.2	3.0	2.7	2.0	1.8	1.7
	债务比率/%	68.5	66.2	63.2	48.8	43.3	39.6
	利息保障倍数	2.9	0.2	2.5	5.6	10.2	9.1
	流动比率/%	3.5	4.8	3.7	3.5	4.0	3.0

1996年,添柏岚的盈利能力仍较略低,但营运效率与1994年相比得到提升,杠杆水平得以降低。添柏岚周转了更多存货,但周转方式已不再是降价促销。如果要说与之前有什么不同的话,毛利率证明了在库存周转提升的同时,公司也在赢得定价权。

1997年,情况好转得更加明显。总体表现引人瞩目,净资产收益率提高近一半,一切都在回归正轨。存货周转率提高到1994年的1.5倍左右,毛利率也显示出它的产品在提高售价。

上升趋势在1998年继续延续。添柏岚维持了近两倍的行业平均净资产收益率水平,但这一次,净资产收益率的来源更加健康。净资产收益率来自盈利能力的增长,而不仅是营运效率和杠杆水平的变化。在这一期间,添柏岚内部究竟发生了什么?濒临破产的绝境倒逼公司从家族式管理模式转型为现代公司专业化管理模式,与此同时,添柏岚成为嘻哈艺术家青睐的品牌,在两者的共同作用下,添柏岚的财务情况发生了翻天覆地的变化。

从这个练习案例中,你学到了什么?你可以利用财务比率和数字讲述任何一家公司在一段时间里发生的变化。你可以创造一个像侦探小说一样的故事,如此,枯燥的数字变得有意思起来。任何类型的公司都有这些数据,我们通过公开渠道也很容易获取,建议你任意找一家你感兴趣的公司,利用刚刚学习到的知识分析一下。

> **真实世界观点**
>
> 劳伦斯·德布鲁(喜力公司CFO)在谈到对于学习财务和金融的人来说最重要的事情是什么时,是这样说的:
>
> 如果你在20年前问我,要想在财务领域取得一番成就,最重要的是拥有怎样的特质,我可能会告诉你,要努力,要非常专业和进取。这些特质当然会引领你到达一定高度,但之后它们可能无法推动你继续前进。你当然可以永远保持努力,但现在,坚持和好奇心可能是我觉得最重要的。坚持之所以重要,是因为你不可能永远在一开始就找到正确答案,最初的结论不见得能够一直站得住脚。财务是一项关于挖掘的工作,试着还原数字背后的真相,探究不同假设代表的含义。这个数字是正确的吗?如果不是,为什么?它想让你呈现的是现实还是被扭曲的事实?如果你只看到表面,数字就是极其枯燥乏味的,但如果你想了解隐藏在数字背后的现实,它就会变得有趣起来。

第三节　文化产业案例分析——完美世界

一、公司简介

完美世界简介见表5-12。

表5-12　完美世界简介

股票简称	完美世界	股票代码	002624
股票上市证券交易所	深圳证券交易所		
公司的中文名称	完美世界股份有限公司		
公司的中文简称	完美世界		
公司的外文名称	Perfect World Co., Ltd.		
公司的外文名称缩写	PWRD		
公司的法定代表人	池××		

二、报告期内公司从事的主要业务

完美世界是一家全球性的文化娱乐产业集团,在中国、美国、加拿大、荷兰、法国、韩国、日本等国家设有20余个分支机构,产品遍及美国、欧洲、亚洲等全球100多个国家和地区。公司聚焦网络游戏的研发、发行及运营业务,同时布局电视剧、电影制作等影视业务。

完美世界游戏业务的前身创立于1997年,是中国最早自主研发3D游戏引擎的游戏企业。公司深耕游戏行业20余载,在端游、手游、主机游戏、VR游戏及云游戏等多个领域进行布局,形成了深厚的核心技术积累及扎实的底蕴根基。公司依托既有优势,积极创新,突破求变,凭借雄厚的技术实力、独特的创意设计、丰富的发行经验,推出了多款全球化精品大作,不仅为全球玩家提供制作精良的游戏产品,也为中国文化在全球传播起到了积极的作用。

同时,凭借全球顶级电竞大作 DOTA2 及 CS∶GO(反恐精英∶全球攻势),公司深入布局电竞市场,并凭借立体化、多层次的游戏运营,构建了电竞市场扎实的竞争地位。在深耕内容产出的同时,公司积极拓展游戏产业链布局,与维尔福集团达成战略合作,共同建立蒸汽平台(Steam中国)。

完美世界影视业务创立于2008年,凭借对文化产业发展的深刻认知及对优秀人才的重视,吸引了多位业内资深制作人、编剧、国家级导演及新锐导演的加盟,与公司建立了长期战略合作关系,推出了多部制作精良的影视作品,至今参与创作及发行的优秀电视剧和电影已达100多部,收获专业奖项超200个。

三、公司基本情况

完美世界更名前为完美环球娱乐股份有限公司,其前身为浙江金磊高温材料股份有限公司,系于2010年2月22日,由自然人陈××、陈××、钱××、卫××、姚××和严××在原德清县金磊耐火有限公司基础上发起设立的股份有限公司。

2014年12月8日,证监会在《关于核准浙江金磊高温材料股份有限公司重大资产重组及向石河子快乐永久股权投资有限公司等发行股份购买资产的批复》中(证监许可〔2014〕1322号),核准浙江金磊高温材料股份有限公司资产置换及发行287 706 996股股份向完美世界(北京)互动娱乐有限公司(原名北京完美影视传媒有限责任公司,以下简称"完美影视")全体股东购买完美影视100%的股权。

2016年4月19日,证监会在《关于核准完美环球娱乐股份有限公司向完美世界(北京)数字科技有限公司等发行股份购买资产并募集配套资金的批复》(证监许可〔2016〕849

号）中，核准完美环球娱乐股份有限公司向完美世界控股集团有限公司［原名完美世界（北京）数字科技有限公司］发行460 944 729股股份、向德清骏扬企业管理咨询合伙企业（有限合伙）［原名石河子市骏扬股权投资合伙企业（有限合伙）］发行153 494 594股股份购买相关资产，核准完美环球娱乐股份有限公司非公开发行不超过212 224 107股新股募集配套资金。根据与该次非公开发行股份相关的董事会、股东大会决议，非公开发行股票的发行价格因完美环球娱乐股份有限公司实施2015年度利润分配而进行调整，非公开发行股票的发行数量由不超过212 224 107股调整为不超过212 463 532股。完美世界控股集团有限公司与石河子快乐永久股权投资有限公司均为池××控股公司，构成一致行动人，因此两者成为公司新的控股股东，完美环球娱乐股份有限公司的实际控制人为池宇峰。

2016年7月20日，公司名称由完美环球娱乐股份有限公司变更为完美世界股份有限公司。截至2021年6月30日，公司累计发行股本总数1 939 968 404股，注册资本为1 939 968 404元，注册地：德清县钟管镇龙山路117号。公司主要经营范围为：广播电视节目制作经营（范围详见《广播电视节目制作经营许可证》），动漫、平面设计、制作，网站开发，网页设计，设计、制作、代理、发布国内各类广告，软件开发、销售，文化艺术活动、体育赛事、企业营销的策划，休闲观光旅游项目开发，会展服务，企业管理咨询，教育咨询，投资管理，投资咨询，资产管理，服装、玩具、鞋帽、箱包、眼镜、首饰、文化用品、电子产品、日用百货、针纺织品、工艺品、通信设备、花草、观赏性植物、计算机及辅助设备的销售，从事进出口业务。

（一）合并资产负债表

完美世界合并资产负债表见表5-13。

表5-13　完美世界合并资产负债表

单位：元

项目	2021年6月30日	2020年12月31日
流动资产：		
货币资金	3,257,806,416.72	2,943,191,692.01
结算备付金		
拆出资金		
交易性金融资产	652,108,521.55	1,753,284,160.86
衍生金融资产		

续表

项目	2021年6月30日	2020年12月31日
应收票据	49,900,000.00	112,120,607.82
应收账款	1,436,405,643.61	1,299,282,930.20
应收款项融资		
预付款项	345,851,068.10	330,924,902.57
应收保费		
应收分保账款		
应收分保合同准备金		
其他应收款	83,297,584.19	72,191,798.96
其中:应收利息		
应收股利		
买入返售金融资产		
存货	794,841,955.34	1,027,188,745.49
合同资产		
持有待售资产		
一年内到期的非流动资产	74,664,559.61	
其他流动资产	369,150,780.88	346,432,141.96
流动资产合计	7,064,026,530.00	7,884,616,979.87
非流动资产:		
发放贷款和垫款		
债权投资		
其他债权投资		
长期应收款	872,276,862.95	
长期股权投资	2,809,730,051.73	2,768,075,269.69
其他权益工具投资		
其他非流动金融资产	2,088,107,561.92	2,374,197,078.35
投资性房地产		
固定资产	378,535,680.81	354,037,408.09
在建工程	9,053,065.80	274,996,327.77
生产性生物资产		
油气资产		
使用权资产	1,350,720,412.19	
无形资产	222,110,342.77	190,485,900.47
开发支出	79,916,221.52	228,643,283.07

续表

项目	2021年6月30日	2020年12月31日
商誉	271,992,737.80	272,237,843.59
长期待摊费用	204,990,075.48	19,228,155.03
递延所得税资产	700,387,652.99	710,176,307.88
其他非流动资产	655,377,232.83	430,235,719.28
非流动资产合计	9,643,197,898.79	7,622,313,293.22
资产总计	16,707,224,428.79	15,506,930,273.09
流动负债：		
短期借款	330,367,725.64	784,072,423.57
向中央银行借款		
拆入资金		
交易性金融负债		
衍生金融负债		
应付票据		
应付账款	852,931,351.26	733,023,199.13
预收款项	37,772,290.28	23,594,413.81
合同负债	1,389,112,499.65	1,387,347,600.39
卖出回购金融资产款		
吸收存款及同业存放		
代理买卖证券款		
代理承销证券款		
应付职工薪酬	186,975,539.80	436,745,022.37
应交税费	180,466,832.62	340,000,214.90
其他应付款	425,131,555.37	442,215,973.60
其中:应付利息		
应付股利	175.64	175.64
应付手续费及佣金		
应付分保账款		
持有待售负债		
一年内到期的非流动负债	208,178,800.24	
其他流动负债	53,426,748.45	56,705,852.39
流动负债合计	3,664,363,343.31	4,203,704,700.16
非流动负债：		
保险合同准备金		

项目	2021年6月30日	2020年12月31日
长期借款	22,499,836.03	22,572,526.99
应付债券		
其中:优先股		
永续债		
租赁负债	2,136,540,161.62	
长期应付款		770,167.69
长期应付职工薪酬		
预计负债		
递延收益	4,174,000.00	3,174,000.00
递延所得税负债	59,738,700.16	59,501,140.27
其他非流动负债	30,905,978.41	34,815,631.68
非流动负债合计	2,253,858,676.22	120,833,466.63
负债合计	5,918,222,019.53	4,324,538,166.79
所有者权益:		
股本	2,011,661,461.00	2,011,660,261.00
其他权益工具		
其中:优先股		
永续债		
资本公积	1,722,758,450.36	1,961,868,862.47
减:库存股	57,995,221.44	16,024,475.76
其他综合收益	−211,107,913.36	−167,442,093.44
专项储备		
盈余公积	262,904,053.51	262,904,053.51
一般风险准备		
未分配利润	6,730,057,614.68	6,782,350,972.20
归属于母公司所有者权益合计	10,458,278,444.75	10,835,317,579.98
少数股东权益	330,723,964.51	347,074,526.32
所有者权益合计	10,789,002,409.26	11,182,392,106.30
负债和所有者权益总计	16,707,224,428.79	15,506,930,273.09

(二)合并利润表

完美世界合并利润表见表5-14。

5-14　完美世界合并利润表

单位:元

项目	2021年半年度	2020年半年度
一、营业总收入	4,206,582,889.92	5,143,629,319.80
其中:营业收入	4,206,582,889.92	5,143,629,319.80
利息收入		
已赚保费		
手续费及佣金收入		
二、营业总成本	4,068,909,930.45	4,000,177,158.24
其中:营业成本	1,900,706,075.38	2,017,836,423.30
利息支出		
手续费及佣金支出		
退保金		
赔付支出净额		
提取保险责任准备金净额		
保单红利支出		
分保费用		
税金及附加	10,973,657.96	17,881,233.80
销售费用	903,743,409.16	748,320,714.10
管理费用	345,361,962.34	333,351,358.54
研发费用	842,092,721.11	828,090,728.68
财务费用	66,032,104.50	54,696,699.82
其中:利息费用	82,402,365.94	68,748,098.54
利息收入	16,519,897.75	14,550,713.39
加:其他收益	84,524,749.84	51,685,244.79
投资收益(损失以"–"号填列)	197,187,352.03	152,519,805.44
其中:对联营企业和合营企业的投资收益	–12,683,869.75	57,758,923.38
以摊余成本计量的金融资产终止确认收益		
汇兑收益(损失以"–"号填列)		
净敞口套期收益(损失以"–"号填列)		

续表

项目	2021年半年度	2020年半年度
公允价值变动收益(损失以"-"号填列)	1,241,099.82	4,184,105.16
信用减值损失(损失以"-"号填列)	−39,869,417.75	14,922,053.86
资产减值损失(损失以"-"号填列)	−149,451,850.23	−28,986,973.54
资产处置收益(损失以"-"号填列)	32,833,584.53	−199,167.35
三、营业利润(亏损以"-"号填列)	264,138,477.71	1,337,577,229.92
加:营业外收入	7,008,828.35	37,809,495.32
减:营业外支出	9,357,003.65	5,565,282.83
四、利润总额(亏损总额以"-"号填列)	261,790,302.41	1,369,821,442.41
减:所得税费用	76,602,683.98	113,849,075.78
五、净利润(净亏损以"-"号填列)	185,187,618.43	1,255,972,366.63
(一)按经营持续性分类		
1. 持续经营净利润(净亏损以"-"号填列)	185,187,618.43	1,255,972,366.63
2. 终止经营净利润(净亏损以"-"号填列)		
(二)按所有权归属分类		
1.归属于母公司所有者的净利润	257,633,579.12	1,270,597,755.78
2.少数股东损益	−72,445,960.69	−14,625,389.15
六、其他综合收益的税后净额	−48,163,409.14	33,926,339.30
归属母公司所有者的其他综合收益的税后净额	−43,665,819.92	27,243,207.66
(一)不能重分类进损益的其他综合收益		
1.重新计量设定受益计划变动额		

续表

项目	2021年半年度	2020年半年度
2.权益法下不能转损益的其他综合收益		
3.其他权益工具投资公允价值变动		
4.企业自身信用风险公允价值变动		
5.其他		
(二)将重分类进损益的其他综合收益	−43,665,819.92	27,243,207.66
1.权益法下可转损益的其他综合收益	−6,571,276.94	3,440,282.86
2.其他债权投资公允价值变动		
3.金融资产重分类计入其他综合收益的金额		
4.其他债权投资信用减值准备		
5.现金流量套期储备		
6.外币财务报表折算差额	−37,094,542.98	23,802,924.80
7.其他		
归属于少数股东的其他综合收益的税后净额	−4,497,589.22	6,683,131.64
七、综合收益总额	137,024,209.29	1,289,898,705.93
归属于母公司所有者的综合收益总额	213,967,759.20	1,297,840,963.44
归属于少数股东的综合收益总额	−76,943,549.91	−7,942,257.51
八、每股收益:		
(一)基本每股收益	0.13	0.66
(二)稀释每股收益	0.13	0.66

(三)合并现金流量表

完美世界合并现金流量表见表5-15。

表5-15　完美世界合并现金流量表

单位：元

项目	2021年半年度	2020年半年度
一、经营活动产生的现金流量：		
销售商品、提供劳务收到的现金	4,204,715,337.08	5,652,249,837.05
客户存款和同业存放款项净增加额		
向中央银行借款净增加额		
向其他金融机构拆入资金净增加额		
收到原保险合同保费取得的现金		
收到再保业务现金净额		
保户储金及投资款净增加额		
收取利息、手续费及佣金的现金		
拆入资金净增加额		
回购业务资金净增加额		
代理买卖证券收到的现金净额		
收到的税费返还	6,679,449.41	13,000,000.00
收到其他与经营活动有关的现金	140,878,801.35	115,676,501.17
经营活动现金流入小计	4,352,273,587.84	5,780,926,338.22
购买商品、接受劳务支付的现金	2,229,473,551.10	1,866,051,027.00
客户贷款及垫款净增加额		
存放中央银行和同业款项净增加额		
支付原保险合同赔付款项的现金		
拆出资金净增加额		
支付利息、手续费及佣金的现金		

项目	2021年半年度	2020年半年度
支付保单红利的现金		
支付给职工以及为职工支付的现金	1,294,067,373.10	1,243,570,306.79
支付的各项税费	309,903,990.82	312,262,765.81
支付其他与经营活动有关的现金	193,164,257.18	230,634,726.03
经营活动现金流出小计	4,026,609,172.20	3,652,518,825.63
经营活动产生的现金流量净额	325,664,415.64	2,128,407,512.59
二、投资活动产生的现金流量：		
收回投资收到的现金	3,400,064,304.73	3,760,504,415.48
取得投资收益收到的现金	31,119,325.66	98,542,095.95
处置固定资产、无形资产和其他长期资产收回的现金净额	6,848,351.46	453,941.41
处置子公司及其他营业单位收到的现金净额	97,371,525.24	12,242,027.77
收到其他与投资活动有关的现金	220,000,000.00	
投资活动现金流入小计	3,755,403,507.09	3,871,742,480.61
购建固定资产、无形资产和其他长期资产支付的现金	226,399,740.07	186,483,241.40
投资支付的现金	2,484,318,402.45	4,627,482,438.67
质押贷款净增加额		
取得子公司及其他营业单位支付的现金净额		
支付其他与投资活动有关的现金		
投资活动现金流出小计	2,710,718,142.52	4,813,965,680.07
投资活动产生的现金流量净额	1,044,685,364.57	−942,223,199.46
三、筹资活动产生的现金流量：		
吸收投资收到的现金	51,353,821.30	16,495,485.19

续表

项目	2021年半年度	2020年半年度
其中:子公司吸收少数股东投资收到的现金	45,000,000.00	
取得借款收到的现金	78,752,424.00	949,346,778.30
收到其他与筹资活动有关的现金		
筹资活动现金流入小计	130,106,245.30	965,842,263.49
偿还债务支付的现金	530,223,967.04	1,266,092,240.03
分配股利、利润或偿付利息支付的现金	321,693,797.69	70,705,695.45
其中:子公司支付给少数股东的股利、利润		
支付其他与筹资活动有关的现金	289,414,689.87	1,416,330,559.11
筹资活动现金流出小计	1,141,332,454.60	2,753,128,494.59
筹资活动产生的现金流量净额	−1,011,226,209.30	−1,787,286,231.10
四、汇率变动对现金及现金等价物的影响	−14,524,285.75	7,112,671.17
五、现金及现金等价物净增加额	344,599,285.16	−593,989,246.80
加:期初现金及现金等价物余额	2,851,535,933.11	2,467,889,822.47
六、期末现金及现金等价物余额	3,196,135,218.27	1,873,900,575.67

第六章 文化产业投资决策基础——资产估值

本章基于两个问题讨论：现金与货币的时间价值。

投融资专注于未来，因此从本质上就有前瞻性和预见性的要求。这要求我们脱离资产负债表去解答一些重要金融问题：资产的价值究竟是多少？价值来源于何处？我们如何衡量未来现金流的价值？如何为投资作出合理的决策？

第一节 现金流量表

现金流量表（statement of cash flow）是反映企业在一定会计期间内现金和现金等价物流入和流出相关信息的报表，可以概括反映企业会计期间内发生的经营活动、投资活动和筹资活动等各项经济活动对现金及现金等价物所产生的影响，这些信息在很大程度上弥补了资产负债表和利润表所提供信息的不足。

一、现金流量表相关概念的含义

（一）现金

这里的现金（cash）是指企业的库存现金及可以随时用于支付的银行存款，它是资产负债表的"货币资金"项目中真正可以随时支取的部分，由于被指定了特殊用途而不能随意支取的部分不应包括在内，如其他货币资金中的银行承兑汇票开票保证金、借款质押保证金、金融机构存放中央银行款项中的法定存款准备金，以及由于受当地外汇管制或其他立法的限制而无法正常使用的外币等。

（二）现金等价物

现金等价物（cash equivalents）是指企业持有的期限短、流动性强、易于转换为已知金额的现金，价值变动风险很小的投资。期限短一般是指从购买日起三个月内到期，如可在证券市场上流通的三个月内到期的债券投资（如国库券）等。现金等价物虽然不是现金，但因其随时可以变现，支付能力与现金相似，因此可视同现金。权益性投资变现的金额通常不确定，因而不属于现金等价物。

（三）现金流量

现金流量（cash flow）是某一段时期内企业现金和现金等价物流入和流出的数量，如企业销售商品、提供劳务、出售固定资产、向银行借款等取得现金，形成企业的现金流入；购买原材料、接受劳务、购建固定资产、对外投资、偿还债务等支付现金，形成企业的现金流出。现金流量信息能够表明企业经营状况是否良好、资金是否紧张及企业偿付能力大小等，从而为投资者、债权人、企业管理者提供非常有用的信息。

应该注意的是，企业货币资金不同形态之间的转换不会产生现金的流入和流出。例如，企业从银行提取现金是企业现金存放形式的转换，并未流出企业，不构成现金流量；同样，现金与现金等价物之间的转换也不属于现金流量，如企业用现金购买将于三个月内到期的国库券等。

二、现金流量表的基本结构

根据企业业务活动的性质和现金流量的来源，现金流量表在结构上将企业一定期间内产生的现金流量分为三类：经营活动产生的现金流量、投资活动产生的现金流量和筹资活动产生的现金流量。

现金流量表一般由表头、表身和补充资料三部分构成。现金流量表的表头主要填制编制单位、报表日期、货币计量单位等，由于现金流量表说明的是某一时期的现金流量，因而现金流量表的表头必须注明"某年某月份"或"某会计年度"。表身是现金流量表的主体部分，主要反映三大活动分别产生的现金流入和现金流出情况。为了使报表使用者通过比较不同期间现金流量的实现情况，判断企业现金流量的未来发展趋势，企业需要提供比较现金流量表，因此，现金流量表还将各项目分为"本期金额"和"上期金额"两栏分别填列。补充资料披露了一些在主体部分未能提供的重要信息或未能充分说明的信息，这部分资料通常被列示在报表附注中，主要包括将净利润调节为经营活动现金流量、不涉及现金收支的重大投资和筹资活动、现金及现金等价物净变动情况等方面的信息。

企业由于所处的行业特点不同，对各类活动的认定存在一定差异，在对现金流量表进行分析时，应根据企业所处行业的不同特点和实际情况来考察企业现金流量的类别。本书以我国一般企业现金流量表的基本结构为基础进行分析。表6-1列出了现金流量表的主要项目。

表6-1　现金流量表(主要项目)

一、经营活动产生的现金流量:
销售商品、提供劳务收到的现金
收到的税费返还
收到其他与经营活动有关的现金
经营活动现金流入小计
购买商品、接受劳务支付的现金
支付给职工以及为职工支付的现金
支付的各项税费
支付其他与经营活动有关的现金
经营活动现金流出小计
经营活动产生的现金流量净额
二、投资活动产生的现金流量:
收回投资收到的现金
取得投资收益收到的现金
处置固定资产、无形资产和其他长期资产收回的现金净额
收到其他与投资活动有关的现金
投资活动现金流入小计
购建固定资产、无形资产和其他长期资产支付的现金
投资支付的现金
支付其他与投资活动有关的现金
投资活动现金流出小计
投资活动产生的现金流量净额
三、筹资活动产生的现金流量:
吸收投资收到的现金
取得借款收到的现金
收到其他与筹资活动有关的现金
筹资活动现金流入小计
偿还债务支付的现金
分配股利、利润或偿付利息支付的现金
支付其他与筹资活动有关的现金
筹资活动现金流出小计
筹资活动产生的现金流量净额

　　下面对现金流量表中包含的主要项目作进一步说明。

（一）经营活动产生的现金流量

经营活动是指企业投资活动和筹资活动以外的所有交易和事项。各类企业由于行业特点不同，对经营活动的认定存在一定差异。就工商企业来说，经营活动主要包括：销售商品、提供劳务、经营性租赁、购买商品、接受劳务、广告宣传、推销产品、缴纳税款等。在我国，企业经营活动产生的现金流量应当采用直接法填列。直接法是指通过现金收入和现金支出的主要类别列示经营活动的现金流量。

1. 经营活动流入的现金

经营活动流入的现金主要包括：①销售商品、提供劳务收到的现金：反映企业因销售商品、提供劳务实际收到的现金（含销售收入和应向购买者收取的增值税销项税额），包括本期销售商品、提供劳务收到的现金，以及前期销售和前期提供劳务本期收到的现金及本期预收的账款，减去本期退回本期销售的商品和前期销售本期退回的商品支付的现金，企业销售材料和代购代销业务收到的现金也包括在本项目中；②收到的税费返还：反映企业收的税务部门返还的各种税费；③收到其他与经营活动有关的现金：反映企业除了上述各项目外，收到的其他与经营活动有关的现金流入，如经营租赁收到的租金、罚款收入、流动资产损失中有个人赔偿的现金收入等。

2. 经营活动流出的现金

经营活动流出的现金主要包括：①购买商品、接受劳务支付的现金：反映企业购买材料和商品、接受劳务实际支付的现金，包括本期购入材料和商品、接受劳务支付的现金（包括增值税进项税额），以及本期支付前期购入材料和商品、接受劳务的未付款项和本期预付款项，本期因购货退回而收到的现金则从本项目中减去；②支付给职工及为职工支付的现金：反映企业实际支付给职工的工资、奖金、各种津贴和补贴，以及为职工支付的"五险一金"和其他福利费用等；③支付的各项税费：反映企业按规定支付的各种税费，包括本期发生并支付的税费，以及本期支付以前各期发生的税费和预交的税金，如支付的所得税、增值税、消费税、印花税、房产税、土地增值税、车船税、教育费附加等，不包括计入固定资产价值、实际支付的耕地占用税等；④支付其他与经营活动有关的现金：反映企业除了上述各项目外，支付的其他与经营活动有关的现金流出，如企业经营租赁支付的租金、罚款支出、差旅费、业务招待费、保险费等。

（二）投资活动产生的现金流量

投资活动是指企业非流动资产的购建和处置及不包括在现金等价物范围内的投资性资产的取得和处置活动。

1．投资活动流入的现金

投资活动流入的现金主要包括：①收回投资收到的现金：反映企业出售、转让或到期收回除现金等价物以外的对其他企业的权益工具、债务工具和合营中的权益（本金）而收到的现金；②取得投资收益收到的现金：反映企业除现金等价物以外的对其他企业的权益工具、债务工具和合营中的权益投资分回的现金股利和利息等（不包括股票股利）；③处置固定资产、无形资产和其他长期资产收回的现金净额：反映企业处置固定资产、无形资产和其他长期资产所取得的现金，减去为处置这些资产而支付的有关费用后的净额，由于自然灾害所造成的固定资产等长期资产损失而收到的保险赔偿收入也在本项目反映；④收到其他与投资活动有关的现金：反映企业除了上述各项目外，收到的其他与投资活动有关的现金流入。

2．投资活动流出的现金

投资活动流出的现金主要包括：①建固定资产、无形资产和其他长期资产支付的现金：反映企业购买、建造固定资产，取得无形资产和其他长期资产所支付的现金（含增值税款）及用现金支付的应由在建工程和无形资产负担的职工薪酬（不包括为购建固定资产而发生的借款利息资本化的部分，借款利息和融资租入固定资产支付的租赁费在筹资活动产生的现金流量中反映）；②投资支付的现金：反映企业取得除现金等价物以外的对其他企业的权益工具、债务工具和合营中的权益所支付的现金及支付的佣金、手续费等附加费用；③支付其他与投资活动有关的现金：反映企业除了上述各项目外，支付的其他与投资活动有关的现金流出。

（三）筹资活动产生的现金流量

筹资活动是指导致企业权益资本及债务资本的规模和构成发生变化的活动。这里所说的权益资本包括实收资本（股本）、资本溢价（股本溢价），与权益资本有关的现金流入和流出项目包括吸收投资、发行股票、分配利润等；这里的债务资本是指企业对外借入款项及偿还债务等。

1．筹资活动流入的现金

①本项目反映企业以发行股票、债券等方式筹集资金实际收到的款项，减去直接支付给金融企业的佣金、手续费、宣传费、咨询费、印刷费等发行费用后的净额；②取得借款收到的现金：反映企业举借各种短期、长期借款所收到的现金流入；③收到其他与筹资活动有关的现金：反映企业除了上述各项目外，收到的其他与筹活动有关的现金流入。

2．筹资活动流出的现金

筹资活动流出的现金主要包括：①偿还债务支付的现金：反映企业以现金偿还债务的

本金,包括偿还金融企业的借款本金、债券本金等;②分配股利、利润或偿付利息支付的现金:反映企业实际支付的现金股利,支付给其他投资单位的利润,以及支付的借款利息债券利息等;③支付其他与筹资活动有关的现金:反映企业除了上述各项目外,支付的其他与筹资活动有关的现金流出,如捐赠现金支出、融资租入固定资产支付的租赁费等。

(四)现金流量表补充资料的内容

除现金流量表正表反映的信息外,企业还应在附注中采用间接法披露将净利润调节为经营活动现金流量的信息,同时还包括不涉及现金收支的重大投资和筹资活动、现金及现金等价物净变动情况等方面的信息。

1. 将净利润调节为经营活动现金流量

现金流量表采用直接法反映经营活动产生的现金流量,除此之外,企业还应采用间接法反映经营活动产生的现金流量。间接法是指以本期净利润为起点,通过一系列调整,计算并列报经营活动产生的现金流量的方法。其中,需要调整的项目主要包括:①实际没有支付现金的费用;②实际没有收到现金的收入;③不属于经营活动的损益;④经营性应收应付项目的增减变动。通过这些调整项目的列示,可以进一步了解企业净利润与经营活动现金流量之间产生差异的具体原因,有助于深入考察利润的质量。

2. 不涉及现金收支的重大投资和筹资活动

不涉及现金收支的重大投资和筹资活动,反映企业一定期间内影响资产或负债但不形成当期现金收支的所有投资和筹资活动的信息。这些投资和筹资活动虽然不涉及当期的现金收支,但对以后各期的现金流量可能会产生重大影响。例如,企业融资租入设备形成的负债计入"长期应付款"项目,当期并不一次性支付巨额的设备款及租金,但以后各期必须为此支付现金,这会在一定期间内形成固定的现金支出。这类活动还涉及债转股、一年内到期的可转换债券及融资租入固定资产等。

三、现金流量表的作用

从编制原理来看,现金流量表实质上是按照收付实现制原则编制的,它将权责发生制下的盈利信息调整为收付实现制下的现金流量信息,便于信息使用者了解企业利润的含金量,为评价企业的支付能力和偿债能力,预测企业未来现金流量提供非常重要的依据。具体地说,现金流量表的作用主要体现在以下四个方面。

(一)有助于解释、评价和预测企业的现金流量和现金获取能力

现金流量表将现金流量划分为经营活动、投资活动和筹资活动所产生的现金流量,并

按照现金流入和现金流出项目分别反映。因此,现金流量表能够清晰地反映企业现金流入和流出的原因(即现金从哪里来,又用到哪里去),说明企业一定期间内现金余额发生变化的具体原因,这些信息是资产负债表和利润表所不能提供的。同时,由于现金流量表中的"经营活动产生的现金流量"代表企业在经营活动中运用其经济资源创造现金流量的能力,"投资活动产生的现金流量"代表企业通过内外部投资导致现金流量变化的能力,"筹资活动产生的现金流量"代表企业从外部筹资获得现金流量的能力,因此通过现金流量表及其补充资料的信息,可以分析企业获取现金的能力,为预测企业未来现金流量提供有价值的信息。

(二)有助于分析企业利润的含金量,评价企业的支付能力和偿债能力

投资者投入资金、债权人提供企业短期或长期使用的资金,主要目的都是盈利。通常,信息使用者比较关注企业的盈利情况,并且以获得利润的多少作为衡量标准。但是,企业一定期间内获得的利润并不代表企业真正具有支付或偿债能力。在某些情况下,尽管利润表上反映的经营业绩很可观,但企业有可能处于财务困境,无法偿还到期债务。还有些企业虽然利润表上反映的经营成果并不可观,但有足够的偿付能力。产生这种情况有许多原因,会计核算采用的权责发生制、配比原则等所含的估计因素是主要原因之一。而现金流量表完全以现金的收支为基础,消除了会计核算中会计估计等因素对盈利能力、偿债能力和支付能力所造成的影响。分析现金流量表,能够具体了解企业现金流入、流出的构成,更加全面地从质量维度分析企业利润的含金量,更加客观地评价企业的支付能力和偿债能力,有助于投资者和债权人更加科学地作出投资和信贷决策,提高经济资源的配置效率。

(三)有助于了解和判断企业的现金流量质量及战略支撑能力

实施企业的战略往往会引起不同程度的现金流出,这就要求企业通过经营活动和筹资活动源源不断地带来现金净流入量。通常,我们可以从经营活动现金流入量的充足性、经营活动现金流出量的合理性、经营活动现金净流量的稳定性及其对企业战略的支持力度来考察企业经营活动现金流量的质量;从投资活动现金流出量与企业战略的吻合性及投资活动现金流入量的盈利性来考察企业投资活动现金流量的质量;从筹资活动现金流量与经营活动和投资活动现金流量的适应性、筹资结构的合理性及其对企业战略的支持力度来考察筹资活动现金流量的质量。通过对企业现金流量质量的考察,可以在一定程度上透视企业战略实施的现金支撑能力,有助于信息使用者分析企业未来战略顺利实施的可能性,进而更科学地预测企业未来的发展趋势。

(四)有助于管理者作出更为科学的经营决策

资产负债表能够提供企业一定日期的财务状况,但它提供的是静态的财务信息,并不能反映财务状况变动的原因,也不能表明这些资产、负债给企业带来多少现金,又用去多少现金。利润表虽然反映企业一定期间的经营成果,提供动态的财务信息,反映利润的构成,但不能反映投资和筹资活动的全部事项。现金流量表能够提供一定期间内现金流入和流出的动态财务信息,表明企业在报告期内通过经营活动、投资活动和筹资活动获得多少现金,企业获得的这些现金又是如何被运用的。补充资料(附注)中还提供了不涉及现金的投资和筹资活动方面的重要信息,有助于管理者更加全面地了解和分析企业的各项投资和筹资活动对企业经营成果和财务状况产生的影响,作出更为科学的投融资决策。

第二节　自由现金流

会计报表对理解公司业绩至关重要,但也存在一些弊端。为了减少这些弊端带来的影响,财务专业人士建立了一整套独特的方法,用于作出决策和分析公司业绩。

这套方法有两大支柱。第一,财务专业人士质疑了衡量经济收益的最佳方式。尽管会计人员强调净利润,但财务专业人士认为净利润有缺陷,因为它忽略了一些重要因素。在寻找解决方案的过程中,财务领域逐渐形成共识,把现金作为衡量经济收益的方式。实际上,可以用"迷恋"来形容他们对现金的喜爱程度。

现金可以有很多含义,所以我们用三种不同的概念——息税折旧摊销前利润、经营性现金流、自由现金流来定义现金。接着我们将分析自由现金流为什么对投资和估值决策有着重大影响,以及它为什么代表了财务的最高标准。

第二,投融资专注于未来,因此从本质上就有前瞻性和预见性的要求。这要求我们脱离资产负债表去解答一些重要金融问题:资产的价值究竟是多少? 价值来源于何处? 我们如何衡量未来现金流的价值? 基于未来的视角,我们要考虑货币的时间价值及将未来现金流转换为当前价值的方法,两者是我们作任何投资或估值决策的基础。

一、财务与会计的差异:谨慎性原则和权责发生制原则

财务与会计在两个方面有着很大的差异,这两个方面是谨慎性原则和权责发生制原则。

(一)谨慎性原则

谨慎性原则是指公司按照较低的价值确认资产,引申开来,也按照较高的价值计量负

债。简而言之,会计人员的选择尽量保守。因此,资产负债表上的资产通常以历史成本计量,不考虑当前价值或重置价值,而且很多资产根本无法体现在账面上。例如,苹果公司2016年的资产负债表上体现的品牌价值为零,而福布斯对这个有着40年历史的品牌的估值高达1541亿美元。你认为哪一个更符合现实情况?

(二)权责发生制原则

权责发生制原则试图使收入和成本平滑,从而更好地反映经济运行的现实情况。例如,它允许一家公司将一笔投资进行资本化,形成资产,在资产存续期间计提费用。举个例子,欧洲航天和国防制造商——空客集团,在美国亚拉巴马州的莫比尔斥资6亿美元建造了一座新工厂。由于遵从权责发生制原则,空客集团的利润表将更加平滑,而不是在2015年实现巨额损之后的运营中实现较高的利润。但是这种利润的表现形式与实际现金流情况大相径庭,忽略了货币的时间价值,可能会造成管理决策的失误,而现金流则不会带来这类问题。

> **真实世界观点**
>
> 　　劳伦斯·德布鲁(喜力公司 CFO)这样评价现金的重要性:
>
> 　　我始终记得这句话:收入是虚无,业绩是虚无,只有现金最真实。只强调收入增长是荒谬而危险的,只衡量利润增长同样危险。现金才是最重要的。现金可以为公司运营提供资金,偿付贷款,给股东分配股利。从经营过程中获取现金的能力才是最重要的指标。

二、当谈论现金时,我们到底指的是什么

在第一章里,我们使用净利润来衡量公司业绩。尽管净利润有其优点——它是评价股东们经营公司成果的有力指标,但也存在很多问题。

第一,它不加区分地对待现金和非现金支出。

第二,净利润的计算口径扣除了利息费用,这就很难衡量业务模式相近但融资结构不同的两家公司的业绩表现。

第三,也是最重要的问题,净利润数据受很多管理决策的影响。会计要求管理层的决策尽可能使利润平滑,因为会计师认为这样更贴近现实情况。例如,一项设备的购入支出需要在被资本化后列在资产负债表上,接着在后续的使用过程中进行折旧。与其类似,收入也是逐渐被确认的。但是这个平滑业绩的过程很主观,它留给管理者根据自己的利益

诉求进行利润操纵的空间。相反,现金就是现金,毫无争议,它不可能被管理层按照自己的意图随意支配。

为了建立评估经济收益的基础,我们需要识别与净利润截然不同的现金流。但是当谈论"现金"的时候,我们到底指的是什么? 答案是视情况而定。我们将从第一章里提到的息税前利润和息税折旧摊销前利润开始,在此基础上构建经营性现金流,最终来到财务"最高殿堂":自由现金流。

$$息税前利润 = 净利润 + 利息费用 + 所得税 \qquad (6.1)$$

可见,在不扣除利息费用和所得税的情况下,息税前利润很清晰地展示了公司经营的效率和盈利能力,因为利息费用和所得税实质上与公司的经营情况无关。息税前利润仍不是衡量现金的好指标,因为它扣除了类似折旧与摊销等非现金支出。为了更全面地反映情况,财务专业人士转而使用息税折旧摊销前利润。

$$息税折旧摊销前利润 = 净利润 + 利息费用 + 所得税 + 折旧与摊销 \qquad (6.2)$$

亚马逊公司提供了一个分析三个指标的不同之处的绝佳案例(见表6-2)。

2014年,亚马逊公司的净利润是-2.41亿美元。亚马逊公司当年的息税前利润为1.78亿美元,两者的差额(4.19亿美元)代表了所得税、利息费用及汇率调整损益。那息税折旧摊销前利润表现如何呢? 由于高达47.46亿美元的巨额折旧与摊销的存在,亚马逊公司当年的息税折旧摊销前利润为49.24亿美元,与净亏损2.41亿美元有着天壤之别。因此,用息税折旧摊销前利润来衡量,亚马逊公司创造了大量现金,但根据盈利衡量亚马逊公司正在承受损失。

表6-2 亚马逊公司2014年度利润表

会计科目	金额/百万美元
销售收入	88 988
销售成本(包含47.46亿美元折旧)	-62 752
毛利润	26 236
营业费用	-26 058
息税前利润	178
利息费用	-289
所得税费用	-167
营业外收入	37
净利润	-241

思考

　　与其他一般行业相比,息税折旧摊销前利润对于某些特定行业来说是更重要的指标。我们来对比以下三家公司:美国艺电公司(一家视频游戏开发商)、迈克尔斯公司(一家艺术品和工艺品连锁零售商),以及康卡斯特公司(一家互联网、电话及有线电视服务供应商)。哪家公司的折旧与摊销金额最大,为什么?

　　计算折旧与净利润的比值是一种评估折旧差异的方法。

　　2015 年,美国艺电公司、迈克尔斯公司和康卡斯特公司的折旧额与净利润之比分别为 17%、34% 和 106%。这个数据合乎逻辑,与美国艺电公司这种软件公司不同,康卡斯特公司在前期要投入大量资金,在全美国范围内建设电缆和互联网基础设施。由于这些前期投入的存在,用净利润来衡量业绩表现会导致对比结果失真。迈克尔斯公司是传统的实业公司,因此它的折旧与摊销情况介于两者之间。

三、从息税折旧摊销前利润到经营性现金流

　　鉴于财务专业人士对现金的热爱,为现金流设置一张专门的报表就不足为奇了。这张报表就是现金流量表。很多财务专业人士更看重现金流量表,因为利润表存在非现金费用和管理层操纵的问题,资产负债表存在历史成本计量和遵从谨慎性原则的弊端,而现金流量表展现的纯粹是公司真实的现金流情况。

　　一张标准的现金流量表第一部分是经营活动产生的现金流(经营性现金流),它既是衡量现金流的方法,又将我们之前讨论过的很多元素汇集在一起。回想一下添柏岚是如何处理存货和应收账款以回收资金的。从普遍意义上来说,营运资本,即应收账款、存货和应付账款,对公司现金流有非常重大的影响。

　　经营性现金流公式:

$$经营性现金流 = 净利润 + 折旧与摊销 - 应收账款增加值 - 存货增加值 + $$
$$预收款项增加值 + 应付账款增加值 \qquad (6.3)$$

　　经营性现金流在三个方面区别于息税折旧摊销前利润。第一,也是最重要的,经营性现金流包含营运资本的变动;第二,由于它从净利润出发开始计算,因此包括了所得税和利息费用的影响;第三,经营性现金流不仅包括了折旧与摊销,还在最终的计算结果中涵盖了股权激励等非现金支出的因素。

其余部分的现金流量表里是什么内容?

简单来说,投资活动部分强调了被利润表忽略而直接体现在资产负债表中的当前正在进行的投资项目。筹资活动反映的是公司举借或偿付债务、发行或回购股票等行为对现金流产生的影响。表6-3使用2017年星巴克的数据,展现了一个通用格式的现金流量表。

表6-3 现金流量表样表及星巴克2017年度现金流量表

单位:百万元

经营活动 净利润 +折旧与摊销 (±)营运资产和负债变动产生的现金流 经营活动产生的现金流量净额 投资活动 -固定资产增加额 (±)并购与分立产生的现金流 投资活动产生的现金流量净额 融资活动 -现金股利 -普通股回购 +举借债务或发行股票获得的现金 融资活动产生的现金流量净额	经营活动		投资活动		融资活动	
	净利润	2885	资本开支	-1519	现金股利	1450
	折旧与摊销	1067	其他	670	股票回购	-1892
	营运资产和负债变动产生的现金流	90			债务发行	350
					其他	1
	其他	133				
	经营活动产生的现金流量净额	4175	投资活动产生的现金流量净额	-849	融资活动产生的现金流量净额	-2991
现金及现金等价物的净增加(减少)额	2016年现金结余:2129			2017年现金结余:2464		
(a)现金流量表	(b)摘自星巴克2017年年报的现金流量表					

四、营运资本

营运资本是公司用于支撑日常运营的资金,对于理解经营性现金流而言是非常重要的。

$$营运资本 = 流动资产 - 流动负债 \qquad (6.4)$$

营运资本通常来说是流动资产和流动负债之间的差额,但它经常指其中三个重要组成部分,即应收账款、存货和应付账款。以下是关于这三个会计科目的简要重述。

应收账款。应收账款是客户(通常是公司形式的客户)亏欠公司的货款。应收账款的金额可以通过变换形式计算出应收账款回收期,它反映的是公司客户支付货款的平均时长。

存货。公司在销售发生前持有的商品及与之相联系的原材料、半成品等都属于存货。基于存货数据,你可以计算出存货周转天数,它的含义是指公司持有原材料及商品的平均天数。

应付账款。公司应付但尚未支付给供应商的货款就是应付账款。基于该项金额,你可以计算出应付账款周转天数,即公司向供应商支付货款的平均时长。

营运资本可以被更狭义地定义为:

$$营运资本 = 应收账款 + 存货 - 应付账款 \tag{6.5}$$

理解营运资本的一个简单方法是,把它视作一家公司在日常经营活动中产生的资金需求,就像获取其他任何一种资产都需要资金一样。如果营运资本的金额降低,那么公司的融资需求也随之降低。因此,管理营运资本的方式对财务有着非常深远的影响。

五、现金循环周期

从时间框架视角而非货币视角看待营运资本,是衡量营运资本对公司财务影响的有力方式。这个框架被称为现金循环周期。

要在实务中理解现金循环周期。请想象你在经营一家五金店,你要做的事情就是从批发商手中购买锤子,然后将它们出售给装修工人。围绕着一个锤子发生了很多笔交易,它们并不是在同一时间发生的。你必须先购买锤子,支付货款,卖出锤子,然后收回货款。假设在你进货后的70天,锤子才能售出,但是在售出后40天才能收到客户支付的款项。以上数据意味着你的存货周转天数是70天,应收账款回收期为40天。从经营生意的角度来看,从你购买锤子开始直到能得到现金的那天间隔了110天。此外,你不需要在购买锤子时立刻付款,而是可以在30天后支付现金。从现金的角度来看,你需要在收到客户支付货款的80天前筹集到要付给批发商的货款。如果公司必须在收到客户付款之前就向供应商付款,那么他们必须筹集公司在一个现金循环周期里短缺的现金。这些需求都不会在净利润或息税折旧摊销前利润中体现出来。因此,仅仅是买入、卖出锤子这一个动作就产生了融资需求(如图6-1所示)。

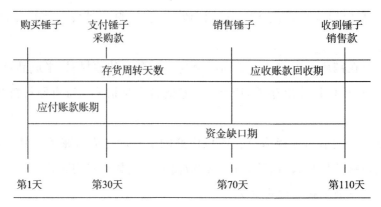

图6-1 现金循环周期

从现金循环周期的缺口引出了另外一些问题。为弥补缺口而进行融资需要承担多少成本？公司要做哪些改变才能降低这些成本？这些改变所花费的成本会不会超过它们带来的收益？

为了更好地理解以下营运资本循环的过程，我们先想一下在经济衰退期会发生什么。公司持有存货的周期变长，即便成功出售了锤子，那些被下游客户施加了压力的承包商也要求更长的付款周期。现金循环周期整体被拉长，这就是发生在2008年金融危机时期的情形。经济衰退导致存货周转天数增加和应收账款回收期变长，银行在此时收紧银根，企业找不到其他的方式来满足资金需求。这就是2008年全球贸易额大幅下滑的原因。

我们再回到五金店案例。一个供应商为了鼓励你在10天之内付款而愿意给出2%的现金折扣——这是一笔非常优惠的出价。但对于你来说这是一笔划算的买卖吗？

尽管你下意识地想接受这笔诱人的出价，但其实现在你并没有掌握决策所需的足够信息。这是一个融资决策，需要考虑其他融资方式的成本。由于要提前20天支付供应商货款，你需要融资以弥补20天的资金缺口。对于这20天来说，哪一种渠道的成本更低？是银行还是供应商？假设你的银行提供的贷款年化利率为12%，也就是说20天的融资成本低于1%，这意味着你应该接受供应商的这笔交易，因为，为了满足20天的资金需求、维持现金循环，你向银行借款所耗费的成本将低于1%。

换个角度考虑，供应商提供的现金折扣可以转换成你为了获取20天的账期所支付的成本。如果拒绝现金折扣，你为了20天的资金需求而承担了2%的利息，那么，供应商实际上为你提供了利率为2%的为期20天的贷款。同样是20天的贷款，你愿意付2%的利息还是不到1%的利息呢？答案当然是不到1%的利息。银行融资价格更低廉，你应该接受供应商的这笔交易，并从银行借款以满足这20天的资金需求。

思考

假如你被指派去管理一家位于亚特兰大的商店的营运资本。该商店当前的存货周转天数是50天，应收账款回收期是20天，应付账款周转天数是25天，因此资金缺口期为45天。利用你学到的有关现金循环周期的知识，你该如何缩短商店的资金缺口期？

你可以：

减少存货周转天数；

缩短应收账款回收期；

增加应付账款周转天数。

（1）减少商店存货周转天数的代价是什么？为什么要这样做？又有什么原因让你觉得不可以这样做？

降低存货周转天数的最简单方法就是储存更少的存货，可以确定的是存货会卖得更快，融资需求也随之降低。然而，这样做的危险在于，如果消费者无法在你的商店里找到某个特定品牌的油漆或者某种工具，那么他们将转身前往你的竞争对手那里，然后再也不会回来。

（2）缩短应收账款回收期的代价是什么？

你可以通过缩短客户账期的方式来缩短应收账款回收期。但是，这些客户可能需要或者已经习惯了从供应商处获得账期；如果原有的账期缩短，他们就可能会去你的竞争对手那里采购。

（3）增加应付账款周转天数的代价是什么？

延迟支付供应商的货款可能会破坏商业关系，他们可能不愿意继续向你提供货物或者不愿意给予你信用账期。当每个人都需要更多供给时，你的供应商可能更愿意与你的竞争对手合作。

思考

Salesforce.com是一家软件服务提供商，它的业务模式有点儿类似于杂志订阅。商业用户提前付款以获得软件在一定时期内的使用权。这种模式对Salesforce.com的现金循环周期有怎样的影响？

Salesforce.com有一个负的应收账款回收期,因为它在提供服务之前就收到了客户支付的款项。它的账面上没有存货,因此不存在存货周转天数,它也不需要立刻向供应商付款,因而获得了账期。通过预收款项,Salesforce.com从客户及供应商处获得维持日常运营的资金。

很多公司,如戴尔,使用零库存的制造方式,因此它们仅在有订单的情况下才安排生产销售。这种模式是如何影响戴尔的现金循环周期的呢?

戴尔首先从客户手中获得订单,然后开始生产产品,因此其存货周转天数很短,进而减少了现金循环周期,从而降低了公司营运资本的融资成本。

首屈一指的电动汽车制造商特斯拉向客户收取定金,在未来向客户交付目前尚未问世的车型。这一行为将对特斯拉的现金循环周期产生何种影响?

定金并不是一辆车的全部价款,但它仍代表着特斯拉从客户手中融资以维持运营。通过在交付商品前支付定金,客户帮助特斯拉减少了对公司资本提供者的依赖。

要见识营运资本对一家公司财务模型的影响力,还是让我们看看亚马逊公司的案例吧。亚马逊公司管理存货、应收账款、应付账款的方式最终形成了一个负营运资本周期,或称作负现金循环周期。在五金店那个案例中,小商店在运营中形成了对资金的融资需求。想象一下,在你生活的世界里,买卖锤子的过程并不形成对资金的需求,反而产生了现金。亚马逊公司就做到了这一点。

2014年,亚马逊公司存货周转天数平均为46天,从客户手中收回货款平均花费21天(比一般的零售商要长一些,因为这里包含了亚马逊公司的云计算业务)。但最重要的是,凭借自身的市场地位,亚马逊公司可以要求它的供应商提供较长的账期,亚马逊公司支付供应商款项的平均天数为91天。如此,形成了24天的负现金循环周期。

结果,亚马逊公司的营运过程本身就成为现金来源。在这一点上,同亚马逊公司一样,苹果公司也利用营运资本循环,无须寻找外部融资即可支持自身的高速增长。从营运资本中产生的现金已经成为它们商业模式的重要一环。

事实上,供应商为亚马逊公司和苹果公司的成长提供了资金。两家公司都利用营运资本循环中产生的廉价资金来替换外部融资渠道。营运资本最终成为经济回报的重要部分,而无论是息税折旧摊销前利润还是息税前利润或净利润,都无法反映这个重要因素。

经营性现金流的分析让我们离财务最高境界更近一步,我们从净利润出发,调整了非现金费用(最主要是折旧与摊销及股权激励),最后又调整了全部营运资本的影响。

一方面,供应商提供给你为期30天的贷款,利率为1%;另一方面,银行提供的30天贷款利率超过1%(每12个月利率为20%)。供应商提供的贷款成本更低,所以你应该从供应商处而不是银行那里获得资金。

注意,以上的判断是基于理性的判断,在现实社会中,往往选择和理性的判断会有出入。例如,跟供应商长期关系的处理问题需要被考虑在内:供应商是否存在资金缺口的问题?是否需要维持长期和可持续的合作关系?还要考虑从银行获取贷款的难易程度,如果较难,是否需要资金投入,进行公关的问题。

股权激励在利润表中被确认为一项费用,降低了公司净利润,但是同折旧一样,它并非现金支出。这就是股权激励费用被加回经营性现金流项目的原因。在过去20年里,股权激励支出是美国公司重要的非现金费用之一。

如果亚马逊公司以发行股票的方式进行融资,支撑公司增长,如建设服务器集群以支撑亚马逊公司的网络服务,那么这一行为将如何体现在公司的现金流量表中?

发行股票是融资方式的一种,所以通过发行股票获取的资金将体现在现金流量表的筹资活动部分。

如果仅观察亚马逊公司2014年的数据,我们就会发现,当年的营运资本情况似乎是在消耗现金。但我们不是说亚马逊公司的营运资本是公司的现金来源之一吗?

我们如果看看亚马逊公司在2013—2014年的数据就会很清楚,亚马逊公司的现金循环周期从-27天增加到-24天。这就是在此期间亚马逊公司需要现金的原因。负营运资本循环的绝对值数字变小,与正的营运资本循环数字变大产生的是同样的效果。

六、自由现金流

衡量现金的最后一种方法是自由现金流,这是财务领域衡量经济回报最重要的指标之一。在学习公司估值及评价公司业绩时,你会发现自由现金流反复出现。

自由现金流计算公式实质上提供了一种计算完全不受业务经营影响的现金流金额的方法。它计量的纯粹是现金,形成的结果是估值的基础。它移除了诸如折旧与摊销等非现金开支对经营结果的影响(类似于息税折旧摊销前利润),包含了营运资本变动的因素(类似于经营性现金流),以及确认了一直以来被我们忽略的资本支出对公司增长的助推作用。简而言之,自由现金流将公司可以自行裁量使用或者分配的现金单独区隔出来。

要计算自由现金流,我们需要从能代表公司经营业绩的息税前利润开始。由于我们需要的是自由现金流,你必须扣除所得税,然后得到接下来的结果,即息前税后利润。接下来,加入非现金费用,如折旧与摊销等。然后,视公司营运资本循环的情况来增减现金,如果公司有营运资本的需求,那么从前面的结果中减掉相应数量。下一步,确保你扣减了在持续经营假设基础上作的任何计划或必要的资本支出,因为这是一个未进入利润表的现金开支。

图6-2提供了一张解释自由现金流的流程图和公式。你可以将它想象成一张简化的资产负债表。资产负债表的净资产端被分成营运资本(应收账款+存货-应付账款)和固定资产(房产、厂房、设备等)两部分,资金来源端被分为债务和权益两部分。这张简化的资产负债表将运营(左边)和资本提供者(右边)区分开来。资产运营产生的现金流中最终被资本提供者掌握的就是自由现金流,计算过程如下:业务经营产生息税前利润,但向政府缴纳所得税后变成了息前税后利润;接下来,公司要投入营运资本以及固定资产以维持运营的资金金额;折旧与摊销等非现金费用并没有真正流出企业,因此必须被加回来;

最后的结果是自由现金流。

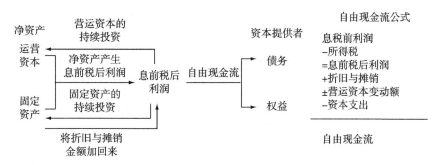

图6-2　自由现金流

财务领域逐步认可了将自由现金流作为评估经济回报的基础。为什么？因为它考虑了一项业务所能产生的所有现金成果，并且能够保证所有的现金流对于资本提供者而言是自由的。图6-3是一条从20世纪60年代开始的时间轴，它显示了财务领域的关注点从收入向净利润、息税前利润、息税折旧摊销前利润、经营性现金流直到自由现金流转变的过程，并标注了不同指标之间的区别所在。

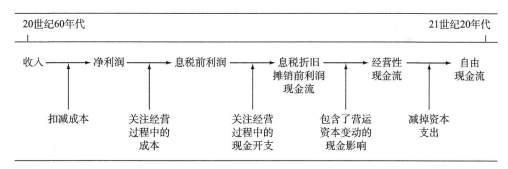

图6-3　从收入向自由现金流的转变（20世纪60年代—21世纪20年代）

> **思考**
>
> 亚马逊公司已经从核心的零售业务逐步转型为网络服务商，为其他商业客户提供云计算服务。你认为这个变化将对亚马逊公司的自由现金流产生怎样的影响？

云计算业务的利润水平与亚马逊公司的零售业务相比可能截然不同，这影响了公司的息税前利润。云计算订阅模式下的预收款将改变亚马逊公司原有的营运资本循环。此外,亚马逊公司可能需要在资本支出方面消耗更多,因为云计算业务需要建造服务器集群,这也会导致后续年度里折旧金额的不同。

真实世界观点

艾伦·琼斯(摩根士丹利投资银行私募股权部门的全球负责人)评论道:

在进行收购时,我们喜欢分析并列出一长串我们可以对公司作出的变革。我们非常系统地从利润表开始分析,接着是现金流量表,最后是资产负债表。从利润表的第一行开始,我们能采取哪些措施对其改进,如何改善毛利润水平,如何降低营业费用以使毛利润更多地留在利润表的最后一行,如何更好地进行税收筹划。

我们接着看现金流量表。在资本支出方面,我们能做些什么?在制定更高的预期收益标准时,我们是否足够谨慎?我们是否有能力掌控和评价两三年后的结果?营运资本对于我们来说是一个巨大的机会。我们时常被那些几乎不关注营运资本的公司震惊,因为忽视营运资本的结果就是无法控制营运资本占总收入的比例。在审视现金流量表时,我们严格遵守规则,管理应收账款、应付账款及存货。最后,在资产负债表上,我们会关注非核心资产及如何更好地管理资产的资本密集度。

我们来分析一下为什么从现金角度出发可以得到如此多的有效信息。首先,让我们从收入的角度比较亚马逊公司和网飞公司两家行业领先者(如图6-4和图6-5所示)。

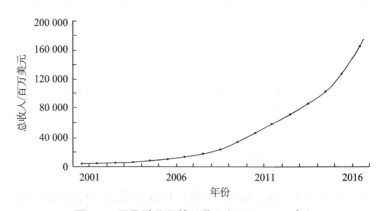

图6-4 亚马逊公司的总收入(2001—2017年)

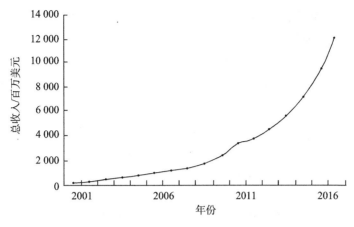

图 6-5　网飞公司的总收入（2001—2017 年）

虽然两者在收入规模上差别很大（亚马逊公司比网飞公司大很多），但很显然，两家公司在 2001—2017 年都获得了飞速增长。但这仅仅是收入的走势。

其次，我们来看一下更多的财务指标（如图 6-6 和图 6-7 所示）。

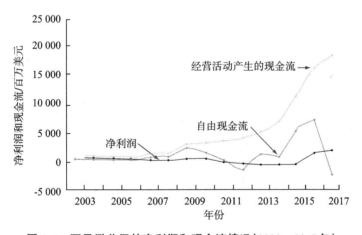

图 6-6　亚马逊公司的净利润和现金流情况（2003—2017 年）

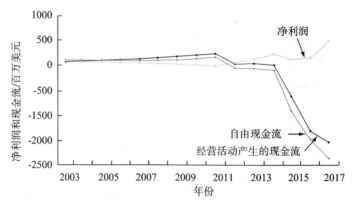

图6-7　网飞公司的净利润和现金流情况（2003—2017年）

从利润的度量标准来看，网飞公司似乎比亚马逊公司更赚钱，网飞公司的净利润率接近5%，而亚马逊公司的净利润率则不到2%。

现在，看一下经营性现金流。事情开始发生变化，我们可以认识到使用其他衡量标准的好处了。发生了什么？亚马逊公司现金流的增长被非现金费用和对营运资本的管理驱动。而网公司飞呢？这些利润由于公司对内容的巨额投入而变成了负的经营性现金流。简单来说，网飞公司正不断购买持续增长的内容并进行快速摊销，导致了现金流出。经营性现金流讲述了一个与净利润截然不同的故事。

最后，让我们看一下两家公司的自由现金流吧。考虑到资本支出后。情况发生了进一步的变化。网飞公司不存在很大额的资本支出，因此自由现金流并没有显著偏离经营性现金流。亚马逊公司则有非常显著的资本支出（部分原因是收购了全食超市），因此导致会计期间最后几年的自由现金流为负。

所有这些计量方式讲述了两家公司发生的不同故事，如果仅关注收入或净利润，那么这些故事我们将无从知晓。综合以上所有指标，把自由现金流作为重中之重，我们会发现两家公司存在的问题都在于某项资产的权重过高。如果网飞公司对内容的收购成本继续维持高位，那么它可能永远也无法产生现金净流入。亚马逊公司对全食超市的收购，加深了它在传统实体零售业的渗透，这笔投资可能将在很大程度上改变亚马逊公司的自由现金流结构。

会计和财务分析立足于刻画过去和现在，而财务专业人士要解决的是确定决策的内在价值这一重要问题，因此他们自然是关注未来的。简而言之，当下价值最终都来源于以现金流的形式体现出的未来业绩。这里出现了一个难题，因为现金流并不是等同的，今天收到的1元和10年后收到的1元没有区别吗？显然不是。因此财务专业人士首先要测算一项资产在未来会产生的自由现金流，然后计算这项资产在当下的价值。

计算的过程要比把所有未来现金流简单相加稍微复杂一些。原因来自金融领域的一个基本概念:货币的时间价值。金融领域的这个核心概念其实说起来很简单:今天的1元比1年以后的1元更值钱。

为什么? 如果你现在有1元,那么你可以做一些事情并赚取一定的收益,这意味着1年以后你将拥有超过1元的价值。这个简单的道理反过来看就是,你在一年后收到的1元的价值要低于在当下收到的1元。但是它具体低了多少?

两者的差额取决于持有1元的机会成本。为了获取收益,你放弃的机会是什么? 如果你没有选择等待,那么你会用这笔钱做什么? 一旦计算出等待的成本,你就可以评估机会成本的大小,并对未来现金流施加相应的“惩罚”,这被称作折现率。惩罚现金流的概念可能看起来比较奇怪,但这就是你进行折现的字面含义——你正在惩罚那些让你等待一段时间才能取得资金的人,因为你不喜欢等待,如果他们没有让你等待,你就可以利用这笔钱去做其他事情。

在后面的学习中,我们将利用这些原理对公司进行估值,但现在,我们要深入了解折现背后的原理及一些基本公式。

七、折现

(一)一年期折现

如何将货币的时间价值及机会成本的概念具象化? 一个简单的方式是利用利率的概念。假设你今天将1元存入银行,年利率为10%,那么1年后,你的账户里将有1.1元。本质上说,今天的1元和一年后的1.1元完全等价。这就是今天的1元比一年后的1元更有价值的第一个实证。

如此,你就清楚该如何惩罚未来现金流了。每等待一年,你就要对未来现金流施加一个估值折扣,用未来现金流除以“1+利率”,计算出的结果就是在不选择等待的情况下你能够得到的金额。

一年期折现公式:

$$现值 = \frac{CF}{1 + r} \tag{6.6}$$

注:CF为现金流,r为折现率。

在这里,r就是在选择其他替代投资方案的情况下能够得到的利率,即你为等待付出的机会成本。举例来说,你想确定1年后能收到的100 000元在当下的价值。假设一家银行提供了10%的利率,这就是你现在得到了一笔现金之后有可能做的替代性投资。你可以套用上面的公式,1年后的100 000元用10%的折现率计算出的现值为90 909.09元。如果你将90 909.09元存入银行,在明年的此时,它会还给你100 000元。

假设利率突然间上升到20%,1年后的100 000元的价值在当下还会是90 909.09元吗?它的价值会提高还是会降低?如果利率水平下降会产生什么样的影响?

如果利率提高到20%,那么你需要在银行存入83 333.33元,而不是90 909.09美元,以保证1年后刚好收到100 000元。如果利率下降到2%,为了在1年后得到100 000元,你得存入98 039.22元。这说明什么?在20%的利率水平下,你对未来现金流的惩罚力度更大(1年后的100 000元在当下的价值仅为83 333.33元),因为你承担的机会成本更高,而在2%的假设情景下,你对未来现金流的惩罚力度就小了很多(1年后的100 000元在当下的价值为98 039.22元)。

(二)多年期折现

如果在未来很多年后,你的现金流都会持续流入流出的话,那将如何进行折算?想一下之前学习到的惩罚方式。如果你连一年的时间都不愿意等,就更不用说要等待五年了。怎样衡量呢?如果你的等待时间超过一年,你就需要将对应的现金流进行数次折现。多年期折现与一年期折现其实原理相同,只不过多年期的折现要把一年期折现的过程重复数次而已。你可以将原始公式进行简单拓展:

多年期折现公式:

$$现值 = \frac{CF_1}{1 + r} + \frac{CF_2}{(1 + r)^2} + \frac{CF_3}{(1 + r)^3} + \cdots \tag{6.7}$$

注:CF为现金流,r为折现率。

在这里,r仍然是年度折现率或利率。为了区别年份,引入了下角标,现金流的下角标代表了现金流的年数。每多等一年,就要增加折现力度,因为等待时间增加,你需要得到的收益也更多。

假设银行在未来三年的每个年末都会支付你1000元,现行利率仍为5%,那么这笔现金流现在的价值是多少?如果你需要计算多年现金流的合计数,那么需要将每一年的现金流用公式转换为当前价值。当你把所有现金流都统一转换成现值时,你就可以将它们直接相加了。

将三个数值相加,就得到了银行提供的这笔交易在当前的价值:

$$现值 = \frac{1000}{1 + 0.05} + \frac{1000}{(1 + 0.05)^2} + \frac{1000}{(1 + 0.05)^3} = 952.38 + 907.03 + 863.84 = 2723.25(元)$$

让我们看一下折现率对现金流现值的影响。假设你在未来10年,每年都可以收到一笔1000元的现金,那么,这一系列的现金流随着折现率的变动会发生哪些变化?从图6-8

中可见,折现率的影响非常大。

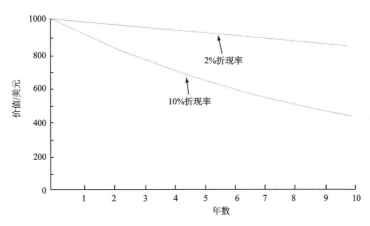

图6-8 折现率为2%和10%时的结果对比

注:2%折现率假设下的总现值:9982美元;10%折现率假设下的总现值:7144美元。

> **思考**
>
> 一位朋友需要向你借钱。你希望他在一年之内还是两年之内偿还呢?

大多数人都希望对方在一年之内偿还欠款,因为这样可以用这笔钱去做其他事情,这就是机会成本的含义。等待的成本与你用这笔钱可以做的其他事情相关。始终考虑机会成本是财务金融领域的重要观念,因为机会成本反映的是你需要为自己的等待索取多少回报。对于不同的投资来说,机会成本也不尽相同,因为机会成本反映的不是任意一种可替代项目的成本,而是与拟投资项目相关的其他可选择项目的成本。

如果你的朋友只能在两年之内把钱还给你,那么他能做些什么让你更愿意多等一年呢?让你的朋友在到期偿还时多付点钱似乎是对多等待一年的合理补偿。因此,当不得不等待时,人们需要更多回报。如果多等待一年,那么哪些因素会影响你对朋友要求的必要回报金额?很多人会想到这位朋友的信用度如何(他过去的还款记录、工作稳定性如何、赚多少钱等)。你额外要求获得的金额应该反映出这位朋友在你心中的还款风险程度。

八、沉没成本和净现值(NPV)

沉没成本是财务和会计的重大区别之一,也是折现过程中的重大课题。沉没成本是指已经发生且无法回收的支出。尽管资产负债表和利润表都会反映出沉没成本对公司财务状况造成的影响,但财务专业人士却将这部分为取得资产而产生的前期开支视为已经消失的资金。

举例来说,假设你的公司为一项新产品的市场调研花费10万元。无论调研的结论如何,这笔钱都花掉了。相应地,关于产品的任何决策(如是否投产)都应该考虑市场调研的反馈结果,但是已经支出的10万元是与之不相关的,不能作为决策依据。不仅调研的经费不能考虑,为产品创意和开发而付出的成本也不能作为决策依据。无论你多想追回这部分支出,它们都不会再回来了。

投资估值需要:预测未来;思考未来所产生的增量现金流情况;使用资本的机会成本进行折现,计算出未来现金流在当下的价值。

计算一个项目的现值需要将所有经折现的潜在现金流汇总,包括正向和负向的现金流(你收到的现金或资金流入为正数;你消耗的现金或资金流出为负数)。确定净现值也需要同样的计算过程,但它包含了项目的初始投资成本。

例如,目前某文化企业有两个项目涉及投资决策,一个项目是投资7500万建设一个文化园区,进行文化创意产品的生产设计与销售,另一个项目是支付代加工费用和厂房租赁费用进行产品的生产设计与销售。哪个项目合适?

假设某文化企业准备斥资7500万元建造一座文化创意产业园。新的产业园区进行文化创意产品的生产设计与销售,预计在接下来5年内每年将收回2500万元现金。我们为该项目确定了10%的折现率。

$$文化创意产业园的现值_1 = \frac{2500}{1.10} + \frac{2500}{1.10^2} + \frac{2500}{1.10^3} + \frac{2500}{1.10^4} + \frac{2500}{1.10^5} = 9476.97（万元）$$

该项目的现值为9476.97万元。通过为一个价值9476.97万元的项目斥资7500万元,将产生1976.97万元的增量价值——这个数字就是该项目的净现值。由于有1976.97万元的价值增量,该企业应该投资建设这个工厂。这是财务领域作投资决策的重要准则之一,公司应该只投资净现值为正的项目。

次年,重新审视了生产情况。很不幸,销售情况难言可观。在第一年收回1000万元的资金,远低于预期的2500万元,而这一水平将在接下来的4年继续维持。

$$文化创意产业园的现值_2 = \frac{1000}{1.10} + \frac{1000}{1.10^2} + \frac{1000}{1.10^3} + \frac{1000}{1.10^4} = 3169.87(万元)$$

该园区的未来现金流现值现在仅剩3169.87万元了。在第一年的业绩出炉后,如果竞争对手此时找到该公司,提出以4000万元购买工厂的要约,该公司应该接受这项提议吗?

应该毫不犹豫地接受这笔交易。工厂的未来现金流价值仅为3169.87万元,4000万元的收购价格显然更有利。此时,之前投入的资金在这一过程中被放弃了。这项要约的净现值是830.43万元,也就是说,该企业如果接受这笔交易会给公司增加830.43万元的价值。此时,为建设园区而投入的7500万元就是沉没成本,与当前的决策无关。该企业的竞争对手应该有一个更好的计划,否则,它不应为该笔收购报出4000万元的价格。

该案例涵盖了财务领域中最重要的两个公式。其一,任何投资项目的现值都是选择合适的折现率将所有未来现金流折现到现在时点后的数额之和。

现值公式:

$$现值_0 = \frac{CF_1}{1+r} + \frac{CF_2}{(1+r)^2} + \frac{CF_3}{(1+r)^3} + \frac{CF_4}{(1+r)^4} + \cdots \tag{6.8}$$

注:CF_1为第一年现金流,以此类推,r为折现率。

其二,任何投资项目的净现值都是选择合适的折现率将所有当前及未来现金流折现到现在时点后的数额之和。

净现值公式:

$$NPV_0 = CF_0 + \frac{CF_1}{1+r} + \frac{CF_2}{(1+r)^2} + \frac{CF_3}{(1+r)^3} + \frac{CF_4}{(1+r)^4} + \cdots \tag{6.9}$$

注:CF_1为第一年现金流,以此类推,r为折现率。

如果管理层关注价值创造,那么最应该遵守的决策规则就是选择净现值为正的项目。

思考

很多人认为,由于在2008年金融危机后利率一直保持在低水平,所以股票市场会大幅上涨。为什么会这样想?

低利率引发最近一轮牛市的原因可以解释为,由于利率下降,上市公司未来的现金流无论是股利还是资本收益都以更低的利率进行折现,导致现值增加,股票价值随之上升。

在风险较高的国家,投资者通常会要求更高的收益率以弥补自身承担的风险。由于不得不接受高折现率,在这样的环境下,投资者更愿意投资哪种类型的公司?

投资者在高风险和高利率的国家更可能寻找在短期内可以获得收益的机会。因为长期的现金流经高利率折现后价值很低。因此，与投资耗时很久、耗资巨大的铝冶炼厂相比，在当地投资一家贸易公司是更理性的选择。

> **思考**
>
> 假设你是一支 NBA（美国职业篮球联赛）职业篮球队的总经理。在 2018 年选秀后，你发现自己在第一轮选中的和第 10 轮选中的球员同样优秀，你会给谁更多的上场时间？

如果他们是同等优秀的篮球运动员，那么你应该不加区分地给两位球员相同的上场时间。然而，一项发表于 1995 年《行政科学》季刊的研究结果显示，NBA 球队更愿意给较早选中的球员更多上场时间，因为他们花费了球队更多的训练经费。甚至在控制了球员表现、伤病和场上位置等变量因素的影响后，结果依然如此。看来即便是在篮球竞技领域，要无视沉没成本也是相当困难的。

> **案例讨论与分析**
>
> 对多家上市企业股票的分析：
>
> 假设你是一名股票分析师或投资者，你是如何研究应该投资哪家公司的？让我们来看一下股票分析师阿尔贝托·莫尔关于康宁公司的研究，从中我们可以学习估值的机制，认识正确应用估值理论的强大力量。

康宁公司生产的玻璃制品可用来制造智能手机、电视、笔记本电脑等电子产品的显示屏。但用来制造显示屏的玻璃制品制造工艺极为复杂，难以掌握，康宁公司是美国仅有的几家掌握了玻璃显示器制造工艺的厂商之一。正是由于对核心技术的掌握，康宁公司具备了控制市场的能力。

康宁公司在 21 世纪初期增长极为迅猛，因为平面电视和智能手机行业需求井喷。随着时间的推移，需求增长放缓，平面电视和智能手机行业告别了飞速增长的时代，因此康宁公司的终端市场逐渐萎缩。渐渐地，尽管康宁公司在技术规模及行业领导力等方面依然无人能望其项背，但它在股票市场上的表现却由于玻璃显示器业务（康宁公司的下游客户）的下滑而逐渐落后于市场整体水平。

我们来看一下康宁公司2008—2012年的股价与标准普尔500指数和康宁公司的客户之一——LG（乐金）显示的股价走势情况（如图6-9所示）。

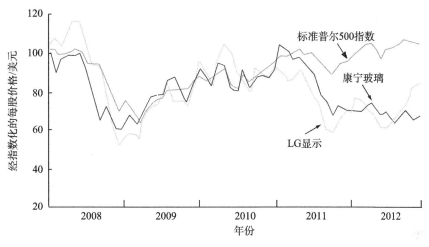

图6-9　股价走势情况（2008—2012年）

数据显示，从2010年年初开始，LG显示等公司的显示器业务利润空间收窄，显示器价格下降15%~20%，股票市场开始在显示器行业供应商的股价中反映出上游行业利润下滑的影响。

鉴于以上因素，如果你是阿尔贝托·莫尔，那么你会买入还是卖出康宁公司的股票呢？

康宁公司的客户似乎陷入了困境。LG显示及显示器行业的整体利润都在压缩，影响了现金流状况。但这对于康宁公司来说意味着什么？

实际上，影响康宁公司利润水平的玻璃价格并没有呈现出与显示器价格相同的走势。这是因为康宁公司的竞争力赋予了它定价权。由于显示器制造商受制于对康宁公司的需求，尽管显示器成本一降再降，康宁公司依然可以维持高价。因此莫尔意识到，由于忽视了康宁公司的定价权，股票市场过度估计了终端市场需求下降对康公司宁产生的影响。

基于我们对芯片公司和食品公司的利润率分析及康宁公司的业务特点，你认为康宁公司的利润水平是高还是低呢？

康宁公司2012年的息税折旧摊销前利润高达27%，康宁公司在将沙子变成玻璃的过程中创造了大量价值，它理应获得高额利润。

康宁公司高速增长，你认为它的"息税前利润/收入"和"息税折旧摊销前利润/收入"两种利润率的差异是大还是小呢？

康宁公司在生产设备上大量投资，为21世纪初期的快速发展打下了基础，因此在账面上会产生大量折旧,降低息税前利润水平。它的"息税前利润/收入"和"息税折旧摊销前利润/收入"会有较大差别,而息税折旧摊销前利润率是更为合理的业绩衡量指标。2012年康宁公司的息税前利润率为14%,息税折旧摊销前利润率为27%。

对康宁公司进行估值的第一步就是预测其未来现金流,然后利用经预测的现金流来大致估算康宁公司的自由现金流情况(见表6-4)。你能计算出2014年的自由现金流吗?(提示:参考2012年和2013年的自由现金流计算方式。)

表6-4　康宁公司的估值

单位:百万美元

财务指标	2012年	2013年	2014年	2015年	2016年	2017年
息前税后利润	2046	2136	2195	2144	2154	2126
+折旧与摊销	983	1056	1108	1169	1238	1315
-资本支出	1775	1300	1491	191	1745	1864
-营运资本增加额	112	32	50	53	46	47
自由现金流	1142	1860	?			
折现因子						
自由现金流的现值						
自由现金流现值累计额						
-债务	3450					
+现金	6351					
股东价值						
股份数量	1400					
隐含股价						

使用自由现金流公式,我们可以得出结果:

2014年自由现金流 = 2195 + 1108 - 1491 - 50 = 1762(百万美元)

现在,用折现因子乘以自由现金流计算出现值。折现因子来自折现公式,它对应的是一年后的1元在当下时点的价值。确定了折现因子后(分析师莫尔使用了6%的折现率),将折现因子与现金流相乘即可。你可以计算2015年的自由现金流情况,参考2014年的数字(见表6-5)。

表6-5　康宁公司的估值

单位:百万美元

财务指标	2012年	2013年	2014年	2015年	2016年	2017年
息前税后利润	2046	2136	2195	2144	2154	2126
+折旧与摊销	983	1056	1108	1169	1238	1315
-资本支出	1775	1300	1491	191	1745	1864
-营运资本增加额	112	32	50	53	46	47
自由现金流	1142	1860	1762	1645	1601	1530
折现因子		0.9434	0.8900	0.8396	0.7921	0.7473
自由现金流的现值		1755	1568	?		
自由现金流现值累计额						
-债务	3450					
+现金	6351					
股东价值						
股份数量	1400					
隐含股价						

把折现因子和自由现金流相乘,结果约为13.81亿美元——2015年预计现金流的现值。

要得到康宁公司的估值,你需要将所有经折现的未来现金流加起来,得到182.51亿美元,这代表了企业的整体价值,但我们想知道的是公司股票是不是好的投资标的。要想找出答案,我们需要把资产负债表中的现金考虑进来(因为除了未来现金流,这部分现金也属于公司资产),同时扣除债务金额,因为股东得到的是公司偿还债务以后的剩余价值。因此,康宁的股权估值为211.52亿美元,其在外发行的股票约为14亿股,每股价值为15.11美元。在莫尔发表报告时,股价仅为11美元,被低估的股价意味着康宁公司客户群正在经历的衰退对康宁公司产生的影响被投资者过度放大了。

莫尔在2012年12月的报告中给出了"买入"评级,再来看看康宁公司在接下来两年里对比标准普尔500指数和LG显示股价的表现(如图6-10所示)。

理解了康宁公司净利润的来源后,莫尔清楚,尽管终端市场难言乐观,但康宁公司的现金流情况远比显示器制造商更好。他也知道息税折旧摊销前利润是比息税前利润和净利润更可靠的评价指标。通过使用折现率和货币的时间价值,他确定了康宁公司股票的当前现值,向投资者作出了优秀的推荐建议。

这就是股票分析及更广泛的投资分析的全部过程。

图6-10　股价走势情况（2013—2014年）

接下来，我们看一下夏普公司和鸿海精密（其旗下有富士康科技集团）。夏普公司设计和制造电视机等电子产品，鸿海精密是全球最大的电子产品代工企业。

本案例的主角是夏普公司的坂井液晶显示器工厂。夏普公司是第一家制造出平板显示器并将其商业化的公司，它现在面临一个选择——到底是否制造更大尺寸的显示器，如65英寸的电视机。液晶显示器尺寸曾经很小，夏普公司认为，由于规模经济的存在，通过制造大尺寸显示器，它可以获得竞争优势。要实现这一目标，需要克服生产环节的挑战，大尺寸显示器需要大量玻璃基板，必须有大型工厂进行配套。

2011年，夏普公司估算，在靠近日本大阪的坂井建成世界最大的显示器工厂需耗时3年，耗资48亿美元。一旦在2014年投产运营，这个工厂就会开始给公司产生现金。假设折现率为8%，让我们通过计算净现值来判断夏普公司是否应该建造这个工厂。表6-6提供了现金流数据表，你可以据此加总全部经折现的自由现金流来确定该项目的净现值。

表6-6　2007—2029年夏普公司的预计自由现金流

单位：百万美元

年份	自由现金流	折现因子	经折现的自由现金流
2007	−1378.00	0.93	−1275.93
2008	−3225.00	0.86	−2764.92
2009	−282.00	0.79	−223.86

年份	自由现金流	折现因子	经折现的自由现金流
2010	−430.35	0.74	−316.32
2011	−177.30	0.68	−120.67
2012	−83.33	0.63	−52.51
2013	6.83	0.58	3.99
2014	89.91	0.54	48.57
2015	166.32	0.50	83.20
2016	236.49	0.46	109.54
2017	300.80	0.43	129.01
2018	359.61	0.40	142.81
2019	413.26	0.37	151.95
2020	462.08	0.34	157.32
2021	457.46	0.32	144.21
2022	452.88	0.29	132.19
2023	448.36	0.27	121.18
2024	443.87	0.25	111.08
2025	439.43	0.23	101.82
2026	435.04	0.21	93.34
2027	430.69	0.20	85.56
2028	426.38	0.18	78.43
2029	422.12	0.17	71.89
净现值			−2988.11

注:折现因子经四舍五入后保留两位小数。

坂井工厂的净现值约为−29.88亿美元。夏普公司应该建造这座工厂吗？根据我们目前学到的知识,结果显然是不可以。

尽管净现值为负,夏普公司还是决定兴建这座工厂,因为它实在醉心于科技挑战,渴望站在技术前沿。同很多公司的管理团队一样,夏普公司的管理层并不相信净现值分析给出的结果,现实将让他们为这种不信任付出代价。不出所料,夏普公司很快陷入危机。它希望现实情况能与我们预测的数据截然相反,同时希望消费者对大尺寸电视的需求足够强劲。夏普公司原计划每台电视机卖到几千美元,这样就有足够多的利润、息税折旧摊销前利润及现金流以保证该项投资是成功的。但消费者们认为夏普大尺寸电视机的定价实在太高。

夏普别无选择,只能降价,公司利润大幅缩水,唯一的希望就在于增加销量以弥补利润差额。但为了吸引更多消费者,夏普必须以更大的力度降价,但力度如此之大,缺乏经济上的可行性。在这种恶性循环的作用下,坂井工厂成了一项搁浅资产。夏普公司并没有从投资中获得回报,毛利润空间被压缩并开始亏损。股价下跌让股东变得焦虑,出于会计报表数字层面的考虑,夏普公司急于剥离这项资产。

2011年夏普公司能接受的最低报价是多少?

以下信息可以帮助你回答这个问题:

(1)夏普花费了48亿美元建造工厂;

(2)项目的初始净现值为−29.88亿美元;

(3)夏普在2011年计算的工厂未来现金流现值为32亿美元。

最终,夏普公司迫切地将坂井工厂46%的股权以7.8亿美元的价格出售给时任鸿海精密董事会主席郭××。这笔交易反映出工厂的估值仅为17亿美元。尽管夏普公司为摆脱这项资产而庆幸不已,但成交价格远低于其真实价值32亿美元。实际上,夏普公司作了两个糟糕的决定:第一,一开始它就不应该建造这座工厂,因为该项目净现值为负;第二,它本应该在出售资产时作更多的努力,结果夏普公司向郭××让渡了大量财富。

> **真实世界观点**
>
> 股票分析师阿尔贝托·莫尔在评价现金流在股票估值中的重要性时说道:
>
> "现金为王"的陈述基本是正确的。所有投资者寻求的都是现金收益。你投入一些资金,希望能收回全部收益。能把你的钱全部收回的唯一方法就是将所有形式的资产都转变成现金。假设你是一位股东,如果股票增值,那么你可以变卖股票获得现金。如果你是一位偏好股利的投资者,那么你会希望以分红的形式获得现金。如果你是一名债务投资者,那么你会期望得到任何来源的现金流收益。因此,对一家公司来说有能力向股东或者公司剩余资产权利人分配现金收益是至关重要的。
>
> 你可以观察多个现金指标,分析一家公司到底是如何成长的。它能产生现金吗?如果可以,那么非常好。如果不能,那么你可能遇到麻烦了。现金是非常重要的,学会分析现金指标是关键。最终,它们都构成估值的基础。追本溯源,估值就是关于现金流折现的问题。记住,不是经折现的收益流,而是经折现的现金流。我投入了现金,我希望得到收益。这就是折现现金流关乎一切的原因。

本章中,我们讲解了两大核心财务原则。其一,相对于净利润指标,现金是衡量经济收益的更优指标。"现金"是有些含糊不清的术语,但它可以被具体化为息税折旧摊销前利润、经营性现金流和自由现金流——财务的最高境界。对现金的强调也解释了为什么有些公司虽然能够产生利润,但如果缺乏现金流,也会导致无法运营;解释了为什么有些公司不产生利润,但由于高额现金流的流入而具有非常高的价值。其二,由于资本机会成本的存在,今天赚取的现金比明天的价值更高。如果无视这一点,将导致价值毁灭或价值转移。所有的价值来源于未来现金流,作出净现值为正的选择是一位合格的资本管理者和经理人应该具备的素质。

第三节 投融资案例行业分析
——中文在线2021年半年度报告

一、公司简介

中文在线简介见表6-7。

表6-7 中文在线简介

股票简称	中文在线	股票代码	300364
变更后的股票简称	无		
股票上市证券交易所	深圳证券交易所		
公司的中文名称	中文在线数字出版集团股份有限公司		
公司的中文简称	中文在线		
公司的外文名称	COL Digital Publishing Group Co.,Ltd.		
公司的外文名称缩写	COL		
公司的法定代表人	童××		

二、报告期内公司从事的主要业务

报告期内,公司进一步聚焦核心数字出版业务,不断深耕数字阅读业务,并围绕主业不断探索开拓新的业务形态。报告期内,公司实现营业收入52 913.42万元人民币,较上年同期增长27.51%。公司以原创平台、知名作家、版权机构为正版数字内容来源,积累了海量IP资源。经过二十年积累,累积数字内容资源超500万种,网络原创驻站作者430万名;与600余家版权机构合作,签约知名作家、畅销书作者2 000余位。

（一）原创网络平台+传统出版合作

公司旗下拥有17K小说网（www.17k.com）、四月天小说网（www.4yt.net）、汤圆创作（www.itangyuan.com）、万丈书城（www.wanzhangbook.com）多个原创网络平台。平台签约多位知名作家，报告期内表现优异的作品丰富，点击过亿作品若干。

在传统出版作品方面，公司与600余家版权机构合作，累计签约知名作家、畅销书作者2000余位，优秀出版作品如《流浪地球》《人民的名义》《人民的财产》《大明王朝1566》《亮剑》《推拿》《尘埃落定》《历史的天空》《文化苦旅》等。

公司旗下原创平台建站成立时间较长，以全品类平台+垂类平台的方式多维度发展内容平台矩阵，同时以网络文学公开课为基础着力培养作者的创作能力，打造原创内容生态闭环。公司旗下原创平台在网络文学作者中具有较高的知名度，吸引了大量优秀作者入驻，同时保持了较高的黏性；公司拥有优质的编辑队伍，一方面吸引大批作者，另一方面也保障了平台输出内容的高品质。

公司网络文学公开课帮助作者持续创作优质内容，着力培养作者的创作能力，帮助其提升专业能力。网络文学公开课分为青训班、精英班、研修班，为不同阶段的网络文学爱好者与作者提供写作培训，目前面向行业无壁垒招生并完成六千余名学员培训。

公司秉承"以作家成长为中心"的服务理念，以打造"职业创作第一品牌"为目标，建立职业作家创作基地，邀请专职作家来创作基地参与网络文学协作课程培训与创作，打造具有内容深度、精品化的作品。为作者提供培训、选题策划、辅助编校和后期发布运营等全流程精细化服务。目前创作基地已经入驻一批作家，全力打造网络文学精品。

（二）服务产业，围绕产业伙伴持续输出服务能力

公司在对数字内容进行聚合和管理后，向多终端、多平台、全媒体分发数字阅读产品。深耕数字出版运营模式，服务数字内容分销渠道除上述自有平台外，公司将数字内容多渠道分销，提高作品的曝光度及收入。公司的分销渠道包括头部阅读平台、三大运营商及手机厂商等，公司与业内付费及免费分销渠道广泛合作，合作覆盖了微信读书、QQ阅读、手机百度、七猫小说、番茄小说、追书神器、阳光书城、掌中云、掌读、亚马逊等重点互联网阅读平台，实现了数字内容的多渠道分销，协同效应明显。报告期内，公司与头部付费及免费平台建立深度合作关系，扩大数字内容业务合作，多部作品入榜；同时，公司借助平台的流量优势，提升渠道管理能力和渠道内容运营能力，更好地筛选出优质内容，构筑优质内容产能的护城河。

公司自成立之初一直秉承"先授权、后传播"的原则，高度重视知识产权保护工作及相关能力建设，通过组建专业团队、利用先进技术、建立广泛合作、多地布局维权基地、打造

专业化维权平台,公司基于知识产权保护实践探寻并建立知识产权版权确权、内容监测、使用查询、取证保全、版权保护的全流程体系;公司在发挥民事诉讼作为主要知识产权保护方式的同时,将进一步加强与有关行政执法、公安机关等部门的沟通联络,强化知识产权行政保护、刑事保护的保护力度,继续寻求全方位、多元化知识产权保护方式。公司在知识产权保护的技术创新方面积极探索,处于行业领先地位。

目前,公司维权诉讼近万起,涉案作品超过十万部,已成为权利人维权的重要渠道,在业界产生积极影响。

(三)决胜IP,版权衍生业务加速产品创新

公司版权衍生业务以文学IP为核心,向下游延伸进行版权衍生开发,着力打造"网文连载+IP轻衍生同步开发"的创作新模式,通过对优质网文进行音频、微短剧、视频漫剧及文创周边等轻衍生形态的同步开发,升级IP衍生孵化链条。实现了从单一网文的生产与经营向文学IP全生命周期的生产和经营演化。

(四)音频业务

在音频领域,公司旗下子公司鸿达以太是全国最早的有声内容制作公司、有声内容提供商之一,拥有33万小时的音频资源,内容涵盖原创文学、传统文学、影视、教育、曲艺、管理、少儿等音频版权。鸿达以太凭借海量的独家音频内容成为喜马拉雅FM、蜻蜓FM、懒人听书、酷我畅听、番茄畅听等音频平台的主要内容提供方之一。

公司应用TTS技术,通过捕捉声纹,人工智能做情感标识,产出高质量仿真语音,快速完成文本到语音的转化过程,极大加速了网络文学到音频内容的生产能力,扩充了内容传播的渠道。公司的"AI主播"实现低成本、高效优质的内容生产,实现了单播、双播、多人播制作方式,支持制作不同类型的作品,实现旁白、角色音的区分,演绎更丰富、贴合剧情。AI主播录制的作品在平台上线后,深受用户喜爱和好评。

微短剧方面,随着短视频播放平台方兴未艾,微短剧成为深受国民追捧的一种IP呈现方式。公司多部精品短剧上线快手平台,多部根据公司四月天平台IP改变的微短剧取得了单部播放量过亿的佳绩。

在动漫方面,公司与腾讯、哔哩哔哩等平台开展合作。在动漫领域持续发力,尚有多部由中文在线精品IP改编的动漫作品正在创作中。

在影视方面,公司与北京爱奇艺科技有限公司、宁波青梧企业管理合伙企业(有限合伙)合资设立以影视制作、影视项目投资等为主营业务的中文奇迹。

（五）教育业务稳步推进

报告期内,公司的教育阅读业务和教育服务业务稳步发展。"书香中国"全民阅读平台、数字图书馆、基础教育阅读平台、农家书屋等阅读产品持续为全国范围内各高校、公共图书馆、军队、公共机构等客户提供数字阅读服务。公司在上海、深圳等地参与数字教材试验区项目,公司产品数字教材平台覆盖数百所中小学。

（六）海外业务

报告期内,公司海外业务发展势头良好,海外公司实现营业收入 33 361.09 万元人民币,同比增长 48.21%。在海外业务领域,持续聚焦新阅读的需求变化,陆续推出互动式视觉阅读平台 Chapters、动画产品 Spotlight、浪漫小说平台 Kiss、悬疑小说平台 Screen 多类型产品,并打造多语言版本互动式视觉平台,加速全球市场渗透。Chapters 上线以来表现优异,在海外市场细分领域居于行业领先地位。

三、公司面临的风险和应对措施

（一）行业监管政策调整的风险

数字出版行业是依托于数字技术、信息技术、网络技术的新兴出版行业。随着数字出版新技术、新产品、新业态不断涌现,新的消费理念不断形成,中国数字出版产业呈现出产业规模不断扩大、产品形态日益丰富、盈利模式日趋成熟、传统出版企业转型步伐加快、数字阅读消费需求日益旺盛等特点。近年来,随着宏观经济和信息文化需求的不断增长,行业快速发展的同时针对一些问题的监管需求也在增加。公司主营的数字出版等业务行业行政主管部门较多,近年来,国家对行业的监管政策也在不断地调整完善之中,若未来行业监管政策调整导致公司无法适应调整后的监管体制和政策要求,将有碍于公司业务经营的稳定性,给公司的持续稳定经营带来一定的不利影响。

（二）版权采集价格上涨的风险

优质数字内容是吸引客户阅读的重要因素,随着数字出版行业盈利模式的逐渐成熟,优质版权竞争加剧,同时版权所有者要求的买断价格和版税分成比例也逐年上升。上述原因导致公司的版权采购价格和支付给版权所有者的分成比例不断提高。未来若优质数字版权竞争持续加剧,版权采集价格持续上涨,但却未能带来预期收入的增加,将对公司的持续盈利能力和成长性产生影响。对此,公司保持与网文大神、知名作家、畅销书作者等内容提供方之间的相互信赖和长期合作,维持版权采集价格合理;同时,公司组织内容评审会,确保采集版权的未来收益,从而降低版权采集价格上涨对公司带来的不利影响。

(三)分销渠道风险

近年来,免费阅读市场快速发展,公司数字内容分销的下游公司——面向C端用户市场的数字阅读平台之间的行业竞争加剧,付费阅读平台用户规模与收入规模增长乏力;免费阅读平台用户规模与收入增长,但因其用户增长的压力和广告变现的收益模式会导致版权方收入不稳定。公司紧跟行业发展趋势,在国内市场积极拓展内容分销渠道,受行业变化影响,新增大量分销渠道的同时,也与一些渠道停止合作。市场的快速发展给公司内容分销业务同时带来机遇与挑战。对此,公司将继续保持优质内容核心优势,在服务好现有渠道客户的基础上,积极拓展新的渠道客户,加速创新渠道合作模式,增强公司的核心竞争力。

(四)版权诉讼与盗版侵权风险

知识产权保护是数字出版行业生存和发展的关键,现阶段我国数字出版的版权保护机制尚不完善,信息技术的快速发展使得数字出版维权案件面临取证难、认定难、维权成本高等问题。市场上仍然存在部分以盗版方式取得并传播数字阅读内容的现象,侵犯版权所有者和正版授权方的利益,影响作者的创作积极性,破坏行业生态,给行业的发展带来了不良影响。政府有关部门近年来通过逐步完善知识产权保护体系、加强打击盗版侵权行为力度,在知识产权保护方面取得了一定的成效。但是打击盗版侵权行为、规范市场秩序是一个长期的过程,公司在一定时期内仍将面临被盗版侵权的风险。

(五)应收款项回收风险

最近三年一期(2021年上半年、2020年、2019年、2018年)各期末,公司应收账款账面价值分别为14 995.23万元、17 197.77万元、14 641.86万元、17 434.85万元人民币,应收账款金额较大,主要原因为:公司在线阅读业务渠道收款账期影响。如果未来公司客户持续扩大应收账款数额,延迟付款时间,可能会给公司扩大相应风险。针对规模较大的应收账款,公司进行实时跟踪,定期进行汇总分析,确保每笔应收账款有跟踪、有反馈,从而降低应收款项回收风险。

四、股份变动及股东情况

中文在线股份变动及股东情况见表6-8。

表6-8　中文在线股份变动及股东情况

单位:股

	该次变动前		该次变动增减(+,-)					该次变动后	
	数量	比例	发行新股	送股	公积金转股	其他	小计	数量	比例
一、有限售条件股份	95,464,592	13.13%				-500,250	-500,250	94,964,342	13.06%
1. 国家持股	0	0				0	0	0	0
2. 国有法人持股	0	0				0	0	0	0
3. 其他内资持股	95,464,592	13.13%				-500,250	-500,250	94,964,342	13.06%
其中:境内法人持股	9,809,452	1.35%				0	0	9,809,452	1.35%
境内自然人持股	85,655,140	11.78%				-500,250	-500,250	85,154,890	11.71%
4. 外资持股	0	0				0	0	0	0
其中:境外法人持股	0	0				0	0	0	0
境外自然人持股	0	0				0	0	0	0
二、无限售条件股份	631,830,718	86.87%				500,250	500,250	632,330,968	86.94%
1. 人民币普通股	631,830,718	86.87%				500,250	500,250	632,330,968	86.94%
2. 境内上市的外资股	0	0				0	0	0	0
3. 境外上市的外资股	0	0				0	0	0	0
4. 其他	0	0				0	0	0	0
三、股份总数	727,295,310	100.00%				0	0	727,295,310	100.00%

五、合并资产负债表

中文在线合并资产负债表见表6-9。

表6-9 中文在线合并资产负债表

单位:元

项目	2021年6月30日	2020年12月31日
流动资产:		
货币资金	381,552,878.35	429,924,720.62
结算备付金		
拆出资金		
交易性金融资产	449,857,805.68	469,029,442.31
衍生金融资产	595,211.63	
应收票据	170,000.00	
应收账款	149,952,371.15	171,977,716.88
应收款项融资		
预付款项	118,288,894.40	83,407,958.00
应收保费		
应收分保账款		
应收分保合同准备金		
其他应收款	22,789,375.57	19,035,921.75
其中:应收利息		
应收股利		
买入返售金融资产		
存货	7,959,900.57	5,658,795.32
合同资产	13,584,050.05	4,260,465.29
持有待售资产		
一年内到期的非流动资产	114,672,384.27	96,967,440.00
其他流动资产	7,001,379.51	4,090,692.42
流动资产合计	1,266,424,251.18	1,284,353,152.59
非流动资产:		
发放贷款和垫款		
债权投资		
其他债权投资		
长期应收款	18,789,920.41	
长期股权投资	162,143,762.89	157,113,562.55
其他权益工具投资	15,000,000.00	15,000,000.00
其他非流动金融资产	24,884,913.83	13,405,500.00
投资性房地产	86,766,302.28	88,031,033.70

续表

项目	2021年6月30日	2020年12月31日
固定资产	37,263,833.41	37,530,293.03
在建工程		
生产性生物资产		
油气资产		
使用权资产	20,901,541.69	
无形资产	214,084,803.60	223,365,007.22
开发支出	124,377,769.16	122,047,588.81
商誉	16,097,735.35	16,097,735.35
长期待摊费用	5,844,677.67	6,895,679.71
递延所得税资产	1,634,622.99	1,595,170.83
其他非流动资产	18,374,311.57	14,654,391.57
非流动资产合计	746,164,194.85	695,735,962.77
资产总计	2,012,588,446.03	1,980,089,115.36
流动负债：		
短期借款	127,000,000.00	126,874,786.12
向中央银行借款		
拆入资金		
交易性金融负债		
衍生金融负债		
应付票据		
应付账款	107,978,424.01	127,923,996.97
预收款项	1,354,791.65	1,145,244.25
合同负债	124,274,797.84	149,595,477.11
卖出回购金融资产款		
吸收存款及同业存放		
代理买卖证券款		
代理承销证券款		
应付职工薪酬	52,943,278.93	72,578,486.67
应交税费	22,475,875.29	5,442,838.94
其他应付款	17,518,475.72	13,625,753.36
其中:应付利息	134,791.73	153,972.25
应付股利		
应付手续费及佣金		
应付分保账款		
持有待售负债		

续表

项目	2021年6月30日	2020年12月31日
一年内到期的非流动负债	10,998,310.80	
其他流动负债	3,062,415.76	672,641.57
流动负债合计	467,606,370.00	497,859,224.99
非流动负债:		
保险合同准备金		
长期借款		
应付债券		
其中:优先股		
永续债		
租赁负债	9,027,879.24	
长期应付款		
长期应付职工薪酬		
预计负债	6,000,000.00	6,000,000.00
递延收益	13,697,786.80	13,895,774.74
递延所得税负债	1,078,719.31	1,233,777.35
其他非流动负债		
非流动负债合计	29,804,385.35	21,129,552.09
负债合计	497,410,755.35	518,988,777.08
所有者权益:		
股本	727,295,310.00	727,295,310.00
其他权益工具		
其中:优先股		
永续债		
资本公积	2,489,302,326.11	2,481,851,204.55
减:库存股		
其他综合收益	−21,551,058.64	−19,432,786.06
专项储备		
盈余公积	30,930,203.91	30,930,203.91
一般风险准备		
未分配利润	−1,739,386,263.95	−1,767,070,912.74
归属于母公司所有者权益合计	1,486,590,517.43	1,453,573,019.66
少数股东权益	28,587,173.25	7,527,318.62
所有者权益合计	1,515,177,690.68	1,461,100,338.28
负债和所有者权益总计	2,012,588,446.03	1,980,089,115.36

法定代表人:童××主管会计工作负责人:杨××会计机构负责人:杨××

六、合并利润表

中文在线合并利润表见表6-10。

表6-10　中文在线合并利润表

单位:元

项目	2021年半年度	2020年半年度
一、营业总收入	529,134,165.72	414,961,686.18
其中:营业收入	529,134,165.72	414,961,686.18
利息收入		
已赚保费		
手续费及佣金收入		
二、营业总成本	495,316,122.61	413,127,762.64
其中:营业成本	138,582,430.46	133,415,016.14
利息支出		
手续费及佣金支出		
退保金		
赔付支出净额		
提取保险责任准备金净额		
保单红利支出		
分保费用		
税金及附加	1,410,808.51	1,364,785.76
销售费用	221,242,249.72	205,689,600.99
管理费用	71,376,188.77	51,926,314.19
研发费用	59,645,556.86	32,000,871.97
财务费用	3,058,888.29	-11,268,826.41
其中:利息费用	2,991,996.43	405,834.58
利息收入	854,942.97	6,645,225.11
加:其他收益	5,117,441.14	3,635,042.18
投资收益(损失以"-"号填列)	9,098,987.09	31,437,149.92
其中:对联营企业和合营企业的投资收益	-1,021,296.84	-12,380,919.92

续表

项目	2021年半年度	2020年半年度
以摊余成本计量的金融资产终止确认收益		
汇兑收益(损失以"-"号填列)		
净敞口套期收益(损失以"-"号填列)		
公允价值变动收益(损失以"-"号填列)	15,744,247.76	168,995.71
信用减值损失(损失以"-"号填列)	3,161,499.38	-5,618,255.93
资产减值损失(损失以"-"号填列)	-190,277.25	-30,762.37
资产处置收益(损失以"-"号填列)		-79,220.68
三、营业利润(亏损以"-"号填列)	66,749,941.23	31,346,872.37
加:营业外收入	36,739.28	2,008,066.02
减:营业外支出	264,362.53	106,269.18
四、利润总额(亏损总额以"-"号填列)	66,522,317.98	33,248,669.21
减:所得税费用	17,633,824.64	1,305,535.51
五、净利润(净亏损以"-"号填列)	48,888,493.34	31,943,133.70
(一)按经营持续性分类		
1.持续经营净利润(净亏损以"-"号填列)	48,888,493.34	31,943,133.70
2.终止经营净利润(净亏损以"-"号填列)		
(二)按所有权归属分类		
1.归属于母公司所有者的净利润	27,684,648.79	25,472,807.84
2.少数股东损益	21,203,844.55	6,470,325.86
六、其他综合收益的税后净额	-2,191,266.13	-1,264,217.67
归属母公司所有者的其他综合收益的税后净额	-2,118,272.58	-1,376,105.25

续表

项目	2021年半年度	2020年半年度
(一)不能重分类进损益的其他综合收益		
1.重新计量设定受益计划变动额		
2.权益法下不能转损益的其他综合收益		
3.其他权益工具投资公允价值变动		
4.企业自身信用风险公允价值变动		
5.其他		
(二)将重分类进损益的其他综合收益	−2,118,272.58	−1,376,105.25
1.权益法下可转损益的其他综合收益		
2.其他债权投资公允价值变动		
3.金融资产重分类计入其他综合收益的金额		
4.其他债权投资信用减值准备		
5.现金流量套期储备		
6.外币财务报表折算差额	−2,118,272.58	−1,376,105.25
7.其他		
归属于少数股东的其他综合收益的税后净额	−72,993.55	111,887.58
七、综合收益总额	46,697,227.21	30,678,916.03
归属于母公司所有者的综合收益总额	25,566,376.21	24,096,702.59
归属于少数股东的综合收益总额	21,130,851.00	6,582,213.44
八、每股收益:		
(一)基本每股收益	0.0381	0.0350

项目	2021年半年度	2020年半年度
(二)稀释每股收益	0.0370	0.0345

七、合并现金流量表

中文在线合并现金流量表见表6-11。

表6-11　中文在线合并现金流量表

单位:元

项目	2021年半年度	2020年半年度
一、经营活动产生的现金流量:		
销售商品、提供劳务收到的现金	498,959,397.55	468,236,965.04
客户存款和同业存放款项净增加额		
向中央银行借款净增加额		
向其他金融机构拆入资金净增加额		
收到原保险合同保费取得的现金		
收到再保业务现金净额		
保户储金及投资款净增加额		
收取利息、手续费及佣金的现金		
拆入资金净增加额		
回购业务资金净增加额		
代理买卖证券收到的现金净额		
收到的税费返还		
收到其他与经营活动有关的现金	7,520,973.24	21,685,209.05
经营活动现金流入小计	506,480,370.79	489,922,174.09
购买商品、接受劳务支付的现金	131,942,701.03	109,326,760.33
客户贷款及垫款净增加额		

续表

项目	2021年半年度	2020年半年度
存放中央银行和同业款项净增加额		
支付原保险合同赔付款项的现金		
拆出资金净增加额		
支付利息、手续费及佣金的现金		
支付保单红利的现金		
支付给职工以及为职工支付的现金	146,763,516.90	95,121,065.29
支付的各项税费	12,937,855.02	15,221,178.12
支付其他与经营活动有关的现金	245,339,410.79	167,549,112.54
经营活动现金流出小计	536,983,483.74	387,218,116.28
经营活动产生的现金流量净额	−30,503,112.95	102,704,057.81
二、投资活动产生的现金流量：		
收回投资收到的现金	978,940,000.05	257,453,235.00
取得投资收益收到的现金	11,074,799.67	494,403.14
处置固定资产、无形资产和其他长期资产收回的现金净额	150.03	36,228.80
处置子公司及其他营业单位收到的现金净额		21,750,000.00
收到其他与投资活动有关的现金		
投资活动现金流入小计	990,014,949.75	279,733,866.94
购建固定资产、无形资产和其他长期资产支付的现金	24,365,920.55	26,511,121.35
投资支付的现金	975,591,283.81	567,679,000.00
质押贷款净增加额		
取得子公司及其他营业单位支付的现金净额		16,000,000.00

续表

项目	2021年半年度	2020年半年度
支付其他与投资活动有关的现金	2,533,622.77	270,000.00
投资活动现金流出小计	1,002,490,827.13	610,460,121.35
投资活动产生的现金流量净额	−12,475,877.38	−330,726,254.41
三、筹资活动产生的现金流量：		
吸收投资收到的现金		
其中:子公司吸收少数股东投资收到的现金		
取得借款收到的现金	15,000,000.00	13,109,266.52
收到其他与筹资活动有关的现金	46,383.39	81,186.93
筹资活动现金流入小计	15,046,383.39	13,190,453.45
偿还债务支付的现金	12,000,000.00	31,380,000.00
分配股利、利润或偿付利息支付的现金	2,603,037.48	1,998,286.07
其中:子公司支付给少数股东的股利、利润		1,565,421.86
支付其他与筹资活动有关的现金	5,492,837.62	
筹资活动现金流出小计	20,095,875.10	33,378,286.07
筹资活动产生的现金流量净额	−5,049,491.71	−20,187,832.62
四、汇率变动对现金及现金等价物的影响	−2,038,063.98	1,852,220.92
五、现金及现金等价物净增加额	−50,066,546.02	−246,357,808.30
加:期初现金及现金等价物余额	360,725,039.37	589,195,441.90
六、期末现金及现金等价物余额	310,658,493.35	342,837,633.60

第四节 投融资案例行业分析
——曲江旅游2021年半年度报告

一、公司简介

曲江旅游信息见表6-12。

表6-12 曲江旅游信息

公司的中文名称	西安曲江文化旅游股份有限公司
公司的中文简称	曲江文旅
公司的外文名称	XI'AN QUJIANG CULTURAL TOURISM CO.,LTD.
公司的外文名称缩写	QJCT
公司的法定代表人	耿×

曲江旅游股票简况见表6-13。

表6-13 曲江旅游股票简况

股票种类	股票上市交易所	股票简称	股票代码	变更前股票简称
A股	上海证券交易所	曲江文旅	600706	长安信息

二、报告期内公司所属行业及营业务情况说明

（一）主要业务

报告期内,公司经营范围涵盖历史文化类旅游景区运营管理、策划、餐饮酒店、旅行社和旅游商品销售等为核心的文化旅游产业运营。有食、宿、行、游、购、娱六大业务板块,主要业务范围包括:景区运营管理业务、历史文化主题酒店管理(含餐饮管理)业务、旅行社业务、演出演艺业务、文化旅游商品业务、园林绿化及其他新型旅游业务等。

公司运营管理的文化旅游景区业务主要包含"西安曲江大雁塔·大唐芙蓉园"、西安城墙景区、大明宫国家遗址公园三个国家5A级景区,国家4A级景区曲江海洋极地公园,以及寒窑遗址公园、曲江池遗址公园、唐城墙遗址公园、唐慈恩寺遗址公园、秦二世陵遗址公园等多个文化旅游景区。

公司酒店餐饮板块主要包含西安唐华华邑酒店(首家唐文化体验式酒店)、芳林苑酒

店、曲江银座酒店、御宴宫(仿唐御宴)等,形成了文化旅游景区的重要组成部分,丰富和完善了文化旅游的业态结构。

公司旅游服务形成了以入境旅游、出境旅游、国内旅游、集团产业协同、目的地旅游、定制旅游、专列旅游、研学旅游、商务旅游、门票销售、会议会展、签证代办、票务代理等多业并举的综合化产品体系。

公司文化旅游演出业务结合盛唐文化、地域文化特色,打造内容丰富、形式多样的精品文化旅游演出项目。公司现有的文化旅游演出包括超时空唐乐舞剧《梦回大唐》黄金版、大型水舞光影秀《大唐追梦》、以世界非物质文化遗产《东仓鼓乐》打造的唐代宫廷燕乐《鼓》、海洋文化主题自主创排儿童舞台剧《哪吒》等。

旅游商品销售业务是公司下属子公司(西安曲江唐艺坊文化传播有限公司)负责专业化运营,经营旅游商品的策划、设计、销售,文化旅游区商品销售的整合运营。

园林绿化业务为公司下属子公司(西安曲江大雁塔景区管理服务有限公司)负责专业化运营,主要承接政府、企事业单位的园林绿化服务。

(二)经营模式

公司经营范围涵盖历史文化类旅游景区运营管理、策划、餐饮酒店、旅行社、演出演艺、旅游商品等为核心的文化旅游产业运营。景区运营管理模式主要分为收费式景区管理、开放式景区管理、自有旅游资产运营管理。运营管理权限范围主要包括:收费式景区门票收费管理、景区基础物业运营管理、景区内日常经营性活动服务管理、景区内专项商业活动服务管理等。餐饮酒店多分布在景区周边,受益于景区客流量增长,享受景区口碑和公司品牌效应。旅游周边产品和服务(旅行社)及旅游演出目前主要为完善景区旅游产品服务业务,发挥协同作用。演出演艺提高了景区的旅游价值,满足人们更高层次的精神文化需求。旅游商品突出景区文化特色,丰富旅游产业链。

随着国内旅游市场的逐步复苏,旅游需求逐渐释放,2021年上半年,公司运营管理的景区、酒店餐饮等主营业务持续恢复,公司在严格落实疫情防控的同时,不断拓展经营思路,持续开展各类经营活动。2021年1~6月份,公司实现营业收入60 458.81万元人民币,其中景区运营管理业务约占营业收入的70.81%,酒店餐饮业务占营业收入的22.61%,旅游商品销售业务占营业收入的1.45%,旅游服务(旅行社)业务占营业收入的4.07%,园林绿化业务占营业收入的1.06%。

(三)行业情况

2020年中国旅游行业受到新型冠状病毒肺炎疫情的冲击,市场持续低迷,但随着疫情得到控制以及疫苗的普及,国内旅游业逐步复苏。2021年,在经历了"就地过年"的短暂波折后,文旅行业复苏态势逐渐明朗。经文化和旅游部数据中心测算,2021年清明节假期,全国国内旅游出游1.02亿人次,按可比口径同比增长144.6%,恢复至疫前同期的94.5%。实现国内旅游收入271.68亿元人民币,同比增长228.9%,恢复至疫前同期的56.7%。2021年"五一"假期,全国国内旅游出游2.3亿人次,同比增长119.7%,按可比口径恢复至疫前同期的103.2%;实现国内旅游收入1132.3亿元人民币,同比增长138.1%,按可比口径恢复至疫前同期的77.0%。2021年端午节假期,全国国内旅游出游8913.6万人次,按可比口径同比增长94.1%,按可比口径恢复至疫前同期的98.7%。实现国内旅游收入294.3亿元人民币,同比增长139.7%,恢复至疫前同期的74.8%(数据来源:文化和旅游部官网)。

2021年7月9日,中国旅游研究院发布了《2021年上半年旅游经济运行分析报告》。报告显示,2021年上半年,我国旅游经济运行呈现旅游消费信心稳步回升、利好政策蓄势待发、产业动能进一步积聚。预计上半年,国内游客达23.55亿人次,恢复至2019年的77%,较2020年同期增长153%;国内旅游收入为1.95万亿元,恢复至2019年的70%,较2020年增长208%。

2021年春节假期,西安市共接待国内游客881.69万人次,国内旅游收入51.61亿元人民币,西安跻身国内春节景区旅游的热点城市。清明节小长假期间西安旅游市场火爆,迎来今年首个旅游接待高峰,共接待游客433.45万人次,旅游业总收入20.18亿元人民币,恢复到2019年同期水平。据携程发布的《2021携程春季旅行大数据报告》显示,西安位居热门酒店城市、热门景区城市、热门民宿城市等多项榜单,公司运营管理的景区西安城墙、曲江海洋极地公园等位列陕西热门Top10景区。公司将积极利用旅游业复苏和振兴的有利时机,通过采取强化市场推广、严格控制成本费用、争取有利政策支持等手段,突出品牌优势、整合景区资源,不断创新合作模式,推动公司高质量发展。

三、经营情况的讨论与分析

报告期内,随着国内旅游市场的逐步复苏,旅游需求逐渐释放,公司在严格落实疫情防控的同时,统一思想,紧扣"挖存量、拓增量"的经营思路,积极拓展,加大"走出去"力度,扩大市场化份额,持续开展各类经营活动,增加公司营业收入,增强品牌效应。2021年上半年,公司实现归属于上市公司股东的净利润约较上年同期大幅减亏,公司重点工作完成情况如下。

（一）策划统筹节事活动

公司依托旗下各类景区及产品资源,深入挖掘曲江盛唐文化内涵,完成了《2021曲江文旅元旦·春节主题活动方案》《2021"五一"国际劳动节"——曲江山花月宴·万种风情祝全运"主题活动方案》《2021端午小长假"粽情端午乐大唐·畅享曲江祈安康"主题活动方案》等一系列营销活动策划方案,开展各项营销活动200余场次。

（二）非公开发行股票事项

2020年10月,公司收到中国证监会出具的《关于核准西安曲江文化旅游股份有限公司非公开发行股票的批复》(证监许可〔2020〕2695号)。目前,公司按照中国证监会《关于加强对通过发审会的拟发行证券的公司会后事项监管的通知》《关于再融资公司会后事项相关要求的通知》等有关规定,开展非公开发行等相关工作。

（三）重点项目方面

报告期内,经过全方位提升改造的人类非物质文化遗产《东仓鼓乐》之唐代宫廷燕乐《鼓》于2021年2月12日正式面向游客演出。大唐芙蓉园芳林苑酒店提升改造项目顺利实施,于2021年8月20日实现试运营,该次改造项目,重新装修改造芳林苑酒店的客房、中餐厅、紫竹厅、百合厅、园林景观等已有区域,同时新增全日餐厅、水疗区、休闲活动区、多功能会议厅等功能区,项目总投资约1.9亿元人民币,公司自筹解决,通过对产品的升级和打造,以满足旅客多元化需求和应对激烈的市场竞争,增加新的利润增长点。

（四）对外拓展方面

公司不断加快"走出去"的步伐,以增资及股权转让方式收购无锡汇跑体育有限公司55%股权项目,通过打造优质体育赛事,实现"文化+旅游+体育"相互赋能融合发展产生效应。与荆州纪南文化产业投资有限公司、荆楚文化产业投资集团有限公司三方签署了关于楚王宫项目的投资合作协议。

（五）强化经营管理机制

公司持续推进制度体系建设,优化业务流程,并根据内控体系优化,加强对工程建设、货物和服务的采购管理,有效提高质量和效率,降低采购成本及风险。

（六）重视人才培养

利用线上功能,更新钉钉云课堂课程;开展内训师沙龙活动,精进内训师专业素质;开展金号角精英骨干人才培养计划;等等。通过各类培训,有效促进员工业务能力的提升,保证员工与公司共同成长,为公司的发展提供内在动力。

四、截至报告期末前持股情况表

曲江旅游前十名股东持股情况见表6-14。

表6-14 曲江旅游前十名股东持股情况

单位:股

股东名称 （全称）	报告期内 增减	期末持股 数量	比例/%	持有有限售 条件股份 数量	质押、标记或 冻结情况		股东性质
					股份 状态	数量	
西安曲江旅游 投资(集团) 有限公司	0	114,511,121	53.160	0	无	0	国有法人
周××	-3,363,973	3,795,107	1.760	0	未知	0	境内自然人
章×	-39,400	2,066,459	0.960	0	未知	0	境内自然人
卢××	83,200	1,878,580	0.870	0	未知	0	境内自然人
万××	1,399,300	1,399,900	0.650	0	未知	0	境内自然人
北京通三益保 健食品有限 责任公司	0	1,029,600	0.480	1,029,600	未知	0	境内非国有 法人
上海宏开升 集装箱 有限公司	0	720,000	0.330	720,000	未知	0	境内非国有 法人
陈××	708,922	708,922	0.330	0	未知	0	境内自然人
魏××	-200,000	680,000	0.320	0	未知	0	境内自然人
冯××	538,138	538,138	0.250	0	未知	0	境内自然人

五、合并资产负债表

曲江旅游合并资产负债表见表6-15。

表6-15 曲江旅游合并资产负债表

单位:元

项目	附注	2021年6月30日	2020年12月31日
流动资产:			
货币资金		314,526,617.16	488,716,738.20
结算备付金			
拆出资金			
交易性金融资产			
衍生金融资产			
应收票据		835,055.17	100,000.00
应收账款		746,784,839.82	749,116,382.87
应收款项融资			
预付款项		30,731,146.44	19,642,193.60
应收保费			
应收分保账款			
应收分保合同准备金			
其他应收款		32,099,150.78	33,888,865.38
其中:应收利息			
应收股利			
买入返售金融资产			
存货		51,568,482.24	44,559,748.82
合同资产			
持有待售资产			
一年内到期的非流动资产			
其他流动资产		27,678,725.60	38,561,618.15
流动资产合计		1,204,224,017.21	1,374,585,547.02
非流动资产:			
发放贷款和垫款			
债权投资			
其他债权投资			
长期应收款			
长期股权投资		12,500,000.00	
其他权益工具投资			
其他非流动金融资产			
投资性房地产			

续表

项目	附注	2021年6月30日	2020年12月31日
固定资产		1,337,779,183.47	1,372,202,098.39
在建工程		214,413,806.88	81,627,325.10
生产性生物资产		6,401,411.97	7,333,644.02
油气资产			
使用权资产		50,536,609.44	
无形资产		125,737,168.34	128,110,315.74
开发支出			
商誉		51,772.52	51,772.52
长期待摊费用		206,174,732.01	210,079,873.76
递延所得税资产		32,061,517.66	29,216,293.47
其他非流动资产		15,008,925.11	11,816,837.73
非流动资产合计		2,000,665,127.40	1,840,438,160.73
资产总计		3,204,889,144.61	3,215,023,707.75
流动负债：			
短期借款		223,202,142.76	230,195,908.02
向中央银行借款			
拆入资金			
交易性金融负债			
衍生金融负债			
应付票据		5,597,343.40	16,839,545.38
应付账款		655,270,290.29	653,566,337.58
预收款项		2,867,971.23	1,794,669.46
合同负债		18,033,670.18	19,332,241.64
卖出回购金融资产款			
吸收存款及同业存放			
代理买卖证券款			
代理承销证券款			
应付职工薪酬		47,776,052.69	62,443,842.86
应交税费		10,472,558.31	14,404,587.23
其他应付款		139,433,913.32	116,506,868.97
其中:应付利息			
应付股利			
应付手续费及佣金			

续表

项目	附注	2021年6月30日	2020年12月31日
应付分保账款			
持 有待售负债			
一年内到期的非流动负债		86,176,514.00	70,106,816.75
其他流动负债		1,123,071.81	1,124,015.15
流动负债合计		1,189,953,527.99	1,186,314,833.04
非流动负债:			
保险合同准备金			
长期借款		994,000,000.00	1,020,387,841.86
应付债券			
其中:优先股			
永续债			
租赁负债		42,065,884.29	
长期应付款		2,100,000.00	2,100,000.00
长期应付职工薪酬			
预计负债			3,000,000.00
递延收益		9,531,917.70	15,402,083.26
递延所得税负债			
其他非流动负债			
非流动负债合计		1,047,697,801.99	1,040,889,925.12
负债合计		2,237,651,329.98	2,227,204,758.16
所有者权益(或股东权益):			
实收资本(或股本)		215,411,610.00	215,411,610.00
其他权益工具			
其中:优先股			
永续债			
资本公积		412,557,267.00	412,557,267.00
减:库存股			
其他综合收益			
专项储备			
盈余公积		6,190,383.50	6,190,383.50
一般风险准备			
未分配利润		329,675,696.07	347,108,128.36

续表

项目	附注	2021年6月30日	2020年12月31日
归属于母公司所有者权益（或股东权益）合计		963,834,956.57	981,267,388.86
少数股东权益		3,402,858.06	6,551,560.73
所有者权益（或股东权益）合计		967,237,814.63	987,818,949.59
负债和所有者权益（或股东权益）总计		3,204,889,144.61	3,215,023,707.75

六、合并利润表

曲江旅游合并利润见表6-16。

表6-16　曲江旅游合并利润表

单位：元

项目	附注	2021年半年度	2020年半年度
一、营业总收入		604,588,108.25	344,588,699.17
其中：营业收入		604,588,108.25	344,588,699.17
利息收入			
已赚保费			
手续费及佣金收入			
二、营业总成本		604,438,425.74	472,498,069.94
其中：营业成本		450,986,787.48	351,773,504.23
利息支出			
手续费及佣金支出			
退保金			
赔付支出净额			
提取保险责任准备金净额			
保单红利支出			
分保费用			
税金及附加		9,371,388.43	4,463,521.97
销售费用		30,255,932.02	22,394,299.59
管理费用		83,022,802.24	74,228,778.27
研发费用			
财务费用		30,801,515.57	19,637,965.88

项目	附注	2021年半年度	2020年半年度
其中:利息费用		31,449,847.78	20,145,616.18
利息收入		1,380,754.54	795,037.18
加:其他收益		2,600,648.02	3,691,245.36
投资收益(损失以"-"号填列)			
其中:对联营企业和合营企业的投资收益			
以摊余成本计量的金融资产终止确认收益(损失以"-"号填列)			
汇兑收益(损失以"-"号填列)			
净敞口套期收益(损失以"-"号填列)			
公允价值变动收益(损失以"-"号填列)			
信用减值损失(损失以"-"号填列)		−23,876,706.82	−8,471,980.64
资产减值损失(损失以"-"号填列)			
资产处置收益(损失以"-"号填列)			
三、营业利润(亏损以"-"号填列)		−21,126,376.29	−132,690,106.05
加:营业外收入		471,338.05	275,658.17
减:营业外支出		1,736,694.27	158,950.84
四、利润总额(亏损总额以"-"号填列)		−22,391,732.51	−132,573,398.72
减:所得税费用		−1,810,597.55	−20,773,687.88
五、净利润(净亏损以"-"号填列)		−20,581,134.96	−111,799,710.84
(一)按经营持续性分类			
1.持续经营净利润(净亏损以"-"号填列)		−20,581,134.96	−111,799,710.84
2.终止经营净利润(净亏损以"-"号填列)			
(二)按所有权归属分类			
1.归属于母公司股东的净利润(净亏损以"-"号填列)		−17,432,432.29	−111,286,702.19
2.少数股东损益(净亏损以"-"号填列)		−3,148,702.67	−513,008.65
六、其他综合收益的税后净额			
(一)归属母公司所有者的其他综合收益的税后净额			
1.不能重分类进损益的其他综合收益			

续表

项目	附注	2021年半年度	2020年半年度
(1)重新计量设定受益计划变动额			
(2)权益法下不能转损益的其他综合收益			
(3)其他权益工具投资公允价值变动			
(4)企业自身信用风险公允价值变动			
2.将重分类进损益的其他综合收益			
(1)权益法下可转损益的其他综合收益			
(2)其他债权投资公允价值变动			
(3)金融资产重分类计入其他综合收益的金额			
(4)其他债权投资信用减值准备			
(5)现金流量套期储备			
(6)外币财务报表折算差额			
(7)其他			
(二)归属于少数股东的其他综合收益的税后净额			
七、综合收益总额		−20,581,134.96	−111,799,710.84
(一)归属于母公司所有者的综合收益总额		−17,432,432.29	−111,286,702.19
(二)归属于少数股东的综合收益总额		−3,148,702.67	−513,008.65
八、每股收益:			
(一)基本每股收益(元/股)		−0.08	−0.52
(二)稀释每股收益(元/股)		−0.08	−0.52

七、合并现金流量表

曲江旅游合并现金流量见表6-17。

表6-17　曲江旅游合并现金流量表

单位:元

项目	附注	2021年半年度	2020年半年度
一、经营活动产生的现金流量:			
销售商品、提供劳务收到的现金		626,924,742.08	321,415,303.73
客户存款和同业存放款项净增加额			

续表

项目	附注	2021年半年度	2020年半年度
向中央银行借款净增加额			
向其他金融机构拆入资金净增加额			
收到原保险合同保费取得的现金			
收到再保业务现金净额			
保户储金及投资款净增加额			
收取利息、手续费及佣金的现金			
拆入资金净增加额			
回购业务资金净增加额			
代理买卖证券收到的现金净额			
收到的税费返还			
收到其他与经营活动有关的现金		72,839,794.18	36,063,819.57
经营活动现金流入小计		699,764,536.26	357,479,123.30
购买商品、接受劳务支付的现金		305,679,348.74	198,230,378.79
客户贷款及垫款净增加额			
存放中央银行和同业款项净增加额			
支付原保险合同赔付款项的现金			
拆出资金净增加额			
支付利息、手续费及佣金的现金			
支付保单红利的现金			
支付给职工及为职工支付的现金		193,408,329.44	152,869,526.58
支付的各项税费		25,769,927.41	13,104,961.01
支付其他与经营活动有关的现金		79,613,860.32	52,487,569.44
经营活动现金流出小计		604,471,465.91	416,692,435.82
经营活动产生的现金流量净额		95,293,070.35	−59,213,312.52
二、投资活动产生的现金流量：			
收回投资收到的现金			
取得投资收益收到的现金			
处置固定资产、无形资产和其他长期资产收回的现金净额		181,093.75	1,650.00
处置子公司及其他营业单位收到的现金净额			
收到其他与投资活动有关的现金			
投资活动现金流入小计		181,093.75	1,650.00

续表

项目	附注	2021年半年度	2020年半年度
购建固定资产、无形资产和其他长期资产支付的现金		189,736,128.20	174,390,667.57
投资支付的现金			
质押贷款净增加额			
取得子公司及其他营业单位支付的现金净额		12,500,000.00	
支付其他与投资活动有关的现金			
投资活动现金流出小计		202,236,128.20	174,390,667.57
投资活动产生的现金流量净额		−202,055,034.45	−174,389,017.57
三、筹资活动产生的现金流量:			
吸收投资收到的现金			1,470,000.00
其中:子公司吸收少数股东投资收到的现金			1,470,000.00
取得借款收到的现金		132,243,674.55	720,000,000.00
收到其他与筹资活动有关的现金			
筹资活动现金流入小计		132,243,674.55	721,470,000.00
偿还债务支付的现金		164,041,531.79	242,406,722.26
分配股利、利润或偿付利息支付的现金		31,787,045.60	25,470,546.49
其中:子公司支付给少数股东的股利、利润			
支付其他与筹资活动有关的现金		5,500,000.00	
筹资活动现金流出小计		201,328,577.39	267,877,268.75
筹资活动产生的现金流量净额		−69,084,902.84	453,592,731.25
四、汇率变动对现金及现金等价物的影响			
五、现金及现金等价物净增加额		−175,846,866.94	219,990,401.16
加:期初现金及现金等价物余额		482,221,747.70	149,765,187.82
六、期末现金及现金等价物余额		306,374,880.76	369,755,588.98

第五节 投融资案例行业分析
——新华传媒2021年半年度报告

一、公司简介

新华传媒信息见表6-18。

表6-18 新华传媒信息

公司的中文名称	上海新华传媒股份有限公司
公司的中文简称	新华传媒
公司的外文名称	Shanghai Xinhua Media Co.,Ltd.
公司的外文名称缩写	Xinhua Media
公司的法定代表人	陈××

二、报告期内公司情况说明

公司是横跨图书发行和报刊经营两大领域、国内第一家实现上市的文化传媒企业,也是2013年10月组建的上海报业集团旗下唯一上市公司和主要资本平台。公司已形成图书发行、报刊经营、广告代理及传媒投资等业务板块,旗下图书发行业务主体上海新华传媒连锁有限公司是上海地区唯一使用"新华书店"集体商标的企业,拥有位于上海的所有新华书店、上海书城、直营网点七十家,同时还拥有上海市幼儿园教材、中小学教材和中专职学校教材的发行权;公司还拥有《上海学生英文报》的经营权,在沪具有较高知名度和影响力。

公司主营业务类型分为图书、文教用品和其他,其中图书和文教用品构成公司主要的收入和利润来源,其他主营业务收入主要是新华连锁其他商品销售收入及原广告业务延伸后会计分类为其他业务的销售收入。公司主营业务收入主要来自于图书和文教用品。图书是公司最主要的传统主营业务,近年来受到数字化图书、网上书店迅猛发展的影响,业务规模增长减缓,但主营业务收入走势整体平稳;文教用品也是公司传统的主营业务之一,由于文教用品消费对象的特定性以及该业务领域的特殊性,公司文教用品业务收入总体保持平稳。

2021年上半年,新华传媒深入领会"十四五"上海文化发展总体规划指引,在公司董事长的带领下,公司管理层经过细致研讨设计,制订了《2021—2023年转型发展三年行动计划》。未来三年,新华传媒将以"1+3"业务布局(图书主业板块为存量,金融投资、房产及物业运营、广告活动营销三大板块为增量)全力推动转型发展。力争用三年时间,不断增强文化品牌影响力,逐步构建传统主业与新领域业务在体量规模及盈利能力上相得益彰、交相辉映的"四轮驱动"发展格局。

三、股东情况

新华传媒股东情况见表6-19。

表6-19　新华传媒股东情况

股东名称 （全称）	报告期内 增减/股	期末持股 数量/股	比例/ %	持有有限 售条件 股份数量	质押、标记或 冻结情况 股份 状态	股东性质
上海新华发行 集团有限公司	0	292,533,681.00	28.00	0	无	国有法人
上海报业集团	0	245,486,319.00	23.49	0	无	国家
上海九百（集团） 有限公司	0	8,286,480.00	0.79	0	无	国有法人
李× （参与融资融券）	-1,725,400.00	7,360,364.00	0.70	0	无	境内自然人
张×× （参与融资融券）	-1,166,500.00	6,500,000.00	0.62	0	无	境内自然人
杨× （参与融资融券）	96,900.00	5,378,300.00	0.51	0	无	境内自然人
杨× （参与融资融券）	4,820,000.00	4,820,000.00	0.46	0	无	境内自然人
蔡×× （参与融资融券）	0	4,270,800.00	0.41	0	无	境内自然人
中国工商银行 股份有限公司 —中证上海国企 交易型开放式 指数证券投资基金	-1,514,700.00	4,241,667.00	0.41	0	无	其他
九洲瑞盈控股 有限公司 （参与融资融券）	0	3,710,645.00	0.36	0	无	境内非 国有法人

四、合并资产负债表

新华传媒合并资产负债表见表6-20。

表6-20　新华传媒合并资产负债表

单位:元

项目	附注	2021年6月30日	2020年12月31日
流动资产:			
货币资金		1,304,440,187.02	1,399,838,472.69
结算备付金			
拆出资金			
交易性金融资产		220,726,520.55	446,873,150.68
衍生金融资产			
应收票据		412,844.00	86,700.00
应收账款		79,494,228.51	50,290,099.95
应收款项融资			
预付款项		3,666,872.37	8,760,730.88
应收保费			
应收分保账款			
应收分保合同准备金			
其他应收款		408,333,699.80	279,334,774.43
其中:应收利息		1,828,602.74	1,756,780.81
应收股利			
买入返售金融资产			
存货		240,603,932.20	311,549,065.65
合同资产			
持有待售资产			
一年内到期的非流动资产			
其他流动资产		15,990,111.34	21,084,549.87
流动资产合计		2,273,668,395.79	2,517,817,544.15
非流动资产:			
发放贷款和垫款			
债权投资			
其他债权投资			
长期应收款			
长期股权投资		79,439,780.26	80,337,256.76

项目	附注	2021年6月30日	2020年12月31日
其他权益工具投资		571,866,808.97	568,951,693.76
其他非流动金融资产		265,574,591.55	63,102,860.32
投资性房地产		253,786,131.09	254,035,576.83
固定资产		180,128,593.98	187,536,944.26
在建工程		32,566.37	
生产性生物资产			
油气资产			
使用权资产		101,386,533.71	
无形资产		25,887,208.06	26,356,636.72
开发支出			
商誉			
长期待摊费用		489,786.26	1,164,012.10
递延所得税资产			
其他非流动资产			
非流动资产合计		1,478,592,000.25	1,181,484,980.75
资产总计		3,752,260,396.04	3,699,302,524.90
流动负债:			
短期借款			
向中央银行借款			
拆入资金			
交易性金融负债			
衍生金融负债			
应付票据			
应付账款		549,140,516.37	553,767,542.09
预收款项		3,119,680.15	6,192,257.35
合同负债		275,575,722.67	340,547,032.20
卖出回购金融资产款			
吸收存款及同业存放			
代理买卖证券款			
代理承销证券款			
应付职工薪酬		52,989,214.91	71,698,371.27
应交税费		9,925,893.44	7,278,244.46
其他应付款		247,134,897.95	233,592,168.65

续表

项目	附注	2021年6月30日	2020年12月31日
其中:应付利息			
应付股利		915,215.00	915,215.00
应付手续费及佣金			
应付分保账款			
持有待售负债			
一年内到期的非流动负债			
其他流动负债		45,449,359.38	42,593,019.53
流动负债合计		1,183,335,284.87	1,255,668,635.55
非流动负债:			
保险合同准备金			
长期借款			
应付债券			
其中:优先股			
永续债			
租赁负债		106,262,168.03	
长期应付款			
长期应付职工薪酬			
预计负债			
递延收益			
递延所得税负债		38,202,582.87	37,071,396.74
其他非流动负债			
非流动负债合计		144,464,750.90	37,071,396.74
负债合计		1,327,800,035.77	1,292,740,032.29
所有者权益(或股东权益):			
实收资本(或股本)		1,044,887,850.00	1,044,887,850.00
其他权益工具			
其中:优先股			
永续债			
资本公积		556,435,765.49	556,435,765.49
减:库存股			
其他综合收益		109,903,730.64	109,964,646.11
专项储备			
盈余公积		194,408,057.61	194,408,057.61

续表

项目	附注	2021年6月30日	2020年12月31日
一般风险准备			
未分配利润		518,241,931.55	500,450,715.15
归属于母公司所有者权益(或股东权益)合计		2,423,877,335.29	2,406,147,034.36
少数股东权益		583,024.98	415,458.25
所有者权益(或股东权益)合计		2,424,460,360.27	2,406,562,492.61
负债和所有者权益(或股东权益)总计		3,752,260,396.04	3,699,302,524.90

五、合并利润表

新华传媒合并利润表见表6-21。

表6-21　新华传媒合并利润表

单位:元

项目	附注	2021年半年度	2020年半年度
一、营业总收入		681,236,607.40	521,691,668.05
其中:营业收入		681,236,607.40	521,691,668.05
利息收入			
已赚保费			
手续费及佣金收入			
二、营业总成本		643,213,665.43	526,477,166.82
其中:营业成本		462,728,162.45	343,434,090.55
利息支出			
手续费及佣金支出			
退保金			
赔付支出净额			
提取保险责任准备金净额			
保单红利支出			
分保费用			
税金及附加		2,871,226.56	2,374,712.08
销售费用		159,896,345.02	165,461,045.47
管理费用		34,325,166.34	38,140,743.67

项目	附注	2021年半年度	2020年半年度
研发费用			
财务费用		−16,607,234.94	−22,933,424.95
其中:利息费用		2,531,101.58	
利息收入		19,300,165.20	23,042,849.95
加:其他收益		118,899.26	234,755.57
投资收益(损失以"−"号填列)		5,961,429.32	22,817,394.20
其中:对联营企业和合营企业的投资收益		429,583.87	137,628.05
以摊余成本计量的金融资产终止确认收益(损失以"−"号填列)			
汇兑收益(损失以"−"号填列)			
净敞口套期收益(损失以"−"号填列)			
公允价值变动收益(损失以"−"号填列)		1,325,101.10	−959,109.46
信用减值损失(损失以"−"号填列)		−19,291,058.95	−8,022,328.52
资产减值损失(损失以"−"号填列)			
资产处置收益(损失以"−"号填列)		481,004.08	−336,466.52
三、营业利润(亏损以"−"号填列)		26,618,316.78	8,948,746.50
加:营业外收入		84,655.65	576,437.97
减:营业外支出		1,000.03	63,160.18
四、利润总额(亏损总额以"−"号填列)		26,701,972.40	9,462,024.29
减:所得税费用		8,743,189.27	625,311.12
五、净利润(净亏损以"−"号填列)		17,958,783.13	8,836,713.17
(一)按经营持续性分类			
1.持续经营净利润(净亏损以"−"号填列)		17,958,783.13	8,836,713.17
2.终止经营净利润(净亏损以"−"号填列)			
(二)按所有权归属分类			
1.归属于母公司股东的净利润(净亏损以"−"号填列)		17,791,216.40	8,727,082.97
2.少数股东损益(净亏损以"−"号填列)		167,566.73	109,630.20
六、其他综合收益的税后净额		−60,915.47	19,313,566.61

续表

项目	附注	2021年半年度	2020年半年度
（一）归属母公司所有者的其他综合收益的税后净额		−60,915.47	19,313,566.61
1.不能重分类进损益的其他综合收益		−60,915.47	19,313,566.61
（1）重新计量设定受益计划变动额			
（2）权益法下不能转损益的其他综合收益		−1,169,118.31	
（3）其他权益工具投资公允价值变动		1,108,202.84	19,313,566.61
（4）企业自身信用风险公允价值变动			
2.将重分类进损益的其他综合收益			
（1）权益法下可转损益的其他综合收益			
（2）其他债权投资公允价值变动			
（3）金融资产重分类计入其他综合收益的金额			
（4）其他债权投资信用减值准备			
（5）现金流量套期储备			
（6）外币财务报表折算差额			
（7）其他			
（二）归属于少数股东的其他综合收益的税后净额			
七、综合收益总额		17,897,867.66	28,150,279.78
（一）归属于母公司所有者的综合收益总额		17,730,300.93	28,040,649.58
（二）归属于少数股东的综合收益总额		167,566.73	109,630.20
八、每股收益：			
（一）基本每股收益（元/股）		0.017	0.008
（二）稀释每股收益（元/股）		0.017	0.008

本期发生同一控制下企业合并的，被合并方在合并前实现的净利润为：0元，上期被合并方实现的净利润为：0元。

六、合并现金流量表

新华传媒合并现金流量见表6-22。

表6-22 新华传媒合并现金流量表

单位:元

项目	附注	2021年半年度	2020年半年度
一、经营活动产生的现金流量:			
销售商品、提供劳务收到的现金		516,187,980.57	347,797,510.21
客户存款和同业存放款项净增加额			
向中央银行借款净增加额			
向其他金融机构拆入资金净增加额			
收到原保险合同保费取得的现金			
收到再保业务现金净额			
保户储金及投资款净增加额			
收取利息、手续费及佣金的现金			
拆入资金净增加额			
回购业务资金净增加额			
代理买卖证券收到的现金净额			
收到的税费返还		1,460,098.17	
收到其他与经营活动有关的现金		259,984,026.48	246,302,814.71
经营活动现金流入小计		777,632,105.22	594,100,324.92
购买商品、接受劳务支付的现金		393,611,177.46	322,099,848.99
客户贷款及垫款净增加额			
存放中央银行和同业款项净增加额			
支付原保险合同赔付款项的现金			
拆出资金净增加额			
支付利息、手续费及佣金的现金			
支付保单红利的现金			
支付给职工及为职工支付的现金		130,465,042.63	116,006,270.20
支付的各项税费		10,360,849.21	18,447,730.82
支付其他与经营活动有关的现金		224,236,557.90	91,951,416.84
经营活动现金流出小计		758,673,627.20	548,505,266.85
经营活动产生的现金流量净额		18,958,478.02	45,595,058.07
二、投资活动产生的现金流量:			
收回投资收到的现金		525,687,157.32	378,244,058.17
取得投资收益收到的现金		5,825,090.42	23,133,073.65
处置固定资产、无形资产和其他长期资产收回的现金净额		4,897,802.00	2,238,238.00

续表

项目	附注	2021年半年度	2020年半年度
处置子公司及其他营业单位收到的现金净额			
收到其他与投资活动有关的现金			
投资活动现金流入小计		536,410,049.74	403,615,369.82
购建固定资产、无形资产和其他长期资产支付的现金		3,117,925.39	1,106,765.06
投资支付的现金		500,000,000.00	260,000,000.00
质押贷款净增加额			
取得子公司及其他营业单位支付的现金净额			
支付其他与投资活动有关的现金			
投资活动现金流出小计		503,117,925.39	261,106,765.06
投资活动产生的现金流量净额		33,292,124.35	142,508,604.76
三、筹资活动产生的现金流量:			
吸收投资收到的现金			
其中:子公司吸收少数股东投资收到的现金			
取得借款收到的现金			
收到其他与筹资活动有关的现金			
筹资活动现金流入小计			
偿还债务支付的现金			
分配股利、利润或偿付利息支付的现金			7,312,562.61
其中:子公司支付给少数股东的股利、利润			
支付其他与筹资活动有关的现金		12,064,913.72	
筹资活动现金流出小计		12,064,913.72	7,312,562.61
筹资活动产生的现金流量净额		-12,064,913.72	-7,312,562.61
四、汇率变动对现金及现金等价物的影响		-13,818.54	25,926.83
五、现金及现金等价物净增加额		40,171,870.11	180,817,027.05
加:期初现金及现金等价物余额		808,805,366.42	545,146,668.40
六、期末现金及现金等价物余额		848,977,236.53	725,963,695.45

参考文献

[1] 张新民,钱爱民.财务报表分析(第5版·立体化数字教材版)[M].北京:中国人民大学出版社,2019.

[2] 张明辉.从财报看经营本质[M].杭州:浙江人民出版社,2021.

[3] 李昆陵.民营企业融资全程操盘及案例解析[M].北京:中国商业出版社,2020.

[4] 杨涛,金巍.中国文化金融发展报告(2021)[M].北京:社会科学文献出版社,2021.

[5] 杨涛,金巍.中国文化金融发展报告(2020)[M].北京:社会科学文献出版社,2020.

[6] 吴晓灵,陆磊.中国金融政策报告2021[M].北京:中国金融出版社,2021.

[7] 张新民.从报表看企业:数字背后的秘密[M].北京:中国人民大学出版社,2012.

[8] 米希尔·德赛.什么是金融:哈佛商学院金融课[M].高源,译.北京:中信出版社,2021.

[9] 吴坚.财务分析:挖掘数字背后的商业价值[M].北京:机械工业出版社,2019.

[10] 宋维才,朱玉卿.中国电影投融资发展报告(2021)[M].北京:文化艺术出版社,2021.

[11] 黄达,张杰.金融学(精编版))[M].5版.北京:中国人民大学出版社,2020.

[12] 建投华文投资有限责任公司,中国人民大学创意产业技术研究院.中国文化消费投资发展报告(2021)[M].北京:社会科学文献出版社,2021.

[13] 斯坦利·布洛克,杰弗里·赫特,巴特利·丹尼尔森.财务管理基础(英文版·第16版)[M].北京:中国人民大学出版社,2017.

[14] 张磊.价值[M].杭州:浙江教育出版社,2020.